上海新金融研究院

SHANGHAI FINANCE INSTITUTE

探索国际金融发展新趋势，求解国内金融发展新问题，

支持上海国际金融中心建设

PRIVATE EQUITY
INVESTMENT
IN CHINA

中国私募股权投资

刘寒星 等◎著

中国人民大学出版社

·北 京·

新金融书系
NEW FINANCE BOOKS

中国的金融发展史就是一部"新金融"的历史，金融业的版图无时无刻不在演变、重塑。不断革新的金融工具、运行机制和参与主体塑造了不断变化的金融业态和格局。理念与技术的创新在推动金融结构演进、金融改革深化的同时，也为整个金融业的发展带来了机遇与挑战。

"新金融书系"是由上海新金融研究院（Shanghai Finance Institute，SFI）创设的书系，立足于创新的理念、前瞻的视角，追踪新金融发展足迹，探索金融发展新趋势，求解金融发展新问题，力图打造高端、权威、新锐的书系品牌，传递思想，启迪新知。

上海新金融研究院是一家非官方、非营利性的专业智库，致力于新金融领域和国际金融的政策研究。研究院成立于 2011 年 7 月 14 日，由中国金融四十人论坛（China Finance 40 Forum，CF40）举办，与上海市黄浦区人民政府战略合作。研究院的宗旨是：探索国际金融发展新趋势，求解国内金融发展新问题，支持上海国际金融中心建设。

上海新金融研究院努力提供一流的研究产品和高层次、有实效的研讨活动，包括举办闭门研讨会、上海新金融年会、外滩金融峰会，开展课题研究，出版《新金融评论》、"新金融书系"等。

中国金融四十人论坛是中国最具影响力的非官方、非营利性金融专业智库平台，专注于经济金融领域的政策研究与交流。论坛正式成员由 40 位 40 岁上下的金融精锐组成。CF40 致力于以前瞻视野和探索精神，夯实中国金融学术基础，研究金融领域前沿课题，推动中国金融业改革与发展。

目　录

绪　论

私募股权投资（private equity）发端于第二次世界大战后的美国，20世纪80年代开始进入快速发展期。1986年中国第一家本土私募股权投资公司诞生，1992年外资风险投资机构开始进入中国。历经三十余年的发展，作为我国多层次资本市场的有机组成部分，私募股权投资已成为直达实体经济的重要融资渠道，是实体经济转型升级的关键推动力量。

从资产规模看，2020年年末私募股权基金资产规模约11万亿元，在中国资产管理行业业务规模（约100万亿元）中占比超过10%，占当年国内生产总值（约101.6万亿元）的比例也超过10%。从投资金额看，私募股权基金2020年投资金额9 173亿元，超过了当年我国非金融企业境内股票融资额。

随着中国经济发展进入新时代，党中央、国务院高度重视发展直接融资、股权融资，而私募股权投资在其中扮演着越来越重要的角色。党的十九大报告指出："深化金融体制改革，增强金融服务实体经济能力，提高直接融资比重，促进多层次资本市场健康发展。"第五次全国金融工作会议提出金融工作的三大任务是服务实体经济、防控金融风险、深化金融改革，强调要把发展直接融资放在重要位置。近几年的政府工作报告多次强调要提高直接融资特别是股权融资比重，促进大众创业万众创新。《中华人民共和国国民经济和社会发展第十四个五年规划和2035年远景目标纲要》第二篇"坚持创新驱动发展 全面塑造发展新优势"中更是明确提出要"更好发挥创业投资引导基金和私募股权基金作用"。

国内现阶段对私募股权投资的理论提炼和实践总结，还存在一些不足。究其实质，无论是在金融学界还是在投资业界，"私募股权投资"都存在着内涵模糊和外延宽泛等现实问题。本书聚焦于私募股权投资的理论和实践，着重解决金融学理论认识和投资业务实践操作等方面的现实难题。我们尝试从募集方式、投资对象、运作形式等三个维度，通过三个关键词——私募、股权、基金——来刻画私募股权投资的三大属性。

首先是私募属性。从监管合规的角度看，其募集方式为"私募"，即采取非公开方式向特定的合格投资者募集资金。对于募集方式的限制，主要是各国监管当局为防范私募股权投资潜在的负外部性而提出的合规要求。在我国，私募股权基金是私募投资基金的一种类型，《私募投资基金监督管理暂行办法》规定："本办法所称私募投资基金，是指在中华人民共和国境内，以非公开方式向投资者募集资金设立的投资基金。"

其次是股权属性。从底层资产的角度看，私募股权投资的对象为非公开交易的企业股权，包括普通股以及权益属性的其他形式投资。股权属性决定了私募股权投资与其他类型的投资（如股票、债券等标准化产品）的区别，也揭示了其风险收益特征。

最后是基金属性。从运作形式的角度看，私募股权投资一般以私募股权基金的形式正式组织起来，专业化开展股权投资活动。在我国，私募股权基金一般采取有限合伙制、契约制和公司制三种形式，以有限合伙制最为常见。

2020年初，中国金融四十人论坛（CF40）立项"关于推动私募股权投资高质量发展的专题研究"课题。我们以国内最大的私募股权投资机构之一社保基金的资产配置及股权投资团队为主，组建了课题组，全面系统地对中国私募股权投资行业开展系统的课题研究。在为时一年多的课题研究中，课题组充分研究借鉴海外行业发展经验，深入探究机构投资者对私募股权基金的资产配置逻辑，从私募股权基金的投资人与管理人两个不同视角，全面研究我国私募股权投资的"募、投、管、退"，梳理私募股权基金行业的发展状况及存在的问题，讨论私募股权投资领域的部分前沿问题，展望行业未来的发展方向。

我们认为，私募股权投资并不单纯是一种投资方式或金融工具，而是介于产业资本与金融资本之间的特殊资本形态，也是连接产业资本与金融资本的关键纽带和对它们的有效补充。这一资本形态通过私募基金的形式投向未上市企业股权，支持实体经济发展并以此获取投资收益，实现从现金到现金的循环，运转形态上等同于马克思在《资本论》第二卷第一章提出的资本循环公式G—W—G′（即资本家先用货币G购买商品W，再出卖商品换回货币，收回的货币G′大于最初支付的货币G）。

在本书中，除特别说明外，"私募股权投资"和"私募股权基金"两个词均指包括创业投资基金在内的广义私募股权投资基金，其特定内涵包括了四大支柱：长期投资、积极股东、产融结合、有效赋能。

第一支柱：长期投资。私募股权基金将社会中分散的投资期限较长、风险承受能力较高的资金以基金的形式组织起来，以积极管理、组合投资的机构化、专业化方式开展长期投资。一是私募股权投资因较长的生命周期、较低的流动性、较大的投资风险而要求实现较高的期限溢价、流动性溢价和风险溢价。二是私募股权基金管理人的投资理念和专业特长，也使得这些基金普遍认可长期投资。理念决定行动，多数私募股权基金的投资策略以被投资企业内在价值的增长和重塑为核心，而不是追逐交易性机会。三是私募股权基金的投资范围一般不包括短期证券交易，这是由于机构投资者往往以大类资产配置为引领，要求私募股权基金投资于与其他大类资产（如公募股票基金或对冲基金）有所差异的底层基础资产，从而具有显著不同的风险收益特征。

第二支柱：积极股东。私募股权投资者往往较为深入地介入被投资企业的公司治理，是典型的有智力、有动力、有能力"用手投票"的积极股东。这有助于克服信息不对称、缓解委托代理问题、优化生产关系。一是私募股权投资是"聪明钱"，由精通金融财务、经营管理的专业人士管理，其丰富的经验可以为被投资企业提供专业的指导和帮助。二是良好的公司治理有利于外部财务投资者，私募股权投资缺乏流动性，不易"用脚投票"，因而需要积极地采取投后管理措施。所以，私募股权基金通常是优化公司治理最积极的推动者，在股东会、董事会等各个层面积极发挥影响力。三是私募股权基金优化公司治理的举措通常能够获得被投资企业的理解和支持，一方面是因为其持股比例通常较高并可能有董事、监事席位，在公司治理程序中拥有一定的发言权、表决权乃至否决权，另一方面是因为私募股权基金一般与被投资企业的实际控制人、管理层等有良好的信任关系，在正式的治理程序之外建立了良好的非正式沟通渠道。

从实践来看，我国私募股权基金一般在三个方面帮助被投资企业优化公司治理：推动建立并优化公司治理程序、缓解股东与管理层之间的代理问题、改善生产关系。我国很多民营企业是家族企业，普遍存在创始人一言堂、家庭会议就是股东会议、个人财产与公司财产混同等现象。在引入私募股权投资之后，企业才逐步建立包括股东会、董事会、监事会等的现代公司治理架构，并逐渐弥补在财务制度、内部控制等方面所存在的缺陷。所有权与经营权的分离所带来的委托代理问题，在我国部分国有企业中表现得较为明显。而相较于普通的国有股东，市场化运营的私募股权基金在高管薪酬待遇、重大投资决策、利润分配方案等代理问题的典型方面都扮演着更加积极的股东角色。私募股权基金通常会通过对赌协议等激励被投资企业的老股东和管理层，并推动被投资企业建立科学的股权激励制度、员工持股制度，促进企业的股东、管理层、员工等相关方的利益一致性得到增强，使得各方"劲往一处使"，共同努力挖掘经营潜力、提升经营绩效。

第三支柱：产融结合。私募股权投资具有较高的收益回报要求，除非运用较大的杠杆，基础设施、成熟企业等成长性相对有限的基础资产和上行空间有限的债权类资产，难以提供符合要求的高收益。这使得私募股权基金一般聚焦于潜在收益更高的创业投资、成长投资或并购重组，并以权益性的投资为主，通过长期投资服务实体经济、促进科技创新、助推产业升级。

在我国，私募股权基金在践行长期投资的过程中，已发展成为直接融资的重要渠道、科技创新的强劲推手、产业升级的澎湃动力。在我国以银行贷款为主的间接融资主导的融资体系中，私募股权基金所提供的直接融资、权益融资发挥了服务实体经济的良好作用。如前文所述，私募股权基金已经超过股票融资，成为我国实体企业获得权益资本的重要来源。作为"长期且耐心的钱"，私募股权基金更是为科技创新企业提供了强有力的支持，在中国不少"独角兽"企业从无到有、从小到大、从天使轮到IPO的过程中，都可以看到私募股权基金的身影。在服务中小微企业方面，以创业投资基金为代表的私募股权基金为解决中小企业融资难、融资贵、资本金匮乏等问题做出了较大的贡献，在被投资企业还未赢利甚至还未创收的时候便提供了及时的资金支持。私募股权投资从助推新经济和改造旧经济两个角度共同发力，有效支持了我国实体经济的转型升级。

第四支柱：有效赋能。尽管二级市场投资者也会在一定程度上参与公司治理，但投资机构主动向被投资企业赋能，主要还是私募股权投资的特征。私募股权基金积极通过各种增值服务支撑战略决策、促进资源对接、推动资本运作。一是私募股权基金往往能够形成相比被投资企业"站得更高、看得更远"的行业洞察。私募股权基金通常具有横跨多个行业的投资经验，能够更加精准地预判具有巨大发展前景且有望建立牢固护城河的"赛道"。正所谓"当局者迷，旁观者清"，通过持续深入的产业研究，私募股权基金能够对被投资企业所处行业的发展现状与趋势有更加清醒的认识。二是私募股权基金所拥有的商业人脉往往与被投资企业存在明显的差异和较强的互补。在寻找财务、投资、战略、法务等领域的优秀人才方面，私募股权基金由于自身在相关领域雄厚的资源积累和卓著的市场声誉，通常比被投资企业更具优势。通过广泛深入地接触被投资企业的上下游及竞争对手，加之在相关行业的全产业链投资布局，私募股权基金能够掌握一些被投资企业不易知悉的行业和业务拓展机会。三是私募股权基金通过发挥自身在金融、财务、投资等方面的专业优势并利用自身不断积累的各类社会资源，可帮助被投资企业以更低的成本、更高的效率完成一些复杂的资本运作，为企业发展提供强劲的助推力。

目前，我国私募股权基金为被投资企业提供的增值服务可分为三类：战略支持、资源对接和资本运作。在被投资企业进行发展战略选择、重大投资决策的关键时刻，私募股权基金可为被投资企业提供战略咨询和意见建议，从而帮助其做出正确的战略决策。更优的战略决策可以帮助企业抓住机遇、少走弯路，从而持续塑造并保持战略上的领先优势。私募股权基金还可通过委派自身员工及对接外部人脉等方式，帮助被投资企业迅速高效地匹配到合适的专业人才，从而推动被投资企业优化人才结构、补齐相关短板。私募股权基金有时也可向被投资企业提供对接各类业务合作的潜在机会，并通过自身的优势，缓解业务合作中的信息不对称，提高业务合作的宽度和深度。通过提供产业资源、金融资源和技术资源，协助被投资企业进行资本运作，如进行 IPO 的监管沟通、调整并优化资本结构、开展业务并购或资产剥离等，也是私募股权基金典型的增值服务。私募股权基金独特的增值赋能服务，可有效提升企业价值，从而私募股权投资才能实现 G—G′ 的资本增值。

本书主要定位于理论深度梳理和实践经验总结，期待能够有效助力投资实战。一方面，通过内容全面的小百科、工具书，力图覆盖我国私募股权投资领域的众多议题，并进行概览性、比较式、前瞻性的分析讨论，帮助有意从事私募股权投资工作的高校学生、对私募股权投资领域感兴趣的财经人士快速入门；另一方面，通过对国内外私募股权投资行业的深度梳理和比较分析，尤其是系统总结机构投资者的私募股权投资经验，期望有助于专业的有限合伙人（limited partner，LP）和普通合伙人（general partner，GP）更好地开展私募股权投资业务，共同营造规范健康、持续多赢的私募股权投资生态，贯彻新发展理念，有效助力中国经济供给侧结构性改革。

第一章

私募股权投资概述

"非以其名也，以其取也。"要认识事物，不宜顾名思义，而需探求本质，实先名后。私募股权投资（或私募股权基金）是一个相对专业化的领域，要正确理解概念，有必要对其内涵进行界定。因此，本书第一章从多个角度刻画私募股权基金的特征，还原出"私募股权基金"一词的真实含义。具体而言，本章主要是概述性地对私募股权基金的内涵、外延及地位作用进行介绍，包括三节。第一节讨论何为私募股权投资，从基金管理人和基金投资者两个角度介绍私募股权基金的运作流程，并介绍三类主要的参与主体：基金当事人、市场服务机构、监管机构和自律组织。第二节介绍私募股权基金的五个基本要素，分别是管理团队，投资策略，规模、期限与出资，管理费与业绩分成，基金治理，然后从投资阶段、投资标的、投资币种、注册地等角度介绍私募股权基金的主要类型。第三节分析私募股权基金的地位与作用，剖析其"双重私募"的独特性质在拓宽企业融资渠道、完善公司治理架构、贯彻国家政策措施方面发挥的重要作用。

第一节 私募股权投资鸟瞰

一、何为私募股权投资

（一）私募股权基金的定义

私募股权投资是一个广义的概念，可以泛指任何类型的对非公开市场上交易的股权类资产进行的投资。这类资产在海外通常被称为 Private Equity（私人股权），与 Public Equity（上市股票、公开股权）相对应。

在金融市场实践中，私募股权投资一般以基金的形式组织起来并进行专业化运作，即股权投资基金。因此，在理论研究、投资管理、监管语境中，大多将私募股权投资等同于股权投资基金。

股权投资基金的英文是 Private Equity Fund，即"私人股权基金"，指主要投资于 Private Equity（私人股权）的投资基金。私人股权主要包括非上市公司股权或上市公司非公开交易股权两类。股权投资基金开展私募股权投资，追求的一般不是短期交易价差或持续分红收益，而主要是通过陪伴及帮助企业成长，以上市、转让、回购等方式出售股权获取资本利得收益。

以非上市企业股权为投资对象，较之于公开上市交易的股权具有更高的风险水平，从保护投资者的角度出发，更适宜以私募的方式募集资金。在我国目前的监管体系中，股权投资基金作为私募投资基金的一种类型，适用于中国证券监督管理委员会（以下简称证监会）2014 年发布的《私募投资基金监督管理暂行办法》。国际上，股权投资基金也通常以非公开方式向有风险辨别和承受能力的机构或个人募集资金，属于私募性质的投资基金。基于以上情况，业界一般默认股权投资基金是私募性质的，并将其称为私募股权投资基金，简称私募股权基金。

事实上，业界和学界对于私募股权基金的定义并没有形成统一的意见。有些观点侧重"私募"[1]，即私募股权基金以非公开的要约形式，向少数机构或者个人投资者募集资金，然后由基金公司对具备发展潜力的非上市企业加以评估后，进行权益性投资。有些观点则侧重"模式"[2]，提出私募股权基金是一种商业模式，即基金管理人通过向养老基金、保险公司、银行、慈善基金及富人等投资者筹集资金，将之投资于企业的股权或债权，并寻求在一定期限内将投资变现，将资金返还给投资者，采用这一商业模式的集合投资实体，不管其名称中是否有"基金"二字，

---

[1] 隋平．私募股权投资基金法律实务．北京：法律出版社，2010.
[2] 欧阳良宜．私募股权投资管理．北京：北京大学出版社，2013.

通常都被称为私募股权基金。还有些观点侧重"范围"[①]，认为广义上的私募股权投资包括四种投资方式，即杠杆收购、夹层资本、成长资本、创业投资，尽管一些大型私募股权投资机构在这四个领域都有参与，但其实各自有不同的投资策略。

不同私募股权基金的投资策略各有差异，例如创业基金和天使基金主要投资于初创企业，成长基金主要投资于成长期企业，并购基金主要投资于成熟期企业，FOF 及 S 基金等主要投资于基金份额。虽然这几类基金都属于广义的私募股权基金，但是在投资管理的理念和实践上存在非常显著的差异。在我国，狭义的私募股权基金通常指投资成长期企业的成长基金；在海外，狭义的私募股权基金通常指进行杠杆收购（leveraged buyout）的并购基金。

本书中的中国私募股权投资是指基金管理人以非公开方式向合格投资者募集资金，主要以非公开股权形式投资于在中国开展经营的企业，并以此获取财务回报的投资管理活动。上述界定主要从运作形式、募集方式、投资对象三个维度刻画其特征。第一，私募股权基金以投资基金的形式将资金组织起来，进行专业化运作，成为金融投资领域的一个重要细分行业。第二，资金募集方式为"私募"，即采取非公开方式向特定的合格投资者募集资金，并符合相关的法律法规对私募的限制要求。第三，投资对象为在我国实质经营（不一定是注册）的企业，交易标的是非公开交易的普通股及其他形式的股权。

（二）私募股权基金的运作流程

目前，私募股权基金通常采取有限合伙制，其投资者一般作为有限合伙人（limited partner，LP），其管理机构一般作为普通合伙人（general partner，GP）。在业界，通常习惯性地以 LP 一词代指私募股权基金的投

---

① 斯托厄尔. 投资银行、对冲基金和私募股权投资. 北京：机械工业出版社，2013.

资者，以 GP 一词代指私募股权基金管理机构。

一般而言，私募股权基金的运作过程可分为募集、投资、管理和退出四个阶段，简称"募投管退"。私募股权基金"募投管退"的运作流程是实现资本增值的全过程，即从最初的资金募集到项目投资，再到项目投后管理以及最后的项目退出等全部环节。

"募投管退"的运作流程主要是基于 GP 的视角。这一流程从 LP 的角度看，则是"投管退"，即从投资于私募股权基金份额到对私募股权基金的投后管理，再到投资收益的分配。私募股权基金的运作流程见图 1-1。

图 1-1　私募股权基金的运作流程

1. 募集

在募集阶段，GP 向 LP 募集资金并发起设立基金。募集环节是海内外监管机构重点关注的环节，一般都会对如何确保"私募"属性进行较为严格的界定。根据中国证券投资基金业协会（以下简称基金业协会）《私募投资基金募集行为管理办法》第十五条，募资流程应履行特定对象确定、投资者适当性匹配、基金风险提示、合格投资者确认、投资冷静期、回访确认等程序。

私募股权基金的募集环节同时也是 LP 的投资环节。对于 LP，需要关注 GP 的投资能力、历史业绩、投资策略和项目储备等，并评估私募股权基金的风险收益特征是否符合自身的投资需求。养老基金等主流机构 LP 普遍基于资产配置的视角投资私募股权基金及选择 GP。

2. 投资

在投资阶段，GP 代表私募股权基金[①]将资金投向被投资企业。这一阶段主要包括项目开发与初审、立项、签署投资备忘录、尽职调查、投资决策、签订投资协议、投资交割等环节。其中，需要注意的环节有项目开发、尽职调查以及投资决策，这三个环节是决定项目投资质量的关键。在开展尽职调查时，私募股权基金通常会聘请会计师事务所、律师事务所等中介机构辅助，提高尽职调查的质量和效率。通常情况下，私募股权基金管理人会设立投资决策委员会（investment committee，IC，简称投决会）负责进行项目投资决策。

私募股权基金的投资环节是 LP 投后管理的重要内容之一。LP 应关注 GP 开展项目投资的进展情况，并将实际投资情况与基金投资策略相比较，检验 GP 对投资策略的执行能力。国内外运作比较成熟的 LP 通常不干预私募股权基金的日常管理和投资决策，出资比例较高的 LP 可能会要求取得投决会的观察席位（不具有表决权）。

3. 管理

投后管理是整个股权投资体系中极为重要的环节，主要包括投后监管和增值服务两部分。投后监管主要是为了控制投资风险，包括财务监

---

① 绝大多数私募股权基金都进行委托管理，由 GP 代表私募股权基金开展投资决策和日常管理。后文中将不再特意强调此类代理关系，而是直接简写为私募股权基金开展相关行为。

控、信息跟踪、参与管理等。GP通过财务监控与信息跟踪可及时了解被投资企业经营运作情况，从而根据具体情况采取具体措施，保障资金安全，提高投资收益。增值服务则是GP帮助被投资企业经营发展的重要手段，服务内容覆盖人力资源、运营管理、战略规划、技术研发、市场营销、资本运作、资源网络等方面。

私募股权基金的投后管理环节是LP投后管理的另一块重要内容。LP需要持续关注私募股权基金的投后管理情况，以便评估基础资产的质量并验证GP的投资逻辑和专业能力。LP一般依赖GP定期/不定期提供的报告来获取相关信息，但越来越多的LP开始主动要求GP提供更多的补充信息，进行穿透式管理。

4. 退出

私募股权基金是长期资本但并不是永久资本。项目退出是私募股权基金实现投资收益的重要环节，许多GP强调"以退定投"，即在投资之初便设想好退出方式。退出方式通常有上市、挂牌、转让、回购、清算等，不同的退出方式在收益、效率、成本和风险上各有不同（见表1-1）。项目退出后，私募股权基金根据约定将退出所得资金分配给基金的投资者和管理人。多数情况下，私募股权基金不能进行"循环投资"，也就是不能将项目退出所得资金再次用于项目投资。

表1-1　不同退出方式对比

退出方式	收益	效率	成本	风险
上市	收益最高	一般需要2年完成上市程序，再加上限售期和减持限制，耗时较长	需要承担高额的保荐和承销费用	退出收益会受到限售期间股价波动的影响

续表

退出方式	收益	效率	成本	风险
挂牌	收益低于上市退出	采用的是注册制，所以时间相对较短	需要承担改制、辅导等服务费用，与上市公司相比，费用比较低	流动性比较差，存在无人受让或价格被低估的风险
转让	收益一般	找到交易对手后，只要双方协商后就可以交割，一般没有限售期等监管限制	无须支付保荐、承销费用，但寻找交易对手可能耗时耗力	主要集中在信息不对称上，价格可能不能充分反映企业的实际价值
回购	收益较低	如回购义务方（如实际控制人）正常履约则耗时较短	在投资时要求约定回购条款可能会推高投资成本	存在回购义务方不愿或无力履约的信用风险
清算	面临亏损风险	不同企业所花时间差异较大	需要优先支出清算费用	流动性较差的资产会影响清算收入

私募股权基金的退出环节同时也对应着 LP 的退出环节。LP 既可以持有基金份额，被动地等待 GP 逐渐完成全部项目退出或实施基金清算并分配投资回报，也可以转让基金份额，主动寻求更快地收回现金回报。但是，后者有赖于基金份额二级转让市场的逐步发展，目前我国尚处于起步阶段。

二、私募股权基金的主要参与主体

本书参考基金业协会出版的《私募股权基金》教材，将私募股权基金的主要参与主体分为三大类：基金当事人、市场服务机构、监管机构和自律组织。

（一）基金当事人

基金当事人指参与签署基金合同的当事人。基金投资者、基金管理人是必然当事人。如果基金进行托管，则基金托管人也是基金当事人之一。

1. 基金投资者

私募股权基金投资者，也称基金份额持有人，是基金的出资人、基金财产的所有者和基金投资回报的受益人，按其所持有的基金份额享受收益和承担风险。理论上讲，无论私募股权基金采取何种法律形式，基金投资者都应该是有限责任的。纵观海内外，各国监管机构都对私募股权基金进行合格投资者管理，即只有满足特定标准的投资者才属于"合格"的投资者，才可以参与投资私募股权基金。在我国，《私募投资基金监督管理暂行办法》对合格投资者的界定是："具备相应风险识别能力和风险承担能力，投资于单只私募基金的金额不低于 100 万元且符合下列相关标准的单位和个人：（一）净资产不低于 1 000 万元的单位；（二）金融资产不低于 300 万元或者最近三年个人年均收入不低于 50 万元的个人。"

私募股权基金投资者分为专业投资者和普通投资者。专业投资者主要包括金融机构、社会保障基金、社会公益基金、政府引导基金等，普通投资者包括工商企业、自然人投资者等。

2. 基金管理人

私募股权基金管理人负责基金产品的募集和管理，其最主要的职责是根据法律、法规及基金合同的规定，按照科学的投资组合原理进行投资决策，谋求所管理的基金资产不断增值，对基金资产进行有效管理，以降低投资项目的风险，为投资者争取更高的投资回报。

基金管理人在基金运作中起着关键作用，基金产品的设计、基金份额的销售与备案、基金资产的管理等重要职能多半由基金管理人或基金管理人选定的市场服务机构承担。私募基金管理人本质上就是一个资产管理机构，都属于"受人之托，代客理财"，因而对基金投资者负有信义义务，应当勤勉尽责并将基金投资者的利益放在首位。

一般来说，公募基金的管理人有严格的准入限制，而私募基金的管理人的准入限制较宽松。在我国，私募股权基金无须行政审批而实行登记备案管理。具体而言，就是基金管理人需在基金业协会进行登记，私募股权基金需在基金业协会进行备案。

对于最普遍的有限合伙制私募股权基金，基金管理人（广义的GP）承担两个角色：负责进行日常管理并收取管理费的管理人、负责进行投资决策并收取绩效分成的普通合伙人（狭义的GP）。这两个角色既可以由一个主体承担，也可以由两个主体承担。在我国，管理人与普通合伙人两个角色的分离日渐普遍。

3. 基金托管人

基金托管人是基金投资者权益的代表，是基金资产的名义持有人，一般由商业银行等具有托管资质的金融机构担任。

为了保证基金资产的安全，私募股权基金应当按照资产管理和资产托管彼此分开的原则进行运作，并由专门的基金托管人托管基金资产。基金托管人与基金管理人签订托管协议，在托管协议规定的范围内履行自己的职责并收取一定的报酬。基金托管人在基金运作中的作用包括如下三方面：

一是权力制衡。基金托管人的介入使基金资产的所有权、使用权与保管权分离，基金托管人、基金管理人和基金投资者之间形成一种相互制约的关系，从而防止基金财产挪作他用，有效保障资产安全。

二是日常监督。通过基金托管人对基金管理人的投资运作（包括投资目标、投资范围、投资限制等）进行监督，可以及时发现基金管理人是否按照投资合同的约定规范运作。基金托管人发现基金管理人有违反合同乃至违法、违规行为时，可以及时向基金投资人和监管部门报告。

三是估值核算。通过托管人的会计核算和估值，基金投资人可以及时掌握基金资产的状况，避免"黑箱"操作给基金资产带来风险，保证基金份额净值和会计核算的真实性、准确性。

（二）市场服务机构

私募股权基金的运作非常复杂，涉及不同市场、行业和领域的专业知识和经验，需要市场服务机构为基金管理人提供专业服务。私募股权基金市场服务机构主要包括基金销售机构、律师事务所、会计师事务所、财务顾问（financial adviser，FA）等。

1. 基金销售机构

私募股权基金的募集，可分为自行募集和委托募集。自行募集是指基金管理人直接募集资金，委托募集是指基金管理人委托第三方机构代为募集资金。

受托募集的第三方机构就是私募股权基金销售机构。私募股权基金销售机构应当以非公开方式向合格投资者销售私募股权基金，不得通过公众传播媒体、互联网、公开营业场所等平台或者手机短信、微信等渠道公开或者变相公开宣传推介私募股权基金。私募股权基金销售机构应该合理评估投资者的风险承受能力，及时完整地提供基金相关的募集材料，销售文件应当全面说明产品特征并充分揭示风险，且私募股权基金合同等法律文件中必须明确限定投资范围、投资集中度、杠杆水平，不得隐瞒任何信息和做出误导性的陈述。

常见的私募股权基金销售机构包括商业银行、证券公司、期货公司、保险机构、证券投资咨询机构、独立基金销售机构等。在我国，私募股权基金一般通过管理人自行募集与委托私人银行和第三方财富管理机构等募集相结合的方式募集资金。

2. 律师事务所

私募股权基金在"募投管退"各个阶段皆会涉及诸多法律问题。因此，基金管理人通常会聘请专业的律师事务所为其提供相关法律服务。

律师事务所的工作主要包含三方面：

一是协助投资基金管理人起草相关协议，包括投资框架协议、投资协议、增资协议、股权转让协议、相关承诺等一系列法律文件。

二是协助基金管理人开展法律尽职调查，核查投资项目是否存在重大合规问题或法律风险，并根据需要出具相应的法律意见书。

三是综合性的法律服务，包括在基金设立阶段协助基金管理人设计基金的组织形式及内部结构；按照基金管理人的委托，研究基金投资的退出结构及方式；参与投资协议谈判，协助基金管理人最大限度地获取合法投资收益；进行工商变更，完成资金划转等交割工作；以诉讼、仲裁和非诉方式解决因基金业务产生的纠纷；等等。

鉴于私募股权基金的专业性和复杂性，基金投资者也可视情况聘请律师事务所，协助进行基金合同的审阅和谈判等工作。有专家学者指出，在监管资源比较稀缺的条件下，为克服信息不对称，推进私募股权基金市场健康持续发展，必须充分发挥律师事务所的重要作用。

3. 会计师事务所

会计师事务所为私募股权基金提供多方面的服务，如审计服务、咨询服务和估值服务等。

一是审计服务。担任基金或基金管理人的审计机构的会计师事务所由基金管理人委任，与基金或基金管理人签订协议，然后对基金或基金管理人的财务报表进行审计并出具审计意见。基金管理人应将基金审计机构的委任情况及时告知投资者。

二是咨询服务。主要包括帮助基金管理人开展尽职调查，核查被投资企业的财务制度、财务数据，评估被投资企业的财务状况，从财务角度分析项目的投资价值。

三是估值服务。基金管理人需要向基金投资者提供相关报告，特别是关于已投资项目等基金资产的估值情况的报告。如今，越来越多的私募股权基金开始聘请独立的会计师事务所对基金资产进行定期或不定期的估值。

4. 财务顾问

财务顾问泛指各类为客户提供投资、融资及相关服务的专业机构。财务顾问既可以为买方服务（买方 FA）也可以为卖方服务（卖方 FA）。在私募股权基金领域，买方 FA 可帮助私募股权基金搜寻项目机会、开展尽职调查和进行协议谈判；卖方 FA 可帮助企业寻找潜在投资者、撰写募集材料和设计融资条款。财务顾问兼具专业服务和项目中介的职能，其收费模式一般为固定服务费加上项目规模一定比例的抽成。

各类市场服务机构通过提供专业服务和中介服务，提高了私募股权基金市场的交易效率。据基金业协会数据，截至目前，共有约 2 529 家律师事务所为私募股权基金管理人出具了专项法律意见书，约 3 500 家会计师事务所为私募基金管理人出具了经审计的年度财务报告。各类市场服务机构为私募股权基金行业的发展做出了重要贡献。

（三）监管机构和自律组织

1. 监管机构

为了保护投资者和相关当事人的利益、规范私募股权基金发展、防范系统性金融风险，世界上各个国家和地区都对私募股权基金活动进行不同程度的监督管理。但总体来看，由于私募股权基金独特的"双重私募"性质，对私募股权基金的监管相较于其他类型的金融中介和资产管理活动更为宽松。

不同国家股权投资基金监管的目标不同，但一般包括两个方面：一是投资者保护。保护基金投资者的合法权益是私募股权基金监管的首要目标，是私募股权基金行业赖以存在和发展的基础。基金投资者的合法权益应当被保护，使其免受滥用资产、内幕交易等欺诈、操纵行为的侵害。二是防范金融风险。防范系统性金融风险是整个金融监管的基石，私募股权基金的监管也必须将防范系统性金融风险作为目标。随着私募股权基金的规模越来越大，其对金融系统稳定性的潜在影响也有所增强。

中国证监会及其派出机构是我国私募股权基金的监管机构，依法对基金管理人和市场服务机构开展股权投资基金业务实施监督管理，对违法违规行为进行查处。

2. 自律组织

由基金管理人和市场服务机构共同成立的行业协会是私募股权基金的自律组织。自律组织在私募股权基金行业开展行业自律、协调行业关系、提供行业服务、促进行业发展等方面发挥了重要作用。中国证券投资基金业协会是我国私募股权基金行业的自律组织。

具体来说，私募股权基金行业自律组织可以在以下四方面发挥作用：第一，提供行业服务，促进行业交流和创新，提升行业职业素质，提高行业竞争力；第二，发挥行业与政府间的桥梁与纽带作用，维护行业合法权益，促进公众对行业的理解，提升行业声誉；第三，开展行业自律管理，包括异常经营与失联机构管理，促进行业合规经营，维护行业的正常经营秩序；第四，促进会员忠实履行受托义务和社会责任，推动行业持续稳定健康发展。

第二节　私募股权投资的要素与类型

一、私募股权基金的基本要素

对于一只特定的私募股权基金，一般需要关注五个方面的基本要素：管理团队，投资策略，规模、期限与出资，管理费与业绩分成，基金治理。

（一）管理团队

私募股权基金常见的管理方式有两种。一是自我管理，即基金自己成立专门的投资管理团队来负责基金的投资管理，一般只有公司型私募股权基金采取这种方式。二是委托管理，即基金委托第三方——私募股权基金管理机构——进行投资管理。委托管理是私募股权基金的主流模式。事实上，绝大多数的私募股权基金首先由 GP 发起成立，然后再向 LP 募集资金。

无论是自我管理还是委托管理，管理团队的专业能力是私募股权基金的核心要素，在很大程度上决定了私募股权基金的投资成果。而管理团队的专业水平，又在很大程度上取决于核心的一个或若干投资人（在业内称为"核心人士"）。这些核心人士一般是 GP 的创始人或灵魂人物，并是 GP 的股东或实际控制人。私募股权基金合同一般会约定，核心人士应在基金存续期间（或至少是投资期内）持续为基金提供服务。在某种意义上，GP 与会计师事务所、律师事务所、咨询顾问机构等专业服务（professional service）机构颇为类似，都是高度依赖人的生意。GP 的品牌、声誉固然很重要，但其投资的质量水平更多地取决于管理团队的专业能力。纵观海内外，知名 GP 通常由一名或几名创始人扮演灵魂人物的角色，如 KKR 就是以三位创始人（Jerome Kohlberg，Henry Kravis，George Roberts）姓氏的首字母命名的。

除了管理团队的专业水平外，管理团队是否与私募股权基金的利益一致也至关重要。按照行业惯例，GP 需在私募股权基金中出资，并承诺公平对待其管理的各只私募股权基金，以增强 GP 与 LP 的利益一致性，缓解委托代理风险。通常而言，GP 在基金中的出资比例应在 1％以上，且应当实际缴付，而非从管理费中扣除。为了进一步增强 GP 与 LP 的利益一致性，缓解 GP 内部员工的代理问题，越来越多的 LP 要求 GP 内部员工（特别是不持有 GP 股权的普通员工）对私募股权基金实施跟投。跟投一般分为项目跟投和基金跟投，前者是指 GP 内部员工直接或通过一个持股平台间接投资私募股权投资项目，后者是指 GP 内部员工在私募股权基金中进行出资，并作为特殊有限合伙人（special limited partner，SLP）。

（二）投资策略

私募股权基金的投资策略，是指基金在选择特定投资对象时所实施的一系列规则、行为和程序的总和。私募股权基金的投资策略都是主动管理（而非如指数基金那样进行被动管理），并且会较多地介入被投资企业的经营管理。投资策略的确定通常基于私募股权基金的投资目标、GP 的专业特长和商业洞察、LP 对风险和预期收益的偏好，并且会在基金合同中有所约定。

一般而言，可以从行业、风格、主题等维度对私募股权基金的投资策略进行分类。在行业投资策略方面，私募股权基金可以分为两类：一是多领域投资，多产业布局；二是重点投资某一特定领域。近几年，我国私募股权基金普遍看好的行业有双碳（碳达峰及碳中和）、医疗健康、先进制造、移动互联网与工业互联网、信息科技、新能源、消费升级等。在风格投资策略方面，私募股权基金大致可以分为三类：一是投资于初创企业，以风险投资、天使投资为典型；二是投资于处于高速成长阶段的企业，此类投资为最常见的类型；三是投资于成熟企业、基础设施等产生稳定现金流的资产，并在交易中运用一定的杠杆。在主题投资策略方面，关于 FOF（fund of funds）、PIPE[①]（private investment in public equity）、困境资产等特定类型的投资，私募股权基金合同中一般需要明确是否允许进行此类投资及比例限制。

---

① 大多数情况下，私募股权基金不能从事纯粹的股票买卖交易，但可参与上市公司定向增发、股票大宗交易等。

此外，在项目挖掘和联合投资等方面的选择也会深刻影响私募股权基金的投资策略。虽然绝大多数 GP 将综合使用各种途径开发项目，但大体能够归纳为三类：自主挖掘、借助渠道（政府、银行、财务顾问等）、利用已投资项目上下游资源。企业在进行某一轮融资时，也需进行战略选择：一是只接受产业资本，不引入私募股权基金等财务投资者；二是只引入一只私募股权基金，即独家投资；三是引入多只私募股权基金进行联合投资，该模式下需确定额度分配规则、领投机构及跟投机构。在我国，企业同时引入多只私募股权基金进行联合投资是较常见的情形。

（三）规模、期限与出资

基金规模是指私募股权基金计划及实际募集的资金额度。计划募资规模是指基金合同约定的基金总体计划募资规模，一般约定有上限，较少会约定下限。实际募资规模是指截至某一时点基金实际募集到位的资金规模。由于基金费用一般从基金资产中列支，因此私募股权基金的可投资规模（业内称为 dry powder，"干火药"）小于实际募集规模，占比为 80%～90%。一般来说，GP 所管理的资产规模越大，可投资资金越多，就越具备资金优势和规模效应。资产管理规模的扩大也有助于 GP 形成品牌效应，而不少 LP 对于知名机构更容易产生信任，进而更愿意开展投资。这种"马太效应"将会加速拉大头部机构与中小机构在管理规模上的差距。但需指出的是，资产管理规模越大，也意味着管理难度越大，可能不利于获取更高的投资收益。从海外经验来看，私募股权基金的资产规模与投资收益呈现出弱的负相关关系。

私募股权基金一般有约定的投资期限，包括投资期、退出期和延长期三部分。投资期内，GP 可以在基金规模的范围内开展项目投资，同时有权要求 LP 按照合同约定缴付出资。退出期内，私募股权基金将终止项目投资，GP 的主要精力将用于开展项目退出。如果私募股权基金未能在退出期内完成全部项目退出，则 GP 需在延长期内尽快完成剩余项目的退出，并可能无权继续收取管理费。前述合同约定的延长期结束后，如果仍未能完成全部退出，则可能需要进行基金清算或进一步延期。典型的私募股权基金一般为5＋5＋2，即5年投资期、5年退出期、2年延长期，而在我国这一期限普遍更短，如4＋3＋2。通常而言，更长的投资期限有利于私募股权基金以更为长期的视角开展投资。

私募股权基金通常要求全部用货币资金出资，一般不接受非货币性出资（如实物资产、无形资产等）。根据基金合同的约定，LP应当一次性或分多次完成其在股权投资基金中的出资义务。在实务中，私募股权基金更多地实行承诺出资制，即LP认缴向基金出资的总规模，并承诺及时履行出资义务，然后再按基金合同约定的期限或条件分多次完成出资。一次性出资在规模较小的基金，单一项目型基金，以及投资期较短、投资节奏较快的基金中较为常见。分多次出资包括出资缴付通知（capital-call）、按比例分期出资及混合出资等模式。capital-call是私募股权基金行业中最普遍的出资模式，指GP根据项目投资需要及管理费等合伙费用需要，按照基金合同约定的条件，向LP发出出资缴付通知，LP依照要求的金额、出资时限完成出资缴付。按比例分期出资模式介于一次性出资和capital-call之间，指GP按照基金合同约定的条件，要求LP按比例分期履行出资义务，可以定期也可以不定期，每期的出资比例也可以不同。混合出资模式是协议约定对于出资规模较小的LP（如自然人合伙人）适用一次性出资规则，而对于出资规模较大的合伙人或机构合伙人适用分多次出资规则。

一般而言，私募股权基金是封闭式运作的，投资者在出资后不能要求赎回基金份额，但可以在满足合同约定的前提下将基金份额进行转让。

（四）管理费与业绩分成

私募股权基金的参与主体主要包括投资者、管理人和第三方服务机构。基金合伙费用（主要是第三方服务机构的费用）一般由私募股权基金承担，但通常会设置上限，超出部分需由 GP 承担。

私募股权基金的收入主要来源于被投资企业的利润分配和项目退出的股权转让收益。基金收益是基金的收入扣除基金承担的各项税费后超出投资者投入资本的部分。由于私募股权基金属于长期投资，信息透明度差，为建立对 GP 的激励机制，私募股权基金的管理人通常参与基金收益的分配，管理人可以获得相当于基金收益一定比例的业绩分成（carried interest，也简称 carry）。因此，在 LP 与 GP 之间，主要的资金往来涉及两类费用：按照基金规模一定比例收取的管理费、根据基金投资收益一定比例收取的业绩分成。总体来看，私募股权基金与私募证券基金（海外也称对冲基金，hedge fund）类似，行业惯例是 2-20：基金规模每年 2% 的管理费、基金收益 20% 的业绩分成。

需说明的是，GP 一般会同意给予出资占比较高的 LP 一定的管理费率优惠，同时退出期的管理费率一般也低于投资期，而延长期通常不收取管理费。20% 的业绩分成有三点需要注意：一是计提方式；二是门槛收益率（hurdle rate）；三是是否追补（catch-up）。业绩分成可以按照每个投资项目的收益情况（行业内称为按项目，by deal）计提，也可以按照私募股权基金的总体收益情况（行业内称为按基金，by fund）计提。由于按项目计提业绩分成意味着亏损项目不会对盈利项目产生抵减效应，更有利于 GP，因此通常大型机构 LP 不会接受此种方式，而要求按基金计提业绩分成。LP 与 GP 通常会约定一个门槛收益率，行业惯例为 LP 的收益率达到 8%（按照内部收益率 IRR 计算），GP 需要在 LP 的收益率达到这一门槛收益率之后才可以获得业绩分成。在 LP 的投资收益率超过门槛收益率后，GP 将开始收取业绩分成直至其取得的业绩分成达到 LP 的 1/4（20%：80%），这个过程被称为追补。完成追补后，GP 与 LP 的投资收益率都等于门槛收益率，如果私募股权基金仍有剩余收益可供分配，则 LP 与 GP 按照 4:1 的比例继续进行分配。私募股权基金的行业惯例是进行追补，这意味着 GP 最多可收取的业绩分成是整个基金投资收益的 20％，而非超过门槛收益率后超额收益的 20％。

（五）基金治理

私募股权基金一般设置三个层级的治理机制，分别是基金管理人内部的投资决策机制、基金管理人与主要基金投资者之间的沟通交流机制、基金投资者的投票表决机制。以有限合伙制基金为例，一般设置"三会"机制：合伙人会议、咨询委员会（advisory committee，AC，又称顾问委员会、投资咨询委员会等）和投资决策委员会。

合伙人会议是私募股权基金的最高决策机构，由私募股权基金的全体合伙人（包括全体 LP 和 GP）共同组成，主要依照《合伙企业法》的规定及合伙协议的约定对相关事项进行决策。类似于公司的股东会议，合伙人会议一般采取资本多数表决的议事规则，即合伙人按照其持有的基金份额比例享有表决权。对于涉及 GP 并存在利益冲突的事项，GP 在合伙人会议中需要回避表决。

咨询委员会，通常由多名主要的 LP 组成，而这些 LP 所持有的基金份额占比较大，能够在合伙人会议上发挥较大乃至决定性影响。咨询委员会主要负责一些不适宜由 GP 单独决定的事项，如利益冲突事项、超出投资限制的投资事项、对基金核心要素进行更改及修订等。咨询委员会一般是由相关 LP 委派自然人担任委员，但也可以设计为"机构席位"。在"机构席位"的情形下，咨询委员会的表决权安排一般为每个 LP 一票表决权而不考虑 LP 的基金份额大小。

投资决策委员会，简称投决会，指负责基金投资决策事项的议事机构，通常包括对投资事项、投后管理事项、投资退出事项的决策，有的还会有一些经营管理的权限。投决会通常由若干自然人担任委员共同组成，一般而言按照人数来进行决策，也就是常见的简单多数决（过半数）、绝对多数决（2/3 以上）和全票通过。由于一个 GP 可能同时管理多只私募股权基金，因而目前主要有两种设置安排：一是所有私募股权基金使用同一个投决会；二是不同私募股权基金使用不同的投决会。

二、私募股权基金的主要类型

（一）按照投资阶段分类

根据企业从起步到成长再到成熟的不同阶段的融资需求，可以将私募股权基金划分为以下五种主要类型：创业基金及天使基金、成长基金、Pre-IPO、PIPE、并购基金（见图 1-2）。不同投资阶段对 GP 的专业技能和资源禀赋的要求有着较大的差异，不同私募股权基金的投资阶段是相对集中的。

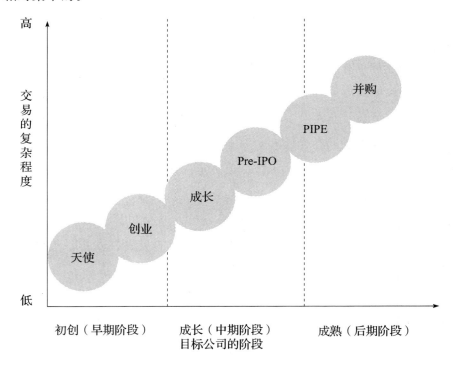

图 1-2　私募股权基金按投资阶段分类

1. 创业基金及天使基金

创业基金是创业投资基金的简称，也称风险投资基金（venture capital，VC），一般投资于处于早期发展阶段的公司，很少使用财务杠杆。广义的风险投资包括上市前的各轮融资阶段，狭义的风险投资不包括最早期的种子投资/天使投资和中后期的成长投资。

天使基金的投资阶段比创业基金更早。它之所以被称为"天使"，是因为被投资企业往往不仅没有利润，而且没有收入，甚至仅有一个想法：除了 FFF（family，friend，fool，即家人、朋友和傻瓜），只有天使才会投资此类企业。

创业基金和天使基金的商业模式与其他的私募股权基金存在较大的差异：它们属于"广撒网"，单只基金会投资很多个项目，单个项目的成功概率往往较低，多数项目的收益不高甚至发生损失，但个别项目成功后的收益往往很高，能贡献该只基金的绝大多数收益。

2. 成长基金

成长基金（growth fund）是最为常见的一类私募股权基金，其一般投资于企业发展新业务、进入新市场，商业模式已经打通并进入高速发展期后的融资阶段。成长基金大致有如下特征：被投资企业预期营业收入将快速增长；被投资企业现金流为正且已经或接近盈利；被投资企业可能由创始人持有，基本没有外部投资者；一般进行少数股权投资，不谋求控制权；资金用于被投资企业业务扩张或满足流动性需求；投资业绩主要取决于企业的成长性而非杠杆。由于被投资企业已经开始创造经营性现金流且具有良好的成长性，成长投资与风险投资相比，投资风险有所下降。成长基金往往呈现出"广撒网"与"重点捞鱼"相结合的特征：对于具有良好成长前景的特定细分行业（业内往往称为"赛道"），既同时投资于行业内多家企业，又对头部的一家或几家企业进行重点投资。

3. Pre-IPO

Pre-IPO 投资是指在企业即将上市时进行的股权投资。企业 IPO 时的战略配售或基石投资（cornerstone）与 Pre-IPO 投资较为类似。此类投资的退出方式一般为：企业上市并解除限售后，从公开市场减持股票退出。与初创期、成长期的股权投资不同，Pre-IPO 投资的投资时点在企业规模与盈收已达上市标准并已有上市计划，乃至企业已经站在股市门口之时。Pre-IPO 投资所得股权有望迅速变为流通股票，因而具有风险小、回收快的优点。但是在成熟的资本市场中，此类投资机会较为有限且竞争激烈，专门从事 Pre-IPO 投资的私募股权基金并不多见。一般而言，证券公司旗下的股权投资子公司是大规模开展 Pre-IPO 投资的主力军。

此外，Pre-IPO 投资的主要收益来源不是被投资企业的价值增值，而是一级市场（指私募股权投资市场）与二级市场（指股票交易市场）之间的价格差异。一、二级市场价差的主要来源是股票较好的流动性带来的流动性溢价，理论上应当较为有限。在我国，前些年由于 IPO 审核制等因素，一、二级市场价差较大，可带来可观的投资回报，确实有不少私募股权基金专门从事 Pre-IPO 投资。近年来，随着注册制的推行，一、二级市场价差的收敛已经成为行业共识，完全依靠 Pre-IPO 投资已经越来越难募集到资金。

4. PIPE

PIPE（private investment in public equity）即私募股权投资上市公司股份，指投资者按市场价格以一定折/溢价率购买上市公司股票或可转换为股票的其他证券，既包括上市公司增发的股票，也包括现有股东转让的老股。区别于从二级市场直接购买上市公司股票，PIPE 投资具有三方面的特征：一是协商定价。PIPE 投资的股票价格一般与二级市场价格存在差异，由上市公司及其股东与投资者通过协商谈判确定。二是规模较大。PIPE 投资可以使投资者在相对确定的价格或价格区间内获取较大规模的上市公司股票，而不受股票市场交易深度的限制。三是监管严格。为保护中小投资者，各国证券监管机构都对 PIPE 投资实施或多或少的监管，如限制交易价格和规模。在我国，PIPE 投资的主要形式是上市公司非公开发行股票，即定向增发，其发行价格的折价率受到严格限制。

5. 并购基金

并购基金（buyout fund）是专注于对目标企业进行并购重组的股权基金，其通过收购目标企业股权，获得目标企业控制权，然后对目标企业进行重组及运营，最后通过上市、股权转让或管理层收购（management buyout，MBO）等方式出让其所持股权而退出，属于后期投资。[①]并购基金一般投资于业务较为成熟并可产生稳定现金流的企业，通常会使用一定的财务杠杆以提高投资回报。一般而言，并购投资的单笔规模较大，因而并购基金的资产组合较为集中，每一个投资项目在基金中的占比均较高。对于并购基金而言，良好的投资业绩依赖于每个项目的成功。并购基金还有一类特殊的投资策略，即困境投资（distressed capital），它指投资于处于困境中，已经或濒临破产的公司，通过分类处置存量资产、重建公司治理等多种手段，努力将身陷困境中的公司扭转为健康运营的公司，从而获取投资收益。

（二）按照投资标的分类

私募股权基金虽然是股权投资基金，但股权一词的内涵是非常丰富的，并不局限于普通股，而是包括所有具有权益属性的投资工具。根据投资标的的不同，可以把私募股权基金划分为狭义的股权基金、夹层基金、FOF、S 基金、不动产及基础设施基金等。

---

① 清科研究中心. 详解并购基金类型及运作.（2018 - 06 - 25）[2021 - 05 - 21]. https://mp. weixin. qq. com/s/-u-lJJIRHMqxFxCTCp8GZw.

1. 股权基金

非公开交易的企业普通股股权是私募股权基金重要的投资标的。所谓普通股股权，在我国法律框架下，主要包括有限责任公司的注册资本、股份有限公司的股份（包括未上市股份和已上市股份）。实务中，私募股权基金很少采取纯粹的普通股投资，一般会附有对赌、回购等各类投资条款，以保障自身投资权益。需说明的是，股权与债权并非泾渭分明，二者类似渐变的光谱：一种投资工具既有可能名义是股而实质是债，也有可能名义是债实质是股，还有可能兼有股与债的性质。股权投资的核心特征是其投资收益主要来自企业价值提升带来的资本利得，或有属性较强；而夹层投资的投资收益主要来自股息或利息，可预测性较强。

2. 夹层基金

夹层基金（mezzanine fund）是指专注于投资夹层融资（mezzanine financing）的基金。所谓夹层融资是在企业资本结构中，位于高级债务（银行贷款、抵押贷款等）和普通股股权之间的一种融资方式，其风险和收益均介于股权与债权之间。夹层基金的投资工具多种多样，包括无抵押的劣后级债权（通常与认股权等相结合）、可转换债、可赎回优先股以及围绕上述基本形式与各类金融工具相结合的变种等。相较于债权投资，夹层投资的核心特征是其一般没有抵押担保且偿付顺序可能相对劣后，同时附有认股权、转股权等条款。

3. FOF

FOF（fund of funds）即基金的基金，也被称为母基金，其一般以其他基金为投资标的，投资组合由不同的基金组成。FOF并不直接投资于企业，其投资范围仅限于其他基金，通过持有其他私募股权基金而间接投资于企业。我国私募股权基金从事 FOF 投资一般有三类情形：一是市场化的母基金，通过精挑细选 GP 和基金创造收益，可满足有意配置私募股权基金但又缺乏该领域专业经验的投资者的需求；二是政府引导基金，一般主要开展 FOF 投资，但同时也可直接投资于企业；三是普通的私募股权基金，一般也会开展少量的 FOF 投资，以便与其他 GP 开展联合投资等。

4. S 基金

S 基金（secondary fund）是一类专门从投资者手中收购其他私募股权基金的份额（包括实缴出资份额和认缴出资份额）的基金。广义的 S 基金也可以直接购买基金份额对应的全部或部分资产组合，而非基金份额本身。S 基金与普通私募股权基金的不同之处在于，传统基金直接投资于企业，交易的对手是企业或企业的股东；而 S 基金是从其他投资者手中收购私募股权基金份额，交易对手为其他投资者。S 基金与 FOF 的区别是，S 基金主要投资于现有的基金，该基金一般已经开展了部分项目投资，投资成果的不确定性较弱，而 FOF 主要投资于新设基金，一般属于"盲池"（blind pool）。在我国，S 基金还不太成熟，尚处于起步阶段，但考虑到政府引导基金等 LP 的退出需要，其发展前景较为广阔。

5. 不动产及基础设施基金

不动产基金指主要投资于土地以及建筑物等土地附着物的私募股权基金，也称为房地产基金。类似地，基础设施基金指投资于高速公路等各类具有良好现金流的基础设施的私募股权基金。房地产基金和基础设施基金通过相关资产的收购、开发、管理、经营和营销获取收入。

实务中，房地产基金和基础设施基金一般不直接持有土地、建筑等实物资产的物权，而是设立项目公司持有实物资产，然后再投资于项目公司的股权和债权。

除了投资标的不同外，房地产基金和基础设施基金相比普通私募股权基金会更多地使用财务杠杆并可能使用复杂的混合投资工具。

（三）其他分类方式

1. 按照币种分类

按资金的币种分，我国的私募股权基金可以分为人民币基金和外币基金（以美元基金为主）。

参考基金业协会的定义，人民币基金是指依据中国法律在中国境内设立的主要以人民币对中国境内非公开交易股权进行投资的私募股权基金。人民币基金还可根据投资者的性质不同，细分为内资人民币基金和外资人民币基金。外币基金是指依据中国境外的相关法律在中国境外设立，主要以外币对中国境内的企业进行投资的私募股权基金。外币基金通常采取两头在外的方式：一方面，外币基金不在中国境内进行登记备案，其经营实体注册在境外；另一方面，外币基金在投资过程中，通常在境外设立特殊目的公司（special purpose vehicle，SPV）作为接受资金的主体，并通过SPV在境外上市完成项目退出。

2. 按照注册地分类

境内设立的私募股权基金受到各地区经济发展水平、相关政策的影响。据基金业协会的相关数据，从2019年的管理基金规模看，超过一半（约54.1%）的私募股权基金聚集在上海、北京、深圳三地；其他诸如江苏、广东（不含深圳）、天津、浙江（不含宁波）、宁波、西藏以及安徽共7个地区的私募股权基金规模也均在2 000亿元以上，合计占整个行业规模的近1/3（约29.5%）。特别地，一些西部地区（如西藏）由于其推出特别优惠政策（如税收优惠等），私募股权基金规模较为可观。

对于希望在境外设立私募股权基金的GP来说，选择基金的注册地及组织形式，涉及商业、监管、税务等多方面，需综合考量。目前来说，亚洲绝大多数的离岸私募股权基金都会选择以豁免有限合伙企业的形式在开曼群岛设立，其考量主要是开曼群岛《豁免有限合伙法》所赋予合伙制基金的灵活性，开曼当地法院以及基金外包服务提供机构对基金的认知度和成熟度，以及过去三四十年来市场积累的结果。其他一些离岸地区，例如英属维尔京群岛，在近几年也在努力赶超开曼群岛。

第三节　私募股权投资的地位与作用

一、"双重私募"性质的独特功能

私募股权基金具有"双重私募"的独特性质，即资金端来源于非公开募集资金，资产端投资于非上市企业股权，这一性质使得私募股权基金相较于公募基金具有外部性弱、灵活多样、擅长赋能等独特功能。而这些功能使得私募股权基金在拓宽企业融资渠道、完善公司治理架构、贯彻国家政策措施方面具有独特的地位与作用。

（一）外部性弱

总的来说，私募股权基金在资金端与资产端不易形成宏观系统性风险。从资金来源看，私募股权基金的资金来自非公开募集，主要面向养老基金、捐赠基金、高净值个人、企业等合格投资者。这些投资者一般具有较强的风险承受能力和较高的专业知识水平。即使是在投资全损的极端情形下，由于投资者的数量有限（我国为200个以下），其不利影响通常也不会大范围扩散至金融市场乃至全社会，政府部门无须投入大量纳税人的资金及公共资源进行处置。因此，私募股权基金即使出现较大比例的亏损，其影响也局限于数量有限的投资者，风险外溢有限，不易形成系统性风险。

从资产端来看，私募股权基金一般投向中小型企业的非上市股权，通常不涉及公众利益。一是主要参与者多是投资机构、被投资企业及其主要股东，通常不涉及相对弱势、需要保护的"散户"个人股东，这是非公开股权与公开上市股票的核心差异。二是杠杆收购所使用的大量负债、大规模裁员、合并企业形成垄断等可能影响公众利益的策略不再常见，现代私募股权基金越来越多地转向成长投资，其促进创新创业的正外部性日益突出。因此，不涉及公众利益的私募股权基金，不易对宏观经济、金融稳定产生不利影响，通常不会形成宏观风险。

（二）灵活多样

私募股权基金可以实现资金与资产的市场化、高效率匹配。私募股权基金的"双重私募"性质，使得其监管环境相对灵活，法律法规及规章制度的相关规定多数是框架性、原则性、流程性的要求，对于单只私募股权基金或单笔私募股权交易，多数实质性内容均可以通过参与方之间的协议约定进行"定制化"：在资金端，主要体现为投资者与基金管理人之间的基金合同；在资产端，主要体现为私募股权基金与被投资企业及其股东等主体签署的投资协议。相比之下，公募基金受到《证券法》《证券投资基金法》等法律法规的严格约束，基金份额持有人、公司股东、基金公司之间的法定权利义务规定较为明确，持有股票所享有的权利义务也是标准化的，灵活度相对有限。

适度宽松的监管使得私募股权基金具有高度的灵活性和多样性，能够适应资金端和资产端的个性化需求，并借助基金管理人的专业能力，将个性化的需求落实在相关协议文本中，实现资金与资产的市场化、高效率匹配。

（三）擅长赋能

私募股权基金有意愿、有能力为被投资企业提供帮助。私募股权基金的"双重私募"性质，意味着较大的信息不对称性、更丰富的投资机会，也对基金管理人的专业能力提出了更高的要求。由于私募股权的流动性较差，因此私募股权基金管理人必须"用手投票"，深度介入被投资企业的公司治理。而相较之下，受益于股票市场良好的流动性，公募基金通常倾向于"用脚投票"，较少参与公司治理，既没有意愿也没有能力为企业对接各类资源。

随着私募股权基金行业的发展，为被投资企业赋能日渐成为专业基金管理人的核心竞争力之一。在资金端，私募股权基金的投资者将赋能能力作为挑选基金管理人的重要依据。在资产端，被投资企业也高度重视私募股权基金管理人所能提供的各类资源，而不是一味看重估值。从更强的赋能能力到更多的可投资金、更优的投资条款，再到更好的投资业绩的正循环逻辑链条正在逐步打通。

二、拓宽企业融资渠道

私募股权基金在融资体系中的作用主要体现在提供权益资本与破解中小企业融资难的困局两方面。私募股权基金之所以能发挥这两方面的作用，是因为其本质上是以创新的运作机制有序组织资金实现从储蓄向投资的转化。

（一）提供权益资本

企业在发展过程中的外部融资可以分为债务资本融资与权益资本融资两大类，债务资本融资要以企业具有充足的权益资本为前提和基础。但实践中，能为企业提供外部权益资本的融资渠道和融资工具并不多。除创始团队的自有权益资金、以 IPO 和公开增发方式获取的权益资本之外，私募股权基金是企业获取外部权益资本的主要渠道之一，其能够为处于生命周期各个阶段的企业提供权益资本。

根据中国人民银行编制的社会融资规模统计指标，目前我国主要的企业融资工具包括人民币贷款、外币贷款、委托贷款、信托贷款等①。从机构看，涉及银行、证券、保险等金融机构；从市场看，包括信贷市场、债券市场、股票市场、保险市场等。对社会融资规模统计指标中所包含的金融工具进行考察，可以发现只有非金融企业境内股票融资这一项为权益资本融资工具。2020年年末我国社会融资规模存量约为284.83万亿元，其中非金融企业境内股票余额为8.25万亿元，占比约2.90%；2020年社会融资规模增量为34.86万亿元，其中非金融企业境内股票融资8923亿元，占比约2.56%。分析这一数据，不难发现权益资本在企业外部融资中的稀缺与珍贵。

近年来，我国私募股权投资行业日益发展壮大，在向企业提供权益资本方面发挥的作用也越来越大。截至2020年年末，私募股权基金资产管理规模约11.56万亿元，超过了非金融企业境内股票余额（8.25万亿元）。2020年，私募股权基金投资规模约为9173万亿元，已经超过同期非金融企业境内股票融资（8923亿元）。可以看出，近年来私募股权基金在向企业提供权益资本融资方面所发挥的作用不容忽视。

（二）破解中小微企业融资难

中小微企业存在信息不对称比较严重、经营的不确定性较高、无形资产占比高、融资需求呈现阶段性特征等特点（见表1-2），不利于其通过银行或资本市场标准化产品直接获得融资支持。例如，天使基金及创业基金在公司发展早期的融资阶段开展投资，此时的被投资公司可能只有商业计划，尚未产生稳定的营业收入和客户群体，难以通过银行或资本市场其他产品获得融资支持。从银行、资本市场以及创业基金的融资要求对比上

---

① 目前，社会融资规模统计中并未纳入私募股权基金。2011年，中国人民银行调查统计司时任司长盛松成在题为《社会融资总量的内涵及实践意义》的文章中提到："随着我国金融市场发展和金融创新深化，实体经济还会增加新的融资渠道，如私募股权基金、对冲基金等。未来条件成熟，可将其计入社会融资总量。"

看，中小微企业的特点和创业基金的偏好更为契合（见表 1 - 3）。

表 1 - 2　中小微企业融资需求特征

特征	存在的问题
信息不对称比较严重	1. 多数中小微企业未能建立规范的公司治理和有效的企业管理架构，部分中小微企业甚至不能建立真实有效的财务会计制度； 2. 投资者获取中小微企业的真实信息的难度和成本都比较高
经营的不确定性较高	少数企业能获得巨大的成功，相当多的创业企业最终可能失败
无形资产占比高	科技型创业企业发展初期会投入较多的研发经费，从而导致无形资产占比高
融资需求呈现阶段性特征	1. 企业在不同创业阶段的融资需求的性质和规模呈现出明显区别； 2. 早期发展阶段可能需要较小规模、较大比例的股权投资； 3. 中后期发展阶段可能以可转换优先股、可转换债券等准股权方式融资

资料来源：孙喜伟. 私募股权投资基金基础知识. 北京：北京大学出版社，2017.

表 1 - 3　创业基金对中小微企业融资支持的优势

渠道	比较分析
银行	1. 银行的尽职调查手段在解决中小微企业信息不对称问题方面的效率不高； 2. 银行贷款只能收取固定利息，银行承担的风险和期望收益之间不能实现均衡匹配，限制了银行提供贷款支持的意愿； 3. 无形资产是低质量的抵押品，价值难以判断，变现能力较弱，制约了中小企业获得银行贷款的能力； 4. 银行追求规模经济，限制了资金需求量较小的早期企业获得银行贷款支持
资本市场	1. 资本市场特别强调信息披露的及时、准确和充分，如果中小微企业想要满足资本市场对信息披露的要求，那么将推高其从资本市场获得融资的总体成本； 2. 资本市场的门槛相对较高，融资规模相对较小的早期企业通常无法达到

续表

渠道	比较分析
创业基金	1. 创业基金从项目来源、初步筛选、尽职调查、项目估值、投资条款的安排、投后管理等多个环节，尝试达到获取真实信息、限制企业家不当利用其信息优势的目的； 2. 创业基金采取股权投资的方式，通过创新的动态估值方法，可以实现贡献和期望收益的均衡匹配； 3. 创业基金通过丰富有效的投后监督和增值服务，帮助被投资中小微企业更好地应对创业过程中的各种问题，提高其创业成功的可能性； 4. 创业基金所进行的股权投资无须被投资企业提供担保，创业基金通常也按企业发展阶段进行分阶段投资，契合了中小微创业企业的发展特点； 5. 创业基金能够更高效地响应中小微企业的融资需求，所支持的创业企业在业务发展和价值成长上显著优于一般创业企业

资料来源：孙喜伟. 私募股权投资基金基础知识. 北京：北京大学出版社，2017.

（三）实现储蓄向投资的转化

私募股权投资通行的运作机制是基金管理人向养老金、捐赠基金、高净值个人投资者等特定的合格投资者进行募资，然后将资金投向被投资企业。市场上通行的有限合伙制的私募股权基金运作机制如图 1-3 所示。

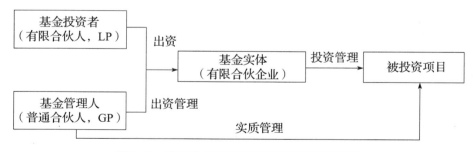

图 1-3　有限合伙制的私募股权基金运作机制

在这种运作机制下，私募股权投资以基金管理人向资本提供者募资、向被投资企业投资的运作机制代替了企业直接向资本提供者（即投资人）融资。私募股权投资实现了投资端的分散投资和资产端的扩大投资范围两个目标，提高了储蓄向投资转化的效率。

三、完善公司治理架构

私募股权投资给被投资企业带来的不仅仅是宝贵的权益资本，还包括先进的管理理念、治理模式与经验。私募股权基金的投后管理服务见图1-4。

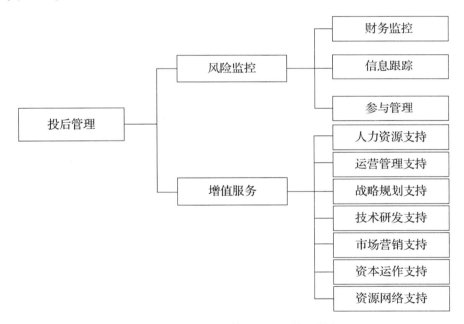

图1-4　私募股权基金的投后管理服务

（一）带来有益的外部制衡

公司治理中存在委托代理问题，需要股东对管理者实行有效的监督。如果公司股权高度分散，那么各小股东既无意愿也无能力去监督经理人的行为，进而可能导致企业的经营管理者在相对无约束的环境条件下，不顾公司利益而追逐自身的利益。但如果股权高度集中，则控股股东往往控制董事会为自身牟利，使中小股东的利益受损。因为私募股权基金的最终目的是实现资本增值后退出，所以它只要求有参与公司监督管理的相对控制权。这样既可以对公司的重大决策进行一定程度的干预，又可以保证公司的控股权不被剥夺。

在我国，私募股权基金带来的制衡机制改善效应尤为明显。我国民营企业多数为家族企业，往往存在创始人资产与公司资产混同、财务不规范、内控缺失等问题。国有独资企业多数存在董事会及股东会制度不健全、内部人控制现象突出、经营效率不高等问题。因此，我国私募股权基金对被投资企业的重要帮助之一便是建立现代、规范的公司治理制度。

（二）影响董事会结构

私募股权基金可通过改变被投资企业董事会结构从而影响企业策略的制定。私募股权基金参与公司治理的理论基础是信息不对称及委托代理理论。由于经营权和所有权的分离，董事会代表股东监督管理者的行为以实现股东财富最大化。缺乏有效的董事会监督可能导致董事会的内部消息被管理者转化为关于信息的提前优势，可能导致管理者与董事会成员合伙损害或侵占股东的合法财富，而外部董事的增加则有助于增强董事会的独立性、提高监督效率。

外部董事必须在特定领域（如审计、提名、薪酬）具有一票否决权，可以决定目标企业管理层人选并参与公司的重大决策，从而可以确定目标企业的经营战略以及战略目标。若目标企业的股权集中，则外部董事的入驻能够防止控股股东操纵董事会的行为，有利于保护中小股东的权益；若目标企业的股权分散，则重大决策由私募股权基金相对控制或发挥重要影响，能够实现董事会的科学决策。

（三）优化激励约束机制

私募股权基金一般会积极推动建立激励约束机制，鼓励企业在维护股东权益的前提下，实施基于业绩的薪酬体系、较大份额的管理层和员工持股及期权激励计划等。私募股权基金也会通过财务杠杆激发管理层的潜力，以高杠杆债务融资带来目标企业低股权比率，使管理层可以购买股权中的相当份额。同时，目标企业高负债比率带来的偿债压力可迫使管理层通过各种途径改善经营、提高业绩。以上激励机制会促使管理者减少对自由现金流的不合理使用，提升利益一致性，有利于目标企业健康发展。

私募股权基金通常运用设置管理层雇佣条款和签订股份调整协议〔例如对赌协议（value adjustment mechanism，VAM）〕等办法来建立针对目标企业管理层的约束机制。管理层基于自身利益有可能投资于净现值为负的高风险项目，制定解雇、撤换管理层或者回购管理层所持股份的条款来约束管理者行为，及时更换经营能力差的管理者，可以提高绩效。对赌协议是私募股权基金广泛使用的约束机制，指私募股权基金和管理层对未来数年目标企业的各项经营指标等事先协商敲定，这些指标与股权在私募股权基金和管理层之间的转移有关。

四、贯彻国家政策措施

在贯彻落实供给侧结构性改革、建设多层次资本市场等国家政策措施方面，私募股权基金也发挥了重要的作用，做出了较大的贡献。

（一）助力供给侧结构性改革

创新企业的发展和传统企业的转型升级是经济新常态下我国实现供给侧结构性改革、优化实体经济结构的重要突破口。而几乎所有的创新企业在发展早期都存在较大的风险，如无法获得资本，将很难实现从创新设想向商业化的转化。私募股权基金管理人为获取业绩分成，对被投资企业的成长性要求很高，在投资结果上表现为，创业基金和成长基金管理人将资金主要投向采用新技术、新商业模式的更具成长性的创新企业；并购基金积极参与传统企业的转型升级和改造提升。从宏观层面看，私募股权投资达到一定规模和深度，就足以推动新经济成长并淘汰旧经济，以"创新性破坏"（熊彼特，1912）推动实体经济转型升级。私募股权基金对科技创新产业的促进，已经可从统计数据中得到印证：根据基金业协会统计，2020年私募股权基金投资中小企业案例数 8 359 起，投资金额 2 695.84 亿元；投资高新技术企业 5 731 起，投资金额 2 364.51亿元；投资初创科技型企业 2 785 起，投资金额 550.83 亿元。

（二）促进多层次资本市场发展

私募股权基金已经发展成为多层次资本市场的一支重要力量。同时，资本市场发展也为私募股权投资畅通了退出渠道，助力私募股权基金盘活存量。可以说，私募股权与资本市场发展相辅相成、互相促进。第一，私募股权投资助力资本市场结构优化。私募股权投资拥有长期性、风险偏好高等特点，能够为资本市场孵化和培育优质企业，从而提高上市公司质量。第二，私募股权投资可为存量上市公司转型升级提供支持。私募股权投资既可以通过 PIPE 投资等帮助上市公司提升自身经营业绩，也可以为上市公司提供优质的并购标的，还可以协助上市公司剥离资产、瘦身健体。第三，资本市场是私募股权投资退出的重要渠道。多层次资本市场是私募股权基金退出机制的最终出口。近年来，从创业板、新三板到科创板，再到注册制，我国私募股权基金通过资本市场退出的机制日渐完善。

第二章

全球视角下的私募股权投资

私募股权投资并非近现代以来的新鲜产物，其概念和实践的发祥演变甚至可以追溯到千年之前。不过，现代意义上的私募股权投资一般认为起源于二战后的美国。经过半个多世纪的发展演进，当前私募股权投资已经成为全球资本市场上一种重要的融资手段和投资产品。本章第一节首先回顾私募股权投资的发展历史，检视全球行业的发展现状，并对后续发展趋势做出展望。第二节概述全球私募股权投资的运作模式，可以看到由于不同区域在经济金融发展阶段和社会文化环境上的差异，各种类型私募股权投资在全球各区域的分布占比不尽相同。第三节阐述全球私募股权投资的监管实践，并探讨 ILPA 与全球监管标准的普及、离岸注册中心、税收、反洗钱和数字货币等方面的监管前沿问题。第四节总结全球私募股权投资的经验启示，从政府、行业和代表性机构投资实践的视角考察私募股权基金的诸多特点，有助于我们从更广阔的视野在更多元的语境中认识私募股权基金的本质。

第一节　全球私募股权投资概览

一、全球私募股权投资的兴起与发展

（一）私募股权投资的起源

私募股权投资源起于何时？这一问题的答案恐怕出乎绝大多数人的意料。根据目前对私募股权投资的界定，其一般是指投资者通过直接交易而非公开交易的方式对公司进行投资。从这个定义出发，"私募股权"作为一种投资形式实际上早已存在了千年之久。人类历史上最早的股权投资是一种兴起于 10 世纪地中海地区的商业合同"康美达"（commenda），其是一种为商船航运提供融资的手段。这一合同规定投资者提供部分或全部资金，商人负责实际航运，双方共享利润，但投资者可能损失的金额上限是其所提供的资金（有限责任），而负责实际航运的商人则承担无限责任（Andrew Ang，2017）。随着 15 世纪末大航海时代的来临，私募股权投资的规模逐渐扩大，投资活动的蓬勃兴旺催生了荷兰阿姆斯特丹第一家有组织的交易所，这为投资者进行投资和权益的二次转让提供了更多便利，也进一步推动了商业活动的发展。

（二）现代私募股权投资的产生

现代意义上的私募股权投资出现于二战之后，它具有三个典型标志，即专业化的机构、特定的监管法规、特定的运作制度。按发展阶段进行划分，现代私募股权投资发展大致分为初始萌芽、发展兴盛和转变成熟三个阶段。

1. 初始萌芽阶段

二战后的美国是现代私募股权投资的发源地，当时美国出现了大量中小企业，这些中小企业很难获得传统金融机构的资金支持。在这种背景下，1946 年波士顿联邦储备银行行长拉尔夫·弗兰德斯（Ralph Flanders）和哈佛大学商学院教授乔治·多里特（Georges F. Doriot）共同创办了美国研究与发展公司（American Research and Development Corporation，ARD），该公司设立的目标之一是设计一种私营机构解决中小企业的融资缺口问题，同时希望这种私营机构为中小企业提供长期资本与管理服务。ARD 是美国历史上第一家风险投资公司，它的成立标志着有组织的、专业化管理的私募股权投资崭露头角。1958 年，正值冷战时期，为了促进科技进步和经济发展，时任美国总统艾森豪威尔签署了《小企业法案》，允许私人建立小企业投资公司（Small Business Investment Companies，SBIC），该法案同时规定 SBIC 可以从政府获得低于市场利率的贷款，贷款金额上限为企业资本的一半，但获得贷款的 SBIC 必须投资于初创的小企业。SBIC 的出现极大地促进了私募股权投资在美国的发展。

2. 发展兴盛阶段

20 世纪 70 年代后，美国私募股权投资开始大规模兴起，行业快速发展主要出于以下几方面原因：一是私募股权投资机构治理结构不断完善；二是养老基金监管政策得到放松，税收政策得到调整；三是高收益债（垃圾债）市场的诞生推动了收购业务的发展。

首先，20 世纪 70 年代后，私募股权投资中的有限合伙制出现，这解决了 SBIC 的很多内在缺陷，例如对投资限制的规避、对投资经理的激励问题等。从 1969 年至 1975 年，美国有大概 29 家有限合伙制的私募股权基金成立，上述基金共募集了数亿美元的资金。其次，1979 年美国劳工部修改了《雇员退休收入保障法》（ERISA）中关于"审慎人"的规定，允许养老基金在不影响整个投资组合安全性的前提下投资于小企业或新兴企业。这一转变使得养老基金逐渐成为大量公司资本的重要来源，导致了大量私募股权投资基金的涌现。最后，垃圾债市场的诞生使得债务融资的可得性大幅提高，通过垃圾债市场，私募股权公司可以用高达95％的杠杆率进行交易，借贷能力的增强大幅提高了杠杆收购的投资收益率，杠杆收购行业快速崛起。

专栏 2 - 1　私募股权投资中的"杠杆并购之王"——KKR

KKR 集团（Kohlberg Kravis Roberts&Co. L. P.，KKR）堪称私募股权投资中的"杠杆并购之王"，是全球历史最悠久、经验最为丰富的私募股权投资机构之一。其最初由美国人 Jerome Kohlberg、Henry Kravis 和 George Roberts 创立于 1976 年。

大多数人对 KKR 的了解恐怕都来自《门口的野蛮人》一书中的一则经典案例，即在 1988 年至 1989 年间 KKR 对美国食品和烟草企业雷诺兹-纳贝斯克的杠杆收购案，正是这一划时代的收购案使得

KKR 声誉鹊起，成为杠杆并购界的代表性投资机构。在这次收购过程中，KKR 运用超过 250 亿美元的资金，击败了一众竞争对手最终完成收购，但其使用的自有资金还不到 20 亿美元。KKR 能成功筹得大量资金并完成收购的秘诀，就在于其在通过发行大量垃圾债券进行融资的同时，承诺在未来用出售被收购公司资产的办法来偿还债务。因此，雷诺兹-纳贝斯克收购案也被誉为垃圾债市场与杠杆并购完美结合的经典之作。

20 世纪 90 年代后，KKR 延续以往的风格，面对并购机会不断出击，成为华尔街杠杆收购巨头。为进一步推动并购业务，2002年，KKR 专门成立了投后管理实体凯普斯通（Capstone），将经营运作经验推广到 KKR 所投资的各个公司。与此同时，KKR 还相继拓展了债券基金、债券承销等业务，业务发展开始瞄准多元化的战略定位。

在遭受了 2008 年金融危机的严重冲击和经历了艰难漫长的恢复期后，KKR 在 2010 年迎来了发展道路上的又一座里程碑：在纽交所成功实现 IPO。上市之后，KKR 相继推出了私募股权市场上的能源、基础设施、房地产专项投资基金，二级市场上的 FOF、另类信用投资等，业务进一步走向多元化。目前，公司的业务共分为四大板块：私募市场、公募市场、资本市场服务和自有资金投资。私募市场主营老牌的私募股权投资，以及房地产、能源、基础设施等不动产投资；公募市场由杠杆信用产品、另类信用产品、对冲基金产品、战略合伙产品四类构成，其中，杠杆信用产品包括杠杆贷款和高收益债券，另类信用产品包括夹层资产投资和特殊情景投资，对冲基金产品包括对冲基金投资组合定制和 FOF 产品，战略合伙产品通过持有其他公司的对冲基金产品达成战略合作关系；资本市场服务主要包含投行和债券承销业务；自有资金投资主要从事跟投、资本中介和种子基金业务。

在从早期的私募股权投资机构走向多元化业务布局的过程中，KKR的资产管理规模也实现了稳健增长。2005—2020年，KKR公司的资产管理规模从234亿美元增长至2 517亿美元，复合年均增长率为17.16%，其中私募管理规模达到1 487亿美元，复合年均增长率为14.43%。目前，公司的投资者主要包括企业年金、基本养老基金、金融机构、保险公司和大学捐赠基金等。其中，按照所占比例进行拆分，48%的资金来自公共养老金，17%来自保险公司资金，14%来自高净值家庭。按照区域进行划分，美国投资者占比超过50%。

3. 转变成熟阶段

经历了十几年的大规模扩张之后，20世纪80年代末，风险投资基金和收购基金的资金流入出现了大幅下滑。部分行业的过度投资导致收益率显著下滑，竞争愈发激烈，一些私募股权公司因此破产，私募股权行业的第一轮周期进入尾声。随后，1997年东南亚金融危机的爆发和2000年美国网络科技股泡沫的破裂，对于私募股权投资行业更是雪上加霜，私募股权投资由此陷入低迷时期。然而从2001年开始，由于业绩不佳的基金逐步出清，投资机构对另类投资的配置力度持续提高，宽松的信用环境以及科技进步带来了大量机遇，因此私募股权投资行业触底反弹，开启了新一轮加速发展的周期。2008年金融危机后，随着私募股权投资行业进一步出清，在汲取金融危机教训的基础上，其运营模式和行业监管也进一步走向成熟。

（三）私募股权投资向全球扩散

现代私募股权投资机构在美国出现后，首先扩散到欧洲等发达国家市场。从20世纪70年代开始，英国率先允许金融机构投资私募股权基金，随后欧洲其他各国也纷纷效仿，相继放松对私募股权投资的管制，允许银行和保险公司等金融机构进入私募股权投资行业，私募股权基金在欧洲各国开始发展。不过由于金融发达程度不如美国、法律监管环境较为严格、投资者风险规避特征突出、股票市场的体量相对较小等多重因素的制约，欧洲在私募股权投资方面的发展明显落后于美国。20世纪90年代后，随着苏联解体和新兴经济体的市场化改革加速，伴随着全球化浪潮，私募股权基金逐步进入中国、巴西、印度等新兴经济体寻找投资机会。

二、全球私募股权投资的现状

从全球私募股权投资的实践情况来看，国外学术界通常根据企业融资过程的不同阶段把私募股权投资划分为以下几种主要类型：种子投资（或天使投资）、风险资本、成长投资、并购基金和其他（如夹层投资、困境投资）等。

截至2020年6月，全球私募股权基金投资总管理规模达到约5.53万亿美元，占私人投资市场总规模的66%。在私募股权投资中，并购基金管理规模约2.3万亿美元，约占私募股权投资总管理规模的42%；创投基金管理规模达1.2万亿美元，约占私募股权投资总管理规模的22%；成长型投资基金管理规模7810亿美元，约占私募股权投资总管理规模的14%；母基金管理规模5898亿美元，约占私募股权投资总管理规模的11%；其他基金（夹层基金、困境投资）管理规模6562亿美元，约占私募股权投资总管理规模的12%。由于全球不同区域经济社会环境和法律监管制度的差异，不同类型的私募股权投资基金在不同地区的发展水平差别明显，表现为份额上的较大差异。并购基金中，北美占据主导地位，管理规模占全球并购基金总管理规模的60%，欧洲占25%，亚洲占11%。风险投资基金中，北美市场和亚洲市场不相上下，分别占全球风险投资基金总管理规模的 43% 和 42%，欧洲占 11%。成长投资中，亚洲占据主导地位，其管理规模占全球成长投资总管理规模的 60%，北美占 26%，欧洲占 8%，其他地区占 6%。其他类型投资基金中，北美占据绝对优势，亚洲次之（见图 2-1）。

2020 年新冠肺炎疫情全球蔓延，对私募股权基金市场产生了一定影响。在疫情暴发初期，受经济活动停滞和投资者避险情绪升温的影响，全球私募股权募资活动放缓。三季度后，随着基金管理人逐渐适应了疫情所带来的变化，私募股权和风险投资向正常水平回归，在这一过程中资本向头部基金集中的趋势进一步加强。

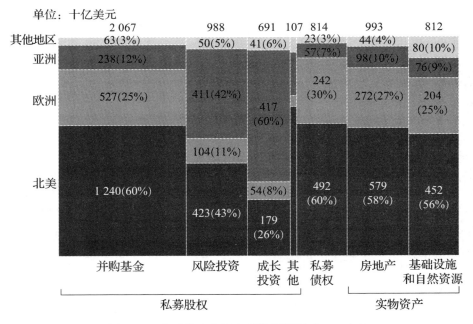

图 2-1　全球私人市场各类投资规模（2019 年）

资料来源：McKinsey. Global Private Markets Annual Review.（2021-04-21）[2021-05-03]. https://www.mckinsey.com/industries/private-equity-and-principal-investors/our-insights/mckinseys-private-markets-annual-review.

三、全球私募股权投资的发展趋势

从长期角度来看，全球私募股权投资有以下发展趋势：

第一，从地域上看，亚洲市场在全球私募股权投资方面将占据更加重要的地位。2010年到2019年，亚洲风险投资管理规模在全球风险投资中的比重从12%上升到42%，成长投资管理规模已经远远超越北美，占据全球成长投资的60%，体现出亚洲在私募股权投资方面的飞速增长，未来这一趋势有望持续。近年来亚洲资产所有者开始逐步试水私募股权投资。但与欧美相比，亚洲资产所有者对私募股权的接受程度还有较大提升空间。未来随着利率水平持续下行，私募股权投资的潜在高收益将对养老基金等投资机构产生更强的吸引力。

第二，从类型来看，全球风险投资的热潮随着新兴市场的不断发展还将持续推进。近年来，以北美为主要发展地区的并购业务在私募股权中比重下降，风险投资在私募股权投资中比重上升。2010年时，并购基金占私募股权投资总管理规模的75%，到2019年仅占约50%。亚洲的风险投资和成长投资快速增长，风险投资和成长投资在全球私募股权投资中的比重上升使得并购投资在私募股权投资中不再独大，行业结构更为均衡。随着新兴市场企业逐渐步入成熟发展阶段，全球并购业务的规模占比或将再次回升。

第三，从募资来源来看，主权财富基金、养老基金、保险基金等将提高私募股权投资的参与度。在过去，发达国家的家族办公室和捐赠基金的私募股权投资比例较高，其他机构投资者的参与度相对较低。大型主权财富基金和养老基金投资期限长，资金体量大，议价能力强，适合进行非流动性的私募股权投资，可以通过长期投资获取非流动性溢价。而且随着人口老龄化带来养老支出压力加大，养老基金为了提高投资收益率，提高了私募股权等另类投资的比重。部分头部机构如加拿大养老金计划投资委员会（CPPIB）、新加坡政府投资公司（GIC）还在全球布局办公室，为投资私人市场提供助力。过去20年，全球发达国家养老金资产中另类资产占比从7%上升至26%。2002—2016年，全球主权财富基金另类投资占比从16.2%上升至28.7%。这些另类资产中私募股权和房地产占据最高比例。私人市场资产的非盯市制度导致基金净值波动较小，也成为机构投资者愿意投资私募股权的原因之一。同时，随着中国等新兴市场高净值人群的增长，个人财富也将成为私募股权的资金来源。图2-2显示了2017年全球部分类型私募股权投资者的分布情况。

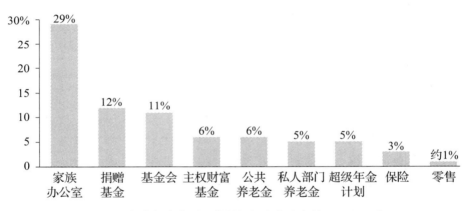

图2-2　全球部分类型私募股权投资者分布情况（2017年）

资料来源：BCG. The Rise of Alternative Assets and Long-Term Investing.（2017-03-22）[2020-12-23]. https://www. bcg. com/en-tr/the-rise-of-alternative-assets-and-long-term-investing-strategic-asset-allocation-for-large-institutional-investors.

第四，从行业投向看，亚太地区在互联网科技上的投资增速远超其他行业，未来的投资重点领域包括软件服务、人工智能和跨行业科技。过去十年间，亚太地区的互联网科技私募股权投资规模增长了13.6倍，而同期其他行业仅增长了1.6倍，差异悬殊。2014—2018年，中国实现了亚太地区70%的互联网科技领域的私募股权交易。老一代技术主要投资领域包括电子商务、B2C和传统软件公司，而新一代技术将集中在软件服务、B2B 和人工智能等领域。根据贝恩公司 2020 年的问卷调查，75%的亚太地区私募股权基金表示未来的投资重点在软件服务方面，B2B 互联网和线上服务与传统的 IT 服务也占据较大比例，跨行业科技、人工智能和机器学习等新领域也成为重要关注点（见图 2 - 3）。

未来3~5年，你的公司预期将侧重于哪些科技领域的投资？

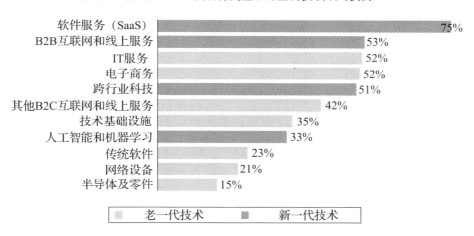

图 2 - 3　科技细分行业投资前景

资料来源：Bain & Company.，Asia-Pacific Private Equity Report.（2020 - 03 - 11）[2021 - 03 - 24] https://www. bain. com/insights/asia-pacific-private-equity-report-2020/.

第五，从投资方式和理念看，强调环境、社会和治理（ESG）的责任投资理念将逐渐被纳入私募股权投资的考量标准。近年来，ESG 投资在公开市场投资中被广泛接纳和应用，尤其是在欧美发达市场。主权财富基金和养老基金成为 ESG 投资的主要推动力量。如今发达市场的资金所有者 LP 开始对基金管理人 GP 的 ESG 标准进行事前审查，并要求 GP 在 ESG 投资政策、流程、业绩、信息公开等方面更加透明。近年来，全球资金所有者 LP 采取联合行动，2018 年成立了投资者领导力网络，以协调机构投资者的 ESG 投资实践，这一组织现已代表了 6 万亿美元的投资规模。在欧洲，监管当局对 ESG 实施了更加明确的要求，采取了可持续融资行动计划，要求资产管理者披露其如何开展 ESG 投资。ESG 投资实践从公开市场拓展到私人市场已经成为趋势。

第二节　全球私募股权投资的运作模式

一、法律形式和治理结构

目前，私募股权基金的法律组织形式主要有公司制、有限合伙制和信托制三种。私募股权基金具体采用哪种组织形式，与所在国的经济发展水平、社会文化传统、税收和法律制度等因素密切相关。除了上述三种基本的法律组织形式外，为适应基金所在地的法律要求，一些更加复杂的混合组织形式也应运而生。

（一）公司制

公司制私募股权基金是依据《公司法》成立的具备独立法人资格的基金管理公司或投资公司。公司制私募股权基金本质上是一类公司，采用有限责任公司或股份有限公司的形式。基金投资者同时也是公司股东，以投资额为限承担有限责任，一般不直接参与公司的经营管理和投资运作。公司制私募股权基金的一般组织架构如图 2-4 所示。

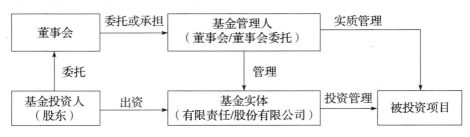

图 2-4　公司制私募股权基金法律组织架构图

公司制私募股权基金的主要特点如下：第一，基金本身具备法人资格，能够独立行使民事权利、承担相应责任，在对外投资时受到的限制相对较少；第二，股东必须按照《公司法》和公司章程的约定，按时足额缴纳资本，除非破产或按公司章程约定清算，否则，股东不能撤资，因此公司制私募股权基金的资金来源保障性较好，稳定性高于其他形式；第三，公司制私募股权基金拥有较完善的治理结构，能够对代理人实施较为有力的法人治理约束，可相对较好地解决委托代理问题；第四，所有股东都以出资额为限承担有限责任。

（二）有限合伙制

有限合伙制私募股权基金是指由普通合伙人（GP）与有限合伙人（LP）通过签订合伙协议而组建的一类私募股权基金。从法律关系上看，有限合伙制私募股权基金不具备独立的法人资格，GP与LP依据合伙协议来约定权利和义务，保障合伙企业正常运营。从职责划分来看，GP在私募股权基金中的出资比例一般很低（通常低于5%），但拥有执行合伙事务的权力，负责寻找投资机会，做出投资决策，并对合伙企业的债务承担无限责任；LP是基金的主要出资方（通常95%以上），以其出资额为限对合伙企业的债务承担有限责任，但不直接参与合伙企业的经营管理。

有限合伙制私募股权基金最早诞生于美国，现已成为全球采用最为广泛的私募股权基金法律组织形式。有限合伙制私募股权基金的主要特点如下：第一，有限合伙制私募股权基金不具备法人资格，不能独立承担民事责任，无须在合伙企业层面缴纳所得税；第二，由于有限合伙制私募股权基金的经营管理权掌握在GP手中，因此GP对有限合伙制私募股权基金的债务承担无限连带责任；第三，合伙协议并未设置固定的约束框架，GP与LP可以根据实际情况灵活约定，这一灵活性使得有限合伙制私募股权基金的激励约束机制可得到较为充分的发挥；第四，有限合伙制私募股权基金有约定的存续期限，存续期满后基金如不延期，就须根据约定及时清盘。

（三）信托制

信托制私募股权基金也被称为契约型私募股权基金，是指投资者和基金管理人基于相互信任，通过签订信托契约设立集合投资计划，投资于未上市企业股权的集合投资模式。从法律关系上看，信托制私募股权基金体现的是信托-受托关系。由于信托制私募股权基金本身不具备法人资格，不是独立的财产主体，因此基金财产的所有权必须转移到作为受托人的基金管理人名下，通常还会设立一名基金托管人（通常是商业银行）来托管基金资产，并对基金财产行使占有权。信托制私募股权基金的一般组织架构如图2-5所示。

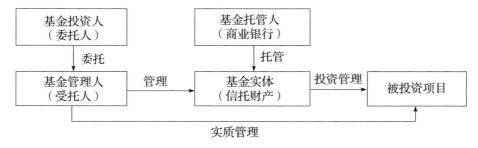

图2-5　信托制私募股权基金法律组织架构图

信托制私募股权基金具有以下特点：第一，基金通过当事各方签署信托合同设立，法律手续最为简便；第二，在信托制下，私募股权基金财产的所有权和经营权都转移到了基金管理人手中，作为出资方的投资者对基金投资管理活动的监督能力相对最弱；第三，信托制私募股权基金具有一定的存续期限，当信托计划到期时，基金需要清盘；第四，目前信托制私募股权基金在债务承担、基金财产独立性、风险隔离和税务处理等多个方面缺乏明确的法律规定，因此存在不确定性和潜在风险。

综合来看，在上述三种法律组织形式中，公司制私募股权基金普遍存在双重纳税问题，信托制私募股权基金虽然设立程序简便，但其劣势在于委托代理风险最高，而有限合伙制组织形式既具有税收优势，又具备激励制度最为灵活有效的优点，综合优势显著，因此成为全球私募股权基金行业的主流法律组织形式（见表2-1）。

表2-1 不同法律组织形式私募股权基金的优劣势对比

法律组织形式	主要优势	主要劣势
公司制	1. 资金来源稳定性高； 2. 法人治理结构相对完善	1. 在基金和股东层面双重缴纳所得税； 2. 成立手续比较烦琐，运营成本较高； 3. 激励机制不够灵活
信托制	1. 设立简便，运营成本最低； 2. 基金增减资、份额转让手续要较公司制、有限合伙制简单	1. 基金有存续期限，到期一般需要清盘，资金来源稳定性弱于公司制； 2. 在治理结构、利益冲突、竞业禁止方面，不如公司制和有限合伙制，委托代理风险相对较高； 3. 在债务承担、基金财产独立性、风险隔离和税务处理等多方面缺乏明确的法律规定，存在不确定性
有限合伙制	1. 设立比较简便，形式灵活； 2. 可以设立灵活的薪酬机制，充分激励基金管理人做好投资； 3. 认缴出资制	1. 基金有存续期限，到期一般需要清盘，资金来源稳定性弱于公司制； 2. 治理结构不如公司制，委托代理风险较高

二、投资运作模式

在诸多类型的私募股权基金中，最为常见的类型为成长（风险投资）基金和并购基金，二者分别对应企业的成长阶段和成熟阶段，在资金来源、投资策略、退出方式和风险收益等方面均存在较大差异。通过对二者全球大型代表性机构的具体分析，可以梳理勾勒出成长基金与并购基金二者的大致运作模式。

（一）成长基金的投资运作模式

海外成长基金（包括风险投资阶段在内）主要投资于新兴科技领域中具有良好成长性的企业，投资范围通常聚焦于几个特定的方向或领域，比如科技/传媒、医疗健康、消费/服务等，投资阶段侧重于早期、成长期。不同成长基金的投资策略有所差异，一些基金管理人"下注于赛道，而非下注于选手"，一些基金则更加关注创业团队，但无论如何，成长基金的核心使命都是在具有巨大增长潜力的领域寻找高成长性企业。成长基金的资金来源一般包括养老基金、保险公司、大学捐赠基金、企业、高净值个人等。

成长基金的投资流程一般包括：系统性的基础研究与项目储备、项目开发与初选、尽职调查与投资分析、投资决策、投后管理与价值创造、退出管理（见图2-6）。

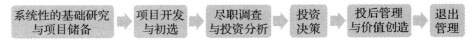

图2-6　成长基金投资流程图

（二）并购基金的投资运作模式

国际上主流的并购基金主要以控股型收购为投资业务模式，通常的投资策略为：选取符合一定标准的目标公司，以杠杆收购方式获得目标企业控股权，经过业务重整提升企业价值，最终以IPO或股权转让方式实现退出，获得投资收益。从投资策略来看，并购基金与成长基金存在两个显著差异：第一，并购基金为控股型投资，通常需要使用杠杆完成收购，而成长基金为财务型投资，一般不使用杠杆；第二，并购基金深度介入被投资企业的运营管理过程，通过长期投资、有效赋能来创造价值、获取收益，相比之下，成长基金主要为被投资企业提供增值服务，一般较少直接介入被投资企业的管理运营。

　　并购基金投资流程的第一步是以结构化融资方式对目标公司完成杠杆收购。并购基金一般出资收购总额的 10%～20% 设立壳公司,收购总额 50%～60% 的资金由银行并购贷款解决,并购贷款以目标公司资产或收入作为抵押。剩余收购资金由各种级别的次级债权组成,20 世纪 80 年代曾流行高收益债融资,后来则通过银行过桥贷款、发行长期债券或夹层融资等方式筹措。第二步是业务重整。完成收购后,并购基金主导的管理团队通过削减成本、转变市场策略等方式重整公司业务,努力增加企业利润和现金流等。第三步则是择机出售。目标公司业务整合完毕、重焕生机后,并购基金可选择推动其重新上市,或以股权转让方式逐步实现退出,获取收益。

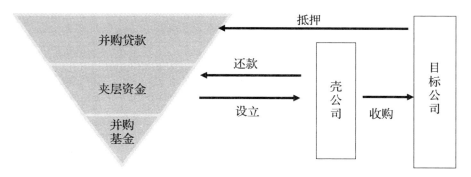

图 2-7　并购基金通常的结构化融资结构

　　表 2-2 对成长基金和并购基金二者的投资运作模式进行了对比分析。

表 2-2　成长基金与并购基金的全面比较

项目	成长基金	并购基金
投资范围	以新兴科技领域(含医药)为主	除了科技领域,很多涉及传统领域公司

续表

项目	成长基金	并购基金
投资阶段	多为早期、成长期	多为成熟期，甚至是已经上市的企业
标的选择标准	成长性是一切	更看重现金流稳定性和降本增利空间
持股比例	财务性投资、少数股权为主	控股型投资为主
杠杆使用	单笔投资金额相对较小，一般不使用杠杆	单笔投资金额相对较大，经常使用杠杆
投后管理/参与被投资企业运营	一般较少介入企业日常经营，以增值服务为主，帮忙不添乱	投前即有明确的并购方案，并购后深度介入并主导企业管理运营
与产业公司协同	有时也与产业公司协同，但不像并购基金那么频繁和重要	经常与产业公司协同完成并购和并购后的业务重整
失败率	相对较高	相对较低
核心能力要求	对对产业/行业发展趋势的把握能力，尤其对新兴商业模式或科技的前景以及创业团队的判断力要求很高	更加全面，除了要把握产业发展趋势，还要具有复杂交易结构设计能力、募资能力（并购贷款、夹层资金等）、实体企业运营能力等

专栏 2-2　黑石集团的并购策略

黑石集团（The Blackstone Group）由彼得·彼得森（Peter G. Peterson）和苏世民（Stephen Schwarzman）于 1985 年在美国创建，是全球领先的另类资产管理机构，截至 2020 年年底其资产管理规模已经超过 6 000 亿美元。黑石集团主要服务养老基金、主权基金、捐赠基金、金融机构和母基金等机构客户，并积极扩展高净值个人客户，业务涵盖私募地产、私募股权、私募对冲基金和私募股权信贷。

黑石集团的业务板块主要包括房地产、私募股权、对冲基金解决方案和信贷保险四部分。其中，私募股权公司成立于1987年，致力于通过投资各个行业的大型企业来创造价值。公司采取积极股东主义、收购后的价值创造策略、构建差异化投资组合等一系列举措，追求超额投资回报，截至2020年年底，该部门管理的资产规模达到1975亿美元。

黑石私募股权投资策略如下：（1）坚持善意并购，摒弃恶意并购。20世纪80年代，美国市场恶意并购盛行，大量"门口野蛮人"的存在让上市公司和普通公众对私募股权投资公司深恶痛绝。在这一时代背景下，黑石集团的两位创始人彼得·彼得森和苏世民提出制定了公司的基本原则：拒绝恶意收购，坚持友善、诚信收购。在这一原则的指引下，黑石集团高度重视通过与原股东和目标公司管理层的友好协商获取支持。收购完成后，黑石集团通常会保留大多数管理人员，利用他们的专业能力帮助被收购公司改善经营管理并实现价值增长。与此同时，黑石集团还会将自己的产业和金融资源注入被收购公司，促进其可持续发展。（2）发展多元化业务。20世纪90年代，美国垃圾债市场和杠杆并购市场受到监管部门整治，并购公司需提供的自有资金比重由7％大幅上升至30％左右，杠杆收购业务几乎陷入死局。黑石集团果断抓住机遇，大刀阔斧地调整业务发展方向，增加了房地产基金、基金的基金（FOF）、夹层基金等多条业务线，一举成为房地产风险投资的领导者，并大幅降低杠杆比例，力争获取无杠杆回报。（3）逆向谨慎的投资风格。2000年以来，科技创新成为美国经济增长的重要源泉。随着人工智能、大数据等新兴行业的兴起，亚马逊、脸书、谷歌等新一代高科技企业受到投资者青睐。大量资金开始追逐新兴行业，但黑石集团始终在行业方向选择上保持谨慎，在与热门行业保持距离的同时，反而投身于诸如酒店、旅游、食品、化工等传统行业。对此黑石遵循的信条是，新兴行业有其固有弊端：一是行业发展方向未定，发展前景不明朗；二是热门行业更热衷于市值管理，过高的股价会透支未来的现金流。黑石集团的投资哲学认为，谨慎的投资策略尽管可能会导致失去短期暴涨的机会，却可以抵御长期暴跌的风险。

第三节　全球私募股权投资的监管实践

一、基本法律制度及监管机构

（一）美国

美国是全球范围内最为成熟的私募股权市场，长期的私募股权行业发展史也孕育了较为成熟完善的监管体系。在 20 世纪 90 年代前，美国私募股权投资行业仅受到《1933 年证券法》《1940 年投资公司法》等一些监管对象较为广泛、针对性不强的法律约束。因此在法律层面上，在相当长的时间内，美国政府给予了私募股权投资行业较宽松的监管环境和较大的发展空间。

在 20 世纪 90 年代后，美国政府对私募股权行业的监管逐渐趋严，出台了多项专门约束私募股权投资行业的法律法规和监管措施。2008 年的金融危机之后，美国政府对私募基金（含风投基金）的监管力度进一步加码，逐渐形成了以分类管理为原则的适度监管模式。在此期间，比较重要的文件包括 1990 年出台的《美国证券法 144A 条例》，这一条例对私募基金的定义和义务做出了界定，允许某些合格机构投资者在交易证券的同时不履行证券法所要求的披露义务。2010年，美国政府出台了《多德-弗兰克华尔街改革和消费者保护法案》（即《金融监管改革法案》），该法案中所包括的《2010年私募基金投资顾问注册法》实际是对《1940年投资公司法》和《1940年投资顾问法》进行修订后形成的，大大强化了对私募基金的监管。具体而言，《2010年私募基金投资顾问注册法》对私募基金投资顾问的注册制度和报告制度进行了重新规定，取消了投资顾问的注册豁免权，对于私募发行方法和投资者资格进行了更加严格的限制，在信息披露要求方面赋予了美国证券交易委员会（SEC）更广泛的监管权力，要求注册的投资顾问必须向SEC和其他第三方履行额外报告、保存记录和披露信息的义务。

总体来看，美国对私募股权投资行业采用的是自律监管与政府监管相结合的混合监管模式。根据私募股权投资基金的特点，美国对私募股权投资的混合监管主要体现在以下三个方面：首先是行政机构及其委托的私营机构对投资者利益的保护；其次是合格投资者对自我利益的保护；最后是投资机构的自律管理。在法律制度方面，美国已经建立起了对基金主体、募资活动和基金管理人三方面的监管法律体系（见图2-8）。

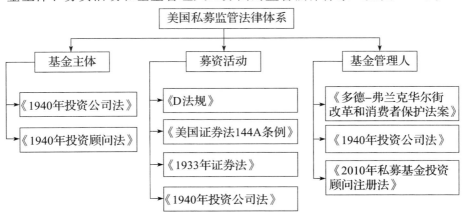

图2-8　美国私募监管法律体系框架

在监管机构方面，美国监管主体分为三个层面，即政府层面的监管机构、行业自律协会以及第三方独立监管机构。政府层面的监管机构包括美国证券交易委员会、美国金融业监管局（FINRA）以及消费者金融保护局（CFPB）等，主要职能在于实施功能监管和进行投资者保护。行业自律协会层面的监管主体包括成立于1934年的全美证券交易商协会（NASD）、美国风险投资协会（NVCA）以及2008年金融危机后成立的美国新兴市场私募股权投资协会（EMPEA）等，主要职能为实施行业自律管理，具体包括规定会员的准入标准、制定行业行为准则、提供法律文书范本、规范会员行为、严格信息披露、进行行业调研、编写出版风险投资年报、开展各种培训、代表会员游说政府等。第三方独立监管机构主要由基金受托人以及国际性行业组织等其他市场主体构成（见图2-9）。

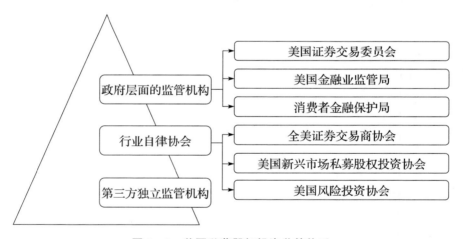

图2-9　美国私募股权投资监管体系

（二）英国

与美国的混合监管模式不同，英国的监管体系更倾向于以自律监管为主的模式，政府对私募基金的监管和干预较少。英国国内相关立法主要包括：2000年的《金融服务与市场法案》（FSMA）；金融行为监管局

（The Financial Conduct Authority，FCA）颁布的各项规则及指导意见，如 2013 年的《关于实施另类投资基金管理人指令的指导意见》、2014 年的《关于另类投资基金管理人报酬的指导意见》；财政部颁布的关于税收方面的法律法规，例如相关的税收法律、对中小企业实施的各项税收激励计划。此外，还有关于劳动保护、反洗钱、预防和惩治贿赂等方面的法律法规。英国的监管原则和行为主要体现在投资者资格和基金宣传方式方面，同时对基金发起人和管理人做了资格限制，规定只有先行获得金融服务监管局授权，才能通过邀请函或募资备忘录的形式吸引他人参与集合投资计划。信息披露方面，英国出台了《私募股权投资信息披露和透明度指引》，从投资信息的内容等方面对私募基金进行了规范，在确保投资运作具有较高透明度的基础上维护投资者利益。

就监管机构而言，英国私募股权投资基金的监管主体同样可以分为三个层面。首先是政府监管机构，由金融行为监管局和审慎监管局（The Prudential Regulation Authority，PRA）两个机构负责；其次是行业自律协会组织，例如英国创业投资协会（British Venture Capital Association，BVCA）；最后是国际性行业协会，例如另类投资标准委员会（Standard Board of Alternative Investments，SBAI）和另类投资管理协会（Alternative Investment Management Association，AIMA）。

其中，政府层面对私募股权投资基金的监管主要涉及三个方面：一是基金管理公司内部控制制度以及公司董事和高级经理的行为准则；二是对基金管理公司的强制性跟投要求，即所有公司必须拿出高于一定数额的自有资本投入其管理的基金中；三是关于反洗钱以及商业道德规范等的内容。与此同时，英国十分强调英国创业投资协会的自律监管作用。英国创业投资协会的主要职能为制定和执行行业自律规则、业务培训、政策游说、行业研究和协调关系等，对其会员制定了严格的行为准则。这种较为严格的自律管理在很大程度上实现了监管要求。

（三）法国

法国私募股权基金行业的监管法律体系首先适用欧盟整体性法规，如《可转让证券集合投资企业计划》（UCITS）和《另类投资基金管理人指令》（AIFMD）。《可转让证券集合投资企业计划》是欧盟委员会最早制定的监管框架，其在整个欧洲建立了统一的制度来管理共同基金，但并未对私募基金和创投基金做出规定。2008年金融危机后，欧盟各成员国在应对金融危机的过程中纷纷改革监管制度，《另类投资基金管理人指令》应运而生，成为欧盟针对另类投资基金管理人进行财务监管的重要法律依据，其与《可转让证券集合投资企业计划》一并组成欧盟对基金行业的监管框架，成员国在此基础上制定本国监管细则。《另类投资基金管理人指令》正式界定了私募基金的概念，还对私募股权基金的资本规模、需遵守的要求、透明度、信息披露、退出等做出了规定。值得一提的是，《另类投资基金管理人指令》不适用于规模较小的创投基金，后者主要由《欧盟风险投资基金条例》（The European Venture Capital Funds Regulation，EuVECA）规范，在信息披露和资本要求上更为宽松。除欧盟法规外，法国私募股权基金的监管还适用于法国金融市场管理局（AMF）制定的《金融管理局总则》和《金融业务现代化法案》。

行业监管机构方面，私募股权基金主要由法国金融市场管理局负责管理。在基金的设立方面，面向个人投资者开放的基金需要获得法国金融市场管理局的授权后才能正式成立实体，并向潜在的投资者营销，而仅向专业投资者开放的基金必须在成立后一个月内通知法国金融市场管理局。此外，法国金融市场管理局的监管也遵循欧洲证券及市场监管局（ESMA）发布的《另类投资基金管理人指令》，对私募股权基金整体上按照规模分级监管。对于小规模另类投资管理人，监管机构采取较为宽松的监管方式，但是不允许其依据一张牌照在所有成员国推广业务；而对于大型另类投资管理人，监管机构在对其进行严格监管的同时也允许其享有凭借单一牌照在各成员国通用的权利。值得一提的是，该指令也明确指出小规模另类投资管理人也可以主动寻求较严格的监管从而实现一照通用。

（四）日本

目前，日本尚未就私募股权投资基金出台专门的法律法规，其监管体系由多项金融业相关法律中的私募股权投资基金条款构成。《金融商品交易法》及《投资信托及投资法人法》中关于"私募发行证券"的条款为私募股权投资机构的设立及私募基金的募集提供了法律支持；《中小企业等投资事业有限责任组合契约法》（《LPS法》）及《有限责任合伙企业法》为私募股权基金采取有限合伙制提供了法律依据（见图2-10）。与美英等国相比，日本对私募股权投资行业的管制较多，行业监管环境较为严厉，属于政府主导型监管模式。

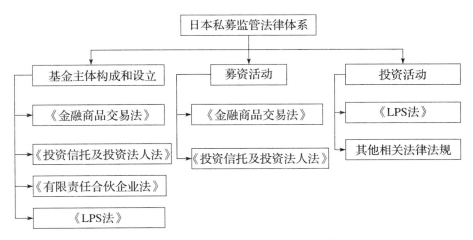

图2-10 日本私募股权投资监管法律体系

日本金融厅是日本金融行业的主要监管部门，负责对银行业、证券业、保险业及非银行金融机构进行全面监管。日本私募股权基金行业的监管主体同样以日本金融厅为主。日本的证券交易所和自律组织起辅助监管的作用。

（五）中国香港

中国香港的证券及期货市场实行金融牌照管理制度，就私募基金而言，主要涉及的法规包括《证券及期货条例》《公司条例》《有限责任合伙条例》《商业登记条例》等。根据监管规定，在中国香港境内开展包括私募基金在内的资产管理业务，需要向中国香港证监会申领第九号牌照，并接受中国香港证监会的持续监管。中国香港证监会从机构和个人两个层面，通过财务、称职、诚实、信用、业务能力等多个维度综合评估申请人与主要管理人员的适当性。在投资行为上，中国香港与英国体系类似，对于私募基金的限制较少。

中国香港证监会是中国香港金融行业的主要监管部门，负责对证券、期货、外汇等资产管理业务进行全面监管。中国香港私募行业主体的设立、人员从业资格认定、财务情况均由中国香港证监会负责监管。此外，中国香港创业及私募投资协会等组织负责自律监管。

二、监管前沿问题

（一）机构有限合伙人联合会与全球监管标准

机构有限合伙人联合会（Institutional Limited Partner Association，ILPA）成立于 20 世纪 90 年代，是为全球私募股权行业的 LP 投资者服务的会员制非营利性组织，专门致力于通过一流的教育培训、研究服务、利益主张和其他各种活动来增进 LP 及其受益人的利益。ILPA 总部位于美国华盛顿，最初是由数十个 LP 组成的非正式网络俱乐部，如今其会员机构已扩展至全球 50 多个国家（地区）的 500 多家机构，会员类别包括公共养老金、企业年金、捐赠基金会、家族办公室、保险和投资公司以及主权财富基金等，大约 60% 的会员机构来自美国，40% 来自欧洲、加拿大和其他地区。这些会员机构管理着超过 2 万亿美元的私募股权资产，占全球机构管理的私募股权资产的 50% 以上。

ILPA 在组织架构上由董事会、专门委员会和职能部门组成。ILPA 的董事会由 16 名董事组成，新的 ILPA 董事会成员由每年春季的年度会员大会选举产生。董事会下设执行委员会，还下设若干委员会来管理其众多事务，包括审计与财务委员会、治理委员会、内容委员会、行业事务与标准委员会、会员与活动委员会等。在董事会之下，ILPA 配备有专门的管理人员负责相关事务。

ILPA 主要开展论坛交流、教育培训、制定行业标准和提供研究服务等活动。其中，ILPA 的一项重要职能是制定和发布 ILPA 原则，它是在与广泛的行业利益相关方协商后制定的，目的是通过提供一套可供参考的国际私募股权基金最佳实践和市场惯例，促进 LP 和 GP 间的沟通，进而推动实现两者长期利益的一致性。ILPA 分别在 2009 年 9 月和 2011 年 1 月发布了《ILPA 原则 1.0》和《ILPA 原则 2.0》①，并于 2019 年 6 月推出了《机构有限合伙人协会（ILPA）原则 3.0 版：促进透明、治理以及普通合伙人与有限合伙人的利益一致性》（简称《ILPA 原则 3.0》）。ILPA 发布的系列原则几乎完整地约定了股权投资基金的投、融、管、退全流程，其中《ILPA 原则 3.0》的主要内容包括：（1）原则概要；（2）GP 和基金的经济机制；（3）基金期限和基金结构；（4）关键人士；（5）基金治理；（6）财务信息披露；（7）通知和政策披露；（8）向 LP 的信息披露。

总体来看，ILPA 原则对全球私募股权基金发展与监管实践产生了重要影响。ILPA 原则致力于提供建议条款和最佳实践参考，注重可操作性，不仅全流程覆盖，而且在具体条款、议事规则等方面也附有事无巨细的说明和具有指导意义的约定。例如，关于业绩回拨的最佳模式，

---

① 即《机构有限合伙人协会（ILPA）私募股权投资原则》第一版和第二版。

ILPA 原则详细提到了资产净值范围测试、临时回拨、开立提存账户、回拨担保等细节问题。对于私募股权投资行业广大的 GP 和 LP 来说，IL-PA 发布的模板、最佳实践和指导意见可被其纳入日常经营、投资活动中。在 ILPA 原则的帮助下，GP 和 LP 能够根据最新的投资实践，制定与时俱进的建议条款、管理报告和各种协议模板、尽职调查问卷等，从而推动私募股权投资基金在全球范围内的规范发展。

（二）离岸注册中心监管

为规避本国的严格监管和寻求税收优惠，越来越多的金融机构和基金公司在选择注册地时开始将目光投向全球著名的离岸注册中心。借助离岸中心在基金注册和运营方面较为宽松的监管环境（比如开曼群岛对包括大量 PE/VC 在内的"封闭式基金"的监管几乎处于空白状态，注册人不需要向本地监管机构注册即可开展运营），基金公司在降低税务成本的基础上可实现更加灵活的资金调配。然而，近年来，在美国等主要国家加强税收和反洗钱监管的压力下，全球主要离岸中心的监管也越来越严格。如开曼群岛与英属维尔京群岛在 2018 年先后发布了《经济实质法》，规定在各自司法辖区内，相关实体从事业务需符合经济实质要求，这一法律约束了消极非居民主体的活动，并加强了对经济实体税务身份的认定。开曼在 2020 年还正式出台了《私募基金法》，填补了此前针对封闭式基金领域的监管空白，对封闭式基金提出了前置注册要求，并在基金审计、估值、财产安全保管、现金监管等日常运营方面提出了全面的监管要求。

（三）税收与反洗钱监管

随着经济全球化的发展，纳税人通过境外金融机构持有资产并将收益隐藏在境外，从而逃避所在国纳税义务的现象日趋增多。为了打击逃税行为，全球各国近年来出台了多部重要的监管法案。其中最具代表性的是美国 2010 年出台的《海外账户税收遵从法案》（FATCA），该法案要求所有海外金融机构建立合规机制，对其持有的账户信息开展调查并提供其掌握的美国账户信息。为协调《海外账户税收遵从法案》合规义务与其他国家法律之间存在的冲突，美国还专门制定了《FATCA 政府间协议》，规定了账户记录和交换的一般准则，从而进一步寻求国际合作。在美国《海外账户税收遵从法案》的基础上，经济合作与发展组织（OECD）于 2014 年发布了《金融账户涉税信息自动交换标准》（AEOI），该标准包含统一报告标准（CRS），要求金融机构对其开立的相关账户进行尽职调查，识别、记录并报送非居民金融账户相关信息。CRS 的本质是为防止跨境逃税行为而在不同国家（地区）之间进行的财务信息交换，因此被称为全球版的 FATCA。总体来看，全球各国在税收信息与反洗钱上的监管合作正在加强。

（四）区块链与数字货币监管

近年来，随着区块链技术和数字货币的兴起，投资者对该领域的投资热情日益高涨，以区块链和数字货币行业为主要投资方向的数字货币基金作为私募基金中的一个新兴类型得到了快速发展。数字货币尚属于新兴领域，目前全球各国均缺乏对该领域成熟有效的监管体系，对数字货币交易和基金尚未采取特别的监管措施，对该领域的监管仍在现有监管框架下运行，越来越难以适应区块链和数字货币蓬勃发展的形势，预计未来对数字货币的整体监管态度将趋向规范和严格。

第四节　全球私募股权投资的经验启示

回顾全球私募股权投资的发展史可以发现，私募股权投资的兴起与一个国家金融市场的发展成熟密不可分。由于历史文化和经济法律制度体系的差异，私募股权投资在不同国家（地区）的发展阶段和表现形式不尽相同，也不存在最优的发展经验或发展模式。从行业规模体量、科技创新活力、对直接融资的重要性等方面看，美国私募股权投资行业的发展经验对中国的私募股权投资行业的借鉴意义最大。

参照美国等发达市场的经验，推动私募股权投资高质量发展需要各方面利益相关者的努力，包括政府、行业自律协会、基金管理人、上游出资者和第三方中介机构等。从政府角度看，重点是要加强资本市场建设和完善监管政策；从行业自律协会角度看，需要引导行业生态体系健康发展，鼓励行业创新；从基金管理人角度看，最重要的是推动组织结构和治理架构的完善，提高投资能力；从出资者角度看，需要更深刻地认识到私募股权投资的风险收益特征，促进投资理念更加理性成熟。

一、政府视角：政策、环境与监管

从美国等发达国家的经验来看，私募股权投资能取得成功离不开政府的政策支持，包括提供各项优惠政策、改善投资环境、完善监管体系等。

在优惠政策方面，各国政府对私募股权投资发展的政策支持主要体现在以下几个方面：（1）税收优惠。税收政策是决定私募股权投资规模的主要政策因素，优惠的税收政策将吸引私募股权资本更多地流向中小企业，对私募股权投资者提供税收优惠成为各国政府降低私募股权投资风险的一种普遍方法。（2）信用担保。为了鼓励金融机构支持私募股权投资行业发展，各国政府一般都设立机构对企业的贷款提供担保。例如，美国在1953年成立了小企业管理局（SBA），对中小高新技术企业的银行贷款提供担保，贷款在15.5万～25万美元的提供85%的担保，贷款在15.5万美元以下的提供90%的担保。1994年，德国联邦政府科技部与国有的德意志重建银行合作，由联邦政府向新创立的技术型企业提供风险担保并支付利息，由德意志重建银行向新创立的技术型企业提供贷款。（3）财政补贴。各国政府基本都采取财政补贴的形式刺激企业发展。例如，英国政府在 20 世纪 70 年代推出了"对创新方式的资助计划"，对符合条件并低于 2.5 万英镑的小企业投资项目，给予 1/3～1/2 的项目经费补助，总经费为 500 万英镑（Rothwell，1985）。1982 年，美国里根政府签署的《小企业发展法》规定：研究发展经费超过 1 亿美元的部门应将预算的 1.3％用于支持高技术小企业的发展。

在市场环境方面，私募股权投资的发展离不开多层次资本市场的支持，不管是风险投资基金还是并购基金，都需要成功退出才能实现收益，发达的资本市场环境给私募股权投资提供了获取高收益的条件和渠道。因此，美国、欧洲、日本等发达的金融市场为私募股权投资行业的发展提供了基础条件，尤其是美国的多层次资本市场，为私募股权的交易提供了极大便利。

在监管体系方面，欧美等发达市场普遍建立了完善的监管体系和完备的法律制度。以美国为例，其通过实行混合监管模式，将自律监管与政府监管相结合，形成了一套权威性高、约束力强、执行力度大，同时贴近市场、反应迅速的成熟监管体系；在法律制度方面，《1933 年证券法》《雇员退休收入保障法》《小企业投资激励法案》《2010 年私募基金投资顾问注册法》对私募股权基金的法律地位、准入条件、资金来源、信息披露等环节做出了详尽的规定，对行业的规范化起到了不可忽视的作用。

二、行业视角：自律协会与中介机构

纵观全球，成熟的私募股权投资行业都需要一个健全的自律协会来制约和规范行业行为。从海外发达市场的经验来看，行业协会一方面承担行业标准制定和行业自律监管的功能，是投资监管体系的重要组成部分，另一方面也代表会员机构的利益与政府等相关利益主体进行谈判博弈，为行业争取更多优惠政策和利益。事实上，行业协会作为政府与市场之外的第三方力量，对于整个体系的利益平衡与顺畅沟通起着至关重要的作用。

私募股权投资是一个参与主体众多的行业，除了私募股权投资者、私募股权投资机构、被投资企业和行业协会外，第三方中介机构也是不可或缺的主体。甚至可以说，中介机构是否健全是衡量一国私募股权投资行业是否发达的重要标志之一。中介机构汇集私募股权投资各方面的专业人才，为私募股权投资机构、投资者以及中小企业提供投资、融资、会计、法律、科技、咨询等方面的中介服务。在国外，有许多专门从事私募股权投资的中介服务机构，这些机构是私募股权投资机构完成项目开发、尽职调查、投后管理、项目退出等各个环节的重要依靠。因此，私募股权投资发展必须建立健全中介服务体系。政府需要在立法保障、政策支持等方面多做努力，致力于推动私募股权投资中介机构的发展。

三、机构视角：治理结构与投资策略

国际上优秀的私募股权投资基金在组建与运作中都采用了科学合理的治理结构，经过长时间的发展，已经建立了一套完整有效的管理私募股权投资运作的机制，可较好地解决私募股权投资运营过程中由于委托人和代理人之间的信息不对称而出现的道德风险与逆向选择问题。有限合伙制是在私募股权投资市场占主导地位的存在形式。

除了治理结构之外，灵活有效的投资策略也是国际私募股权投资巨头成功的原因之一。在私募股权投资交易活动中，国际上的通行做法是进行组合投资，分散投向多个项目。对一个项目只投入其所需资本的一部分，不承担整个项目的全部投资，一般不超过总投资额的49％。同时，对处于不同发展阶段的中小企业进行投资，既可以在中小企业的发展后期进行投资，也可以在中小企业的初创期进行投资。此外，还可协助高技术企业融资并购及开展相关投行业务，以保障私募股权投资机构拥有其他稳定的收入来源。通过采取灵活多样的私募股权投资策略，促使私募股权投资机构稳定运行，尽可能减小风险、增加收益。

除了私募股权投资管理机构外，上游投资者投资理念的成熟也促进了私募股权投资行业的发展。私募股权投资的特点决定了银行、保险等机构投资者是其资金的主要来源，而个人投资者很难成为其主要的资金来源。在美国等发达市场中，私募股权投资的规模扩大主要得益于养老基金等大型基金的介入。20世纪70年代末，美国等发达国家开始放松对机构投资者的投资限制，允许养老基金投资私募股权投资基金。随后，以耶鲁基金、加拿大养老基金为代表的机构投资者开始认识到私募股权投资在资产配置和投资组合中的重要意义，并深入挖掘私募股权投资的风险收益特征，从而不断提高这方面投资的比例，深度介入投资管理全过程，为行业的优胜劣汰和不断进化提供了外部动力。

第三章

私募股权投资的中国实践

从最早引进风险投资至今，中国私募股权投资已经历了三十多个春秋的潮起潮落。在国际私募股权投资基金蜂拥而至的同时，本土私募股权投资机构也在发展壮大，私募股权投资行业伴随着中国经济、资本市场的快速发展而逐渐成长，在中国社会主义市场经济的独特土壤中开枝散叶，成为服务实体经济、推动产业发展、促进经济动能转换的重要力量。私募股权投资行业的兴起与发展，见证了中国三十多年来的产业变迁，见证了资本市场的创新改革，更见证了中华民族的伟大复兴之路。本章第一节梳理了中国私募股权投资的发展历史，第二节介绍中国私募股权投资行业的现状，包括募资、投资及退出情况，第三节介绍中国私募股权投资行业监管与自律的框架，第四节分析了中国私募股权投资行业的"中国特色"。

第一节 中国私募股权投资概览

1986年，国家科委和财政部联合几家股东共同投资设立了中国创业风险投资公司，成为我国第一家专门从事风险投资的股份制公司，旨在扶植各地高科技企业的发展。这可以看作中国私募股权投资行业发展的滥觞。而我国私募股权基金行业到20世纪90年代才迎来了大规模、市场化的发展。

一、萌芽：外资进入中国（1992—2006年）

在20世纪90年代初，受益于改革开放政策，外资企业加速进入中国，"两头在外"的美元基金大放异彩。1995年通过的《设立境外中国产业投资基金管理办法》鼓励了众多外资投资机构进入中国，而搜狐、网易等在美国的成功上市为它们带来了丰厚的回报，中国逐渐成为亚洲活跃的私募股权投资市场。此时，由于国内缺少市场化的投资者和退出机制，私募股权基金主流的运作模式是"两头在外"：募资在外，退出在外。外资创投机构和第一批海归投资人的进入，为中国股权投资行业的发展带来了国际化的视野和宝贵的投资经验。

专栏 3-1 IDG 资本的发展

IDG 资本的前身是上海太平洋技术创业投资公司，由熊晓鸽代表美国国际数据集团（简称 IDG 集团）与上海科技投资公司合作于 1993 年 5 月在中国创立，IDG 集团是第一家进入中国的美国风险投资公司。1999 年，度过了漫长的摸索期之后，IDG 资本率先启用合伙人制的基金管理模式，从原本 IDG 集团的投资部门演变为实行合伙人制的独立运作的基金团队，成为中国第一家采用合伙人制基金管理模式的机构。目前，IDG 资本已发展成为覆盖早期投资、成长期投资、并购阶段投资、控股型投资的多元化投资平台，是中国管理资产规模最大的私募股权基金管理人之一，已累计管理超过 20 只私募股权基金（含专项基金），资产管理规模超过千亿元。IDG 资本设立后，熊晓鸽找到的第一个合伙人是在美国的好友周全。合伙人团队强大的技术背景的加持，使得 IDG 资本对传统互联网时代 TMT 行业的发展和崛起具备敏锐的嗅觉。1998 年、1999 年，IDG 完成了对金蝶软件的注资，成为其在中国 IT 互联网领域投资的开端。此后，IDG 资本又陆续遇到了正拿着改了六版的商业计划书寻找风投的马化腾、靠着过桥贷款经营的张朝阳、互联网泡沫破灭后进行 A 轮融资的李彦宏。IDG 资本先后投资了众多在中国互联网发展史中占据重要位置的企业。随着我国资本市场的发展与日渐成熟，其投资范围逐渐扩展。在投资行业方面，IDG 资本从 TMT 领域扩展至中国有比较优势的新一代硬科技等其他领域；在投资阶段方面，

IDG 资本也从原来的专注早期（VC）投资延伸至中后期（PE）投资、并购（M&A）投资，并开始搭建富有潜力的产业平台，通过平台化、生态链优势进一步升级专业服务。

在长期投资实践中，面对市场环境的不断变化和技术发展阶段的持续演变，IDG 资本始终坚守两条投资方法论：（1）以研究为导向，前瞻性地洞察行业机会并充分覆盖，实现行业的提前布局。例如，2013 年 IDG 资本内部专门成立了 To B 企业服务小组，挖掘新兴企业服务投资机会；（2）对优秀创业者的广泛覆盖、深度挖掘与长期追踪，如对 RDA 系创业者的覆盖和重复创业投资。回顾 IDG 资本近三十年的发展历程，作为最早将风险投资带入中国的机构，IDG 资本投资了全球超过 1 000 家企业，投资了中国超过 1/3 的独角兽公司，并帮助超过 300 家被投资企业在全球主要资本市场通过上市或并购退出，为基金实现了高额回报。在 IDG 资本投资并扶植的企业中，超过 85% 的被投资企业为投资团队主动寻找，超过 70% 的被投资企业为 IDG 资本首轮领投，这些企业大多已成为国际知名企业或行业龙头，包括腾讯、百度、今日头条、小米、拼多多等近 100 家估值超过 10 亿美元的企业。

1999 年，有消息称深圳证券交易所正着手筹备创业板，这大大振奋了创投行业。2000 年前后，本土创投机构纷纷成立。之后，随着纳斯达克（NASDAQ）互联网泡沫破裂，创业板计划被搁置，"退出无门"的本土创投机构遭遇史上第一次寒冬。2005 年，中国证监会发布《关于上市公司股权分置改革试点有关问题的通知》，启动股权分置改革试点，为私募股权投资行业注入了新的活力。2006 年新《合伙企业法》通过，国际私募股权基金普遍采用的有限合伙组织形式得以在我国推行，大力推动了私募股权投资行业的发展。与此同时，我国资本市场初具规模，创

业投资配套措施初步建立。

专栏 3-2　君联资本的发展

　　2001年，时任联想控股总裁柳传志决定组建一支队伍，由朱立南率领进入投资领域，并将联想控股的3 500万美元作为第一期基金，联想投资由此诞生。2012年2月，联想投资更名为君联资本。作为国内第一批按市场化方式运作成立的创投公司，君联资本走过了初创期的摸索阶段，实现了从最初的专注大IT行业向非IT领域的拓展，逐渐明确了核心业务策略，投资主题聚焦在重点领域内的创新与成长机会。这里的重点领域包括智能制造、物流供应链、TMT及创新消费、医疗健康等；投资阶段上，重点投资于初创期和扩展期企业。

　　目前，君联资本在管美元及人民币基金总规模超过600亿元人民币，已投资企业超过500家，其中超过80家企业已成功上市、挂牌，超过70家企业通过并购退出，代表性项目包括科大讯飞、宁德时代、先导智能、康龙化成、信达生物等优秀企业。

　　在长期的投资实践中，君联资本发展出了明确的投资理念：

　　一是坚持正确的战略定位。在战略选择上，君联资本提出了"两个坚持"。第一，坚持行业专注。通过长期持续地进行目标行业研究，积累目标行业的资源和关系，增强对目标行业的影响力，建成一支针对目标行业的专业投资团队。第二，坚持早期风险投资与成长期投资并重，形成不同梯次的机会组合，同时提升早期风险投资与成长期投资的能力。

　　二是"事为先，人为重"的投资哲学。君联资本在2002年提出了"事为先，人为重"的投资哲学。"事"，主要指的是宏观环境、行业趋势、市场空间、竞争格局、商业模式；筛选项目时，首先判断"事"是否可为，在"事"可为的前提下，"人"是成功的关键。

"人"，重点强调的是企业的一把手和核心团队，一把手的追求、学习能力、胸怀，以及核心班子的构成与长期合作是事业成功的基石。

三是积极主动的增值服务。君联资本的投资团队拥有丰富的企业管理经验，由管理顾问、财务顾问、法律顾问构成的内部专家团队是专门为增值服务组建的。

二、兴起：人民币基金第一波爆发（2007—2014 年）

自《创业投资企业管理暂行办法》颁布实施后，国务院有关部门于2007 年出台了针对公司型创业投资基金的所得税优惠政策，于 2008 年出台了促进创业投资引导基金规范设立与运作的指导意见。这些政策措施的出台极大地促进了创业投资基金的发展。2007 年 6 月，新《合伙企业法》正式生效，私募股权基金组织形式日益多样化，公司型、信托型、有限合伙型并存，国际通行的有限合伙制私募股权基金逐步成为行业主流。2009 年 10 月，创业板推出，标志着人民币基金募投管退全链条的打通，"本土募集、本土投资、本土退出"的模式终于形成，大大激发了本土私募投资机构的热情。2010 年，《外国企业或者个人在中国境内设立合伙企业管理办法》正式实施，使外国企业或者个人在我国设立合伙企业成为可能，为外资设立合伙型股权基金提供了法律依据。2012 年新《证券投资基金法》颁布，将"非公开募集基金"纳入规定，私募股权基金首次取得法律身份。2013 年，中央机构编制委员会办公室（简称中央编办）印发《关于私募股权基金管理职责分工的通知》，明确了由中国证监会统一行使私募股权基金监管职责。2014 年 8 月，中国证监会发布《私募投资基金监督管理暂行办法》，对包括创业基金、并购基金在内的各类私募股权基金，以及私募证券基金和其他私募投资基金实行监管。

在此背景下，人民币基金迎来了爆发式发展。根据清科研究中心数据，2014 年中国私募股权投资市场共有 448 只可投资中国的私募股权基金完成募集，披露募资金额的 423 只基金的募集总金额达到 631.29 亿美元，超过 2008 年，创下历史新高；其中，人民币基金共完成募集 409 只，披露募资金额的 385 只人民币基金共募集 483.04 亿美元。

这个时期，多层次资本市场建设、备案制的监管原则的出台及对外投资合作的加快使得大量的国资背景产业基金、社会资本及中外合作的基金相继设立，极大地促进了私募股权基金市场的发展。社保基金也在此阶段加大了对私募股权基金的投资力度，继 2008 年作为 LP 投资了鼎晖投资、弘毅投资所募基金后，又陆续支持了一系列人民币基金的发展。

专栏 3-3 鼎晖投资的发展

鼎晖投资是中国最具影响力的另类资产管理机构之一，旗下拥有私募股权、创新与成长、夹层及信用、地产、证券、财富管理等六大业务板块，截至 2020 年年末，管理的资产总规模超过 1 750 亿元。

2002 年 8 月，吴尚志、焦震等六位创始人创立鼎晖投资。鼎晖投资发端于私募股权投资业务，自成立以来，鼎晖投资已累计投资企业 200 余家，覆盖消费及服务、医疗健康、人工智能与技术创新、商流供应链、新基建、城市更新等众多领域。截至目前，逾 70 家企业已成功上市，代表性项目包括美的、双汇、万洲国际、九阳、蒙牛、慈铭体检等，培育了一批行业领导品牌。

总结回顾鼎晖投资过往的投资实践，有以下两点经验独具特色：

一是 PE＋中国产业领导者的并购黄金模式。通过多年行业深耕，鼎晖投资熟练运用操盘大型复杂交易的专业化能力，协助中国企业打造全球市场领先地位。鼎晖投资在近 7 年内已完成 10 多个跨境并购项目，项目总规模（收购时标的企业的价值）超过 100 亿美元。鼎晖投资跨境并购的出发点是围绕中国市场，用全球化视野、本土化思维并购海外相关行业市场的领导者，之后与被投资企业深入合作。

二是投后赋能，为企业带来有确定力的增长。并购完成后，鼎晖投资为被投资企业全方位整合赋能：（1）创造增长。深度参与被投资企业的重大战略决策及日常经营，积极协助被投资企业发掘、评估及实现并购增值。（2）战略支持。利用鼎晖投资积累的中国本土行业经验及资源网络为被投资企业提供战略支持，包括协助被投资企业管理层制定成长及扩张策略，搭建并实施财务、预算、成本控制系统，改善公司治理结构，保障关键资源到位及多方合作关系稳定。（3）利益一致。针对被投资企业管理层设计有效的股权激励措施，进一步确保股东及管理层利益一致。（4）对接资本市场。借助鼎晖投资在资本市场的核心资源和丰富的实操经验，帮助被投资企业实现复杂重组和证券化。（5）理解行业和高度负责。鼎晖投资团队具备对行业本质的洞见、对行业资源的影响力和对企业组织发展规律的深刻理解，项目团队全面负责被投资企业的投后管理工作，承担第一责任，确保执行无缝连接以及责任权力高度统一。

专栏 3-4　高瓴资本的发展

高瓴资本成立于 2005 年，专注于发现价值与创造价值，目前已成为亚洲地区在资产管理规模、业绩表现方面领先的优秀基金之一，旗下同时拥有一级市场投资业务及二级市场投资业务。高瓴资本创立之初从耶鲁大学捐赠基金会获得了 2 000 万美元的初始投资。截至目前，高瓴资本资产管理规模约 650 亿美元。

作为具有全球视野的投资者，在创始人张磊的引领下，高瓴资本汇聚了一支专业性强，对消费零售、医疗健康、金融和企业服务等诸多行业认知深刻的专家团队，目前投资团队拥有 350 名投资和运营专业人士。高瓴资本在长期投资实践中建立的一套基于深刻行业研究的价值投资理念，可以用"长期结构性价值投资"来归纳，包括以下几个特点。

一是持续深入的复合型行业研究。高瓴资本在所关注的消费零售、医疗健康、企业服务、互联网、硬科技等几大特定领域持续进行跨地区、跨类别和跨周期的行业研究，通过理解这些行业长期内在的发展规律和业务逻辑，把握行业与市场变革的影响要素及其发生的时间，从而挖掘行业变革中所产生的投资机会。秉持价值投资原则，高瓴资本偏好寻找具有宏大格局的创业者，注重考察企业家是否有足够宏大的格局和足够坚定的使命感，是否能很好地激励和聚拢人才，是否有很强的学习和迭代能力。而从业务模式来看，高瓴资本将"护城河"的不可攻击性和可持续性作为投资判断的标准，尤其关注颠覆式的技术创新将对企业的"护城河"产生何种影响。

二是集中投资、长期持有。高瓴资本不拘泥于投资形式，可根据需要采取早期种子投资、风险投资、成长期投资、上市公司投资、公司并购等各种形式，从而为投资者获取最优风险调整后的长期投资收益。高瓴资本认为，真正具有长期持续的结构性竞争优势的企业数量不多，往往需要耐心等待最佳时机；而当合适的时机出现时，则要坚决地采取行动，因而高瓴资本通常会进行较大规模的投资甚至并购，并坚持集中投资、长期持有的投资风格。

三是深度的战略性价值提升服务。从以格雷厄姆为代表的"价值投资1.0"到以巴菲特为代表的"价值投资2.0"，价值投资理念在不断地演进。高瓴资本所奉行的"价值投资3.0"则是对价值投资的再定义，即除了做价值的发现者，亦将借助一系列战略性价值提升服务做价值的创造者，致力于帮助企业家创造长期价值。高瓴资本在构建价值创造团队上投入了大量资金与人力，组建起了一支在规模和专业水平上都居领先地位的价值创造团队，覆盖了公司运营发展的几乎所有重要维度，包括战略发展、资本市场、法律合规、人力资源、媒体公共关系、财务、IT 大数据等。

三、发展：行业快速增长（2015—2017 年）

2015 年，"双创"（《关于大力推进大众创业万众创新若干政策措施的意见》《关于加快构建大众创业万众创新支撑平台的指导意见》）政策正式落地。2016 年，"创投国十条"（国务院《关于促进创业投资持续健康发展的若干意见》）提供了明确的政策方向。2017 年，财政部、国家税务总局发布《关于创业投资企业和天使投资个人有关税收试点政策的通知》，税收优惠进一步助力创业投资。同时，为响应国家战略、服务科创企业，银行理财资金与创业投资基金、政府产业投资基金合作，加大了权益类资产配置力度。

2015 年、2016 年，财政部和国家发改委先后发布《政府投资基金暂行管理办法》及《政府出资产业投资基金管理暂行办法》。政府引导基金出现井喷式增长，主要以国家级和省级基金为主，随后向地级市、县区级延伸。国资背景的私募股权基金和各级政府引导基金在短短两三年内，成为我国私募股权基金市场中举足轻重的力量。

根据基金业协会数据，2015 年至 2017 年，我国私募股权基金（包括创业基金）存量从 8 237 只增加至 26 199 只，资产规模从 1.93 万亿元增加至 6.90 万亿元，2017 年的基金数量和规模分别约为 2015 年的 3.18 倍、3.58 倍。

四、转型：实现高质量发展（2018 年至今）

经历了第二波爆发式增长和行业洗牌后，"资管新规"出台叠加监管趋严，我国私募股权基金市场逐步走向规范化。

2018 年，"资管新规"（《关于规范金融机构资产管理业务的指导意见》及商业银行理财业务、证券期货经营机构私募资产、商业银行理财子公司相关管理细则）出台，对私募股权基金市场产生了重大影响。一方面，各类资金嵌套资管产品投资私募股权基金的模式难再实现，私募股权基金市场普遍陷入了募资难的困境。另一方面，在防范化解金融风险的大背景下，私募股权基金的监管和自律管理有所增强。私募股权基金行业野蛮生长的时期已经过去，需要从高速度外延式扩张转变到高质量内涵式发展。而这也是私募股权投资行业本身的供给侧结构性改革。虽然各市场主体均经历了短期阵痛，但长期来看，有利于优胜劣汰、优化资源配置。

根据基金业协会数据，截至 2020 年年末，已备案私募股权基金（包括创业投资基金）共 39 800 只，同比增长 9.18%，资产规模 11.56 万亿元，同比增长 14.68%，登记的私募股权基金管理人 14 986 家，同比增长 0.7%。无论是基金数量、资产规模还是管理人数量，增速均较 2017 年、2018 年大幅下降，呈现出一定的市场出清效果（见图 3-1）。

图 3-1　2014—2020 年我国私募股权投资基金数量与规模情况

资料来源：中国证券投资基金业协会。

第二节　中国私募股权投资行业发展状况

二十多年来，我国私募股权投资行业经历了美元基金主导、人民币基金崛起、"全民 PE"热潮等阶段，整体市场快速发展，行业竞争也日益激烈。近两年，受经济下行、中美贸易摩擦、"资管新规"等宏观、外部因素影响，私募股权投资市场增速有所放缓。随着私募股权投资行业专业化、机构化程度不断提高，内部治理与投资流程逐渐规范化，行业逐渐从高速度增长向高质量发展转变。

一、行业规模

截至 2020 年年末，已备案私募股权基金（包括创业投资基金）39 800 只，较 2019 年年末增加 3 345 只，同比增长 9.18％，增速较 2017 年、2018 年的 60.94％、28.57％大幅降低；资产规模合计 11.56 万亿元，较 2019 年年末增加 1.48 万亿元，同比增长 14.68％，增速较 2017 年、2018 年的 67.4％、26.27％大幅降低。平均备案基金规模方面，截至 2020 年年末，已备案私募股权基金平均规模为 2.90 亿元，较 2019 年年末（2.77 亿元）小幅上升（见图 3‑2）。

管理人方面，截至 2020 年年末，登记的私募股权与创业投资基金管理人 14 986 家，同比增长 0.70％，增速较 2017 年、2018 年的 35.78％、13.36％大幅下降，管理机构呈现出某种程度的优胜劣汰的出清效果（见图 3‑3）。

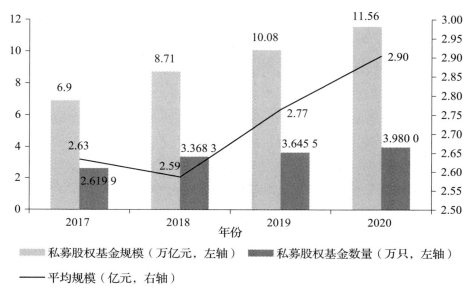

图 3－2　2017—2020 年我国私募股权投资基金规模与数量情况

资料来源：中国证券投资基金业协会。

图 3－3　2016—2020 年我国私募股权投资管理人数量及增速情况

资料来源：中国证券投资基金业协会。

"十三五"期间，私募股权基金规模持续扩大，占 GDP 的比重不断提升。截至 2020 年年末，私募股权基金规模由 2016 年的 4.12 万亿元提升至 11.56 万亿元，增长了 181.58%，占 GDP 的比重由 2016 年的 5.57% 上升至 11.38%，提升了 5.81 个百分点，在建设现代金融服务体系和服务实体经济高质量发展中的作用日益增强（见图 3-4）。

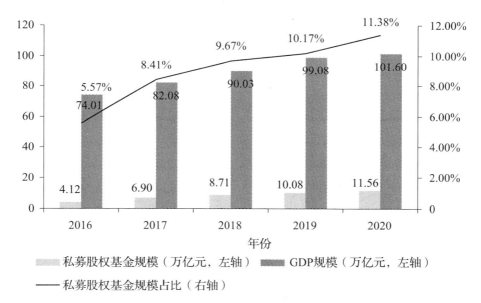

图 3-4　2016—2020 年我国私募股权投资基金占 GDP 比重情况

资料来源：中国证券投资基金业协会。

经过二十多年的发展，私募股权投资已从作为"舶来品"的小众而另类的概念逐步成为资产配置中不可或缺的部分。相较于我国近百万亿元规模的资产管理行业（据中金公司统计，2020 年年末我国资产管理总体规模约 100 万亿元），我国私募股权基金规模占比已超过 10%，正扮演着不可忽视的重要角色。

二、募资情况

（一）募资规模

受国内经济增长放缓、国际贸易摩擦、资本市场波动、"资管新规"出台等多种因素影响，私募股权投资行业募资情况 2018 年明显降温，2019 年下滑加大，新募基金数量与资金规模几乎腰斩，2020 年新备案基金数量有所恢复，但基金规模继续下滑。2020 年当年新备案私募股权基金 6 483 只，较 2019 年增加了 590 只，同比增长了 10.01％；新备案基金规模 6 393.36 亿元，较 2019 年减少 798.33 亿元，同比下降了11.10％；新备案基金平均规模 0.99 亿元，较 2019 年减少 0.23 亿元，同比下降 18.85％（见图 3 - 5）。

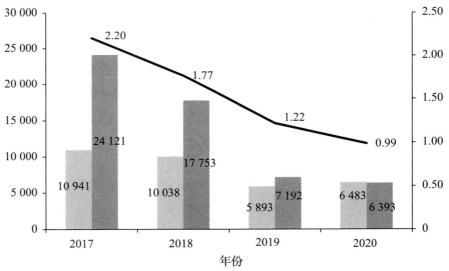

图 3 - 5　2017—2020 年新备案私募股权投资基金情况

资料来源：中国证券投资基金业协会。

注：图中新备案基金规模为四舍五入取整后的数据。

同时，国内市场不断"大浪淘沙"，加速出清，持续二八分化，资金进一步向头部机构集中。清科研究中心数据显示，2020 年前三季度，30 亿元以上规模的基金数量在私募股权投资市场中占比 76.5%，占了整个市场 98.6% 的资金。头部基金规模扩大，多只国家级基金完成募资，拉高了整体规模。

（二）LP 结构

我国私募股权投资基金资金来源广泛。据基金业协会统计，2020 年，我国私募股权投资市场 LP 累计出资额达 10.92 万亿元，投资者累计包括 45.94 万家机构及个人 LP。

经过二十多年发展，我国私募股权投资基金的 LP 结构逐渐从以个人为主变得日益国资化、机构化。从出资规模看，2020 年年末，我国股权投资市场 LP 以企业（包括境内法人机构、境内非法人机构、管理人跟投）、资管计划、政府资金（政府类引导基金、财政直接出资）为主，分别累计出资 6.03 万亿元、3.25 万亿元、0.34 万亿元，分别占比 55.22%、29.79%、3.08%，合计占比达 88.09%。截至 2020 年年末，约 30.45% 的私募股权投资基金全部由机构投资者[①]出资，占全部规模的 78.47%。此外，根据清科研究中心数据，2017 年至 2020 年第三季度累计认缴规模在 50 亿元人民币以上的风险投资和私募股权人民币基金共 376 只，其中具有国有资本成分的达 227 只（占比 60.37%）。整体来看，国资 LP 渗透率显著提高。

对比海外，我国私募股权基金 LP 中企业占比较高，而海外以家族办公室和养老基金等为主。在我国，企业作为 LP 出资占比较高，可能有三方面的原因：一是我国基本养老基金市场化运作程度不高，尚不能投资私募股权基金，保险资金对私募股权基金配置也不多；二是我国高净值人士普遍没有设立家族办公室，而是通过自己控制的企业进行出资；

---

① 指企业投资者和各类资管计划。

三是国有企业是我国私募股权基金行业的重要 LP 类别，部分政府资金也采用借道国有企业的方式进行出资。

三、投资情况

（一）投资数量及规模

2018 年以来，受国内宏观经济下行、资本市场退出预期降低、募资放缓等多重因素影响，私募股权投资更为谨慎，投资活跃度降低，投资案例数及投资规模均呈下降趋势。2018 年，我国股权投资案例数为 20 333 起，同比下降 2.47%；投资总金额为 13 010 亿元，同比下降 21.49%。2019 年，投资案例数继续下降，为 17 606 起，同比下降 13.41%；投资金额为 12 850 亿元，同比下降 1.23%。2020 年，投资案例数与投资金额有所恢复，投资案例数为 21 630 起，同比增长 22.86%；投资金额为 14 501 亿元，同比增长 12.85%（见图 3 - 6）。

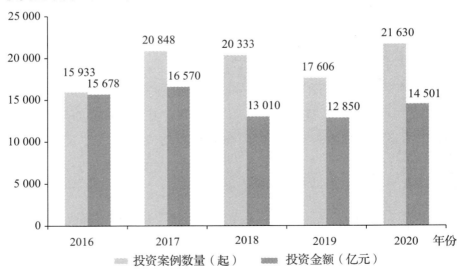

图 3 - 6　2016—2020 年私募股权投资基金投资情况

资料来源：中国证券投资基金业协会。

（二）投资行业分布

当前，我国经济正从高速增长向高质量发展转变，科技创新、产业升级成为经济发展的驱动力。我国私募股权投资行业分布也明显折射出这一趋势。2020 年，我国私募股权投资基金投资案例数最多的行业为计算机运用、资本品、医药生物、半导体、医疗器械与服务、电子设备、房地产等行业。其中，计算机运用行业投资案例数排名第一，共发生 4 933 起投资，投资金额达 1 550.36 亿元；半导体和医疗器械与服务两个行业也获得了较多关注，发生了 1 932 起投资，投资金额为 1 577.5 亿元。

近几年来，私募股权投资基金对中小企业、高新技术企业和初创科技型企业的支持力度明显加大。2020 年，私募股权投资基金投资中小企业案例数 12 615 起，投资金额 4 052.77 亿元；投资高新技术企业 9 253 起，投资金额 4 185.19 亿元；投资初创科技型企业 4 271 起，投资金额 831.73 亿元。

四、退出情况

（一）退出数量

近几年来，私募股权投资基金退出数量和退出金额快速增长。如图 3-7 所示，截至 2020 年年末，私募股权基金累计投资退出案例数 26 708 起，累计实际退出金额 2.2 万亿元，分别同比增长 34.04%、40.76%。2020 年，我国私募股权投资基金退出案例数为 9 751 起，实际退出金额 7 503.7 亿元，分别同比增长 20.68%、39.19%。

（二）退出方式

退出方式上，我国私募股权投资退出主要以并购、上市、回购为主。其中，并购包括协议转让和整体收购，截至 2020 年年末，完全退出的项目中实际累计退出金额分别为 5 188 亿元、680 亿元，合计为 5 868 亿元，在所有退出方式中占 43.27%；上市退出包括境内 IPO、境内上市（除 IPO）、境外上市，完全退出项目中实际累计退出金额分别为 2 345

亿元、1 176 亿元、108 亿元，合计为 3 629 亿元，在所有退出方式中占比 26.76%；回购方式下，完全退出项目中实际累计退出金额为 1 470 亿元，在所有退出方式中占比 10.84%（见图 3-8）。

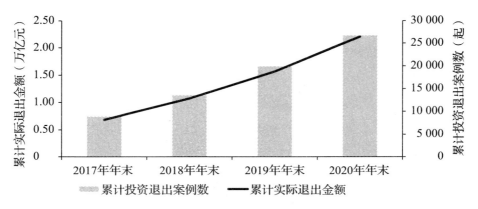

图 3-7　2017—2020 年私募股权基金累计退出情况

资料来源：中国证券投资基金业协会。

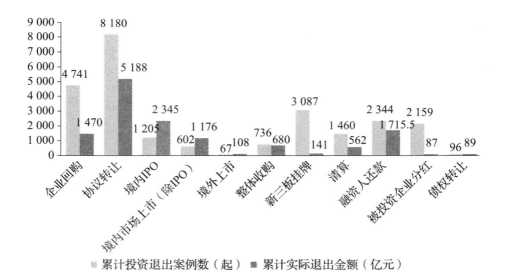

图 3-8　截至 2020 年年末不同退出方式累计投资退出案例数和累计实际退出金额

资料来源：中国证券投资基金业协会。

2020 年当年，所有退出方式中，完全退出项目按并购实际退出金额
1 230 亿元，占比 53.79％；按回购实际退出金额 307 亿元，占比
13.43％。根据清科研究中心数据，2020 年前三季度科创板上市达 820
起，占 IPO 数量的比重达 45.7％。

（三）退出回报情况

退出回报方面，随着国内宏观经济趋紧、市场观望情绪浓厚、一级和
二级市场估值出现倒挂现象，私募股权投资退出回报有所下降。2017—
2019 年，累计退出案例的回报倍数分别为 1.56、1.46、1.44，呈逐年下降
趋势。根据清科研究中心数据，2010 年至 2020 年第三季度，我国股权投
资项目并购退出回报倍数从 1.7 降为 1.21，IRR 中位数从 19.3％降为
8.4％（见图 3-9）；VC/PE 支持的中国企业境外上市发行时账面回报倍
数从 6.17 降为 5.31，境内上市发行时账面回报倍数从 10.67 降为 4.01
（见图 3-10）。2019 年科创板推出，且不设市盈率估值限制，提升了私募
股权投资境内上市退出平均回报水平。根据清科研究中心数据，2019 年境
内上市发行时账面回报倍数为 3.61，创 2015 年以来新高。

图 3-9　2010 年至 2020 年第三季度中国股权投资项目并购退出收益率变化

资料来源：清科研究中心。

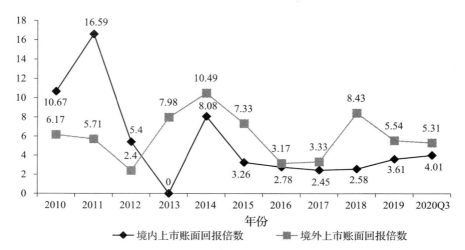

图 3-10　2010—2020 年 VE/PE 支持中企上市（发行时）账面回报倍数

资料来源：清科研究中心。

专栏 3-5　新冠肺炎疫情的影响

2020 年 1 月至 5 月，我国私募股权基金行业受到了新冠肺炎疫情较为明显的影响，但也得到了一定的政策扶持。

募资方面，2020 年 1 月至 5 月，新募集基金 710 只，募集资金 3 774.57 亿元，同比下降 35.4% 和 20.55%。财政部 3 月份出台《关于加强政府投资基金管理 提高财政出资效益的通知》后，各地纷纷实施减税降费政策，增加疫情控制财政支出，一些地方政府引导基金出现了出资困难。同时，也出现了一些募资方面的利好消息。6 月 11 日，国务院在《关于落实〈政府工作报告〉重点工作部门分工的意见》中，明确指出发展创业投资与股权投资为 2020 年重点持续推进的工作。

投资方面，2020 年 1 月至 5 月，共发生 1 853 起投资案例，投资金额 1 764.82 亿元人民币，分别同比下降 48.89% 和 43.01%，整体近乎腰斩。市场延续此前状态，持续低迷。从交易数量看，早期、创投基金下降超过 30%，成长期投资市场下降超过 15%。市场进一步回归理性，行业洗牌加剧，差异化竞争明显，头部机构、专注特定领域的机构和国资背景机构三类管理人相对活跃。

退出方面，2020 年年初疫情的爆发导致交易进度普遍延后，但上市退出案例数仍然延续增长态势。根据清科研究中心数据，截至 2020 年第三季度，股权投资市场退出案例 3 009 起，同比上升 38.7%，其中 IPO 数量 1 793 起，同比上升 77.7%。当前，市场退出环境有所改善。自 2019 年 6 月科创板开板后至 2020 年第三季度，已有 454 家企业申报了材料，183 家成功 IPO，为项目退出增加了新渠道。2020 年 3 月，中国证监会发布《上市公司创业投资基金股东减持股份的特别规定》（2020 年修订），设置了梯度减持规则，缩短了基金的退出周期。6 月，中国证监会发布创业板改革并试点注册制相关制度规则。政策红利显著拓宽了投资机构的上市退出渠道，提振了市场信心。

第三节　中国私募股权投资行业监管与自律

区别于银行、保险等金融机构，私募股权基金（包括创业投资基金）行业并不是一个特许经营的行业，监管模式为事后备案管理，主要由基金业协会开展具体的管理人登记、基金备案和自律管理等工作。

一、监管部门

我国私募股权基金行业监督管理经历了一系列改革调整，监管体系从模糊不清到逐渐明晰，已基本确立了较为完善的监管体系。

（一）中国证监会负责监督管理并由基金业协会开展自律管理

2013 年《证券投资基金法》的实施奠定了对私募基金管理人自律管理的法律基础。此后，中央编办印发了《关于私募股权基金管理职责分工的通知》，明确了由中国证监会负责私募股权基金的监督管理，实行适度监管，保护投资者权益；国家发改委负责组织拟订促进私募股权基金发展的政策措施，会同有关部门研究制定政府对私募股权基金出资的标准和规范；两部门要建立协调配合机制，实现信息共享。中央编办于次年进一步明确私募股权基金包含创业投资基金，且同意中国证监会授权基金业协会具体负责私募投资基金登记备案工作，履行自律管理职能。

2014 年，中国证监会发布《私募投资基金监督管理暂行办法》，第五条规定："中国证监会及其派出机构依照《证券投资基金法》、本办法和中国证监会的其他有关规定，对私募基金业务活动实施监督管理。"《私募投资基金监督管理暂行办法》第六条还明确规定基金业协会对私募基金行业开展行业自律。由于私募股权基金实施备案制管理，因此基金业协会成为私募股权基金行业登记备案管理的第一线。

关于创业投资基金，《私募投资基金监督管理暂行办法》专门设有第八章"关于创业投资基金的特别规定"，规定基金业协会"对创业投资基金采取区别于其他私募基金的差异化行业自律"。

（二）相关部委参与监督管理

由于历史沿革、职责分工等原因，国家发改委、商务部、财政部、国资委参与私募股权基金行业特定领域、业态的监督管理。

1. 外商投资创业投资企业

私募股权基金是舶来品，最先由外资引入中国。1993 年，IDG 集团与上海科技投资公司合作成立了最早的中外合资风险投资公司上海太平洋技术创业投资公司。2003 年，原外经贸部发布了《外商投资创业投资企业管理规定》。按照该规定（2012 年进行了修订），商务部对外商投资创业投资企业实施监管，监管方式为审批制。

2. 创业投资企业

由于我国长期以来对科技创新高度重视，因此直接促进创新创业的创业投资（国际上通常称为风险投资，即 Venture Capital）较早受到政策鼓励。2005 年 10 月，《创业投资企业管理暂行办法》发布，规定国家及省级发改委对创业投资企业实施监管，监管方式为备案制。在实际操作中，多数创业投资基金都会在基金业协会和国家发改委同时进行登记备案。

3. 政府投资基金、政府出资产业投资基金

2015 年，《政府投资基金暂行管理办法》发布，规定财政部门根据本级政府授权或合同章程规定代行政府出资人职责。2016 年，《政府出资产业投资基金管理暂行办法》发布，并规定国家发改委会同地方发展改革部门对政府出资产业投资基金业务活动实施事中事后管理。因此，政府参与出资的私募股权基金同时还受到财政部门和发改部门基于出资人或产业政策角度的监督管理。

专栏 3 - 6　美国监管模式的变迁

美国是私募股权投资的发源地，其监管模式经历了一定的历史变迁。以 2008 年金融危机为节点，美国对私募基金（含私募股权基金）的监管模式总体而言从放任自流的宽松监管转向了分类管理的适度监管。

2008 年以前，美国甚至并未出台专门的私募基金管理办法。美国在证券市场监管方面先后通过了《1933 年证券法》、《1934 年证券交易法》、《1940 年投资公司法》、《1940 年投资顾问法》和《1966 年证券市场促进法》，这些法律共同构成了美国对证券行业监管的法

律框架。其中，私募基金份额被划分为证券的一种类型，因此美国证券交易委员会和联邦法院作为实施证券法律的机构也成为了私募基金的监管机构，其对私募基金监管的主要特征是注册豁免、鼓励发展和放松监管。

2008 年后，美国汲取次贷危机的教训，对金融、证券行业的监管整体从宽到严，私募股权基金行业也不例外。2010 年 7 月 21 日，美国总统奥巴马正式签署了《多德-弗兰克华尔街改革和消费者保护法案》（即《金融监管改革法案》）。该法案中所包括的《私募基金投资顾问注册法》实际是对《1940 年投资公司法》和《1940 年投资顾问法》进行修订后形成的，大大强化了对私募基金的监管。特别地，其将私募股权基金（含创业投资基金）的管理人与其他类型的私募基金（主要包括对冲基金、证券化资产基金、房地产基金）区分开来，实施差异化、更宽松的监管，并且对私募股权基金管理人进一步按照规模进行了细分，分为资产管理规模在 20 亿美元以上的大型基金、20 亿美元以下 1.5 亿美元以上的小型基金，以及 1.5 亿美元以下的豁免登记备案的基金。

二、监管规定

私募股权基金所适用的主要法律法规包括对基金的募集、管理等行为做出规定的《证券法》《证券投资基金法》，对基金及管理人的组织形式做出规定的《合伙企业法》《公司法》。上述法律都不是针对私募股权基金的专门立法，但对私募股权基金行业产生了深刻影响。中国证监会 2014 年发布的《私募投资基金监督管理暂行办法》是我国私募股权基金监管的核心规定。

（一）监管范围

《私募投资基金监督管理暂行办法》第二条规定："私募基金财产的投资包括买卖股票、股权、债券、期货、期权、基金份额及投资合同约定的其他投资标的。非公开募集资金，以进行投资活动为目的设立的公司或者合伙企业，资产由基金管理人或者普通合伙人管理的，其登记备案、资金募集和投资运作适用本办法。证券公司、基金管理公司、期货公司及其子公司从事私募基金业务适用本办法。"投资于股权的私募股权基金被正式纳入了《私募投资基金监督管理暂行办法》的管辖范围。从定义看，私募投资基金的内涵广泛，不仅包括投资于已上市的证券（股票、债券等）的私募证券基金，而且包括投资于未上市的股权、债权的私募股权基金，还包括投资于各类物权（如房地产、贵金属、艺术品等）的其他类私募基金；从法律形式看，公司制、合伙制与契约制的私募股权基金均被纳入了管辖范围，反映了"实质重于形式"的监管取向；从业务主体看，明确了证券、基金、期货公司及其子公司均适用此办法，关于银行、保险等金融机构从事私募基金业务是否适用，虽然《私募投资基金监督管理暂行办法》并未做出明文规定，但是实务中相关机构一般都会到基金业协会登记备案。

（二）监管方式

《私募投资基金监督管理暂行办法》第五条规定："设立私募基金管理机构和发行私募基金不设行政审批，允许各类发行主体在依法合规的基础上，向累计不超过法律规定数量的投资者发行私募基金"。备案制而非审批制的管理，是较为适度的监管方式，符合基金的私募属性。

（三）合格投资者

《私募投资基金监督管理暂行办法》并未对私募股权基金的合格投资者的数量做出明确限制，而只是规定"不得超过《证券投资基金法》《公司法》《合伙企业法》等法律规定的特定数量"。因此，采取契约制、有

限责任公司制、股份有限公司制、有限合伙制的私募股权基金的投资者
数量上限分别为 200 人、50 人、200 人、50 人。

《私募投资基金监督管理暂行办法》对合格投资者的界定是："具备
相应风险识别能力和风险承担能力，投资于单只私募基金的金额不低于
100 万元且符合下列相关标准的单位和个人：（一）净资产不低于 1 000
万元的单位；（二）金融资产不低于 300 万元或者最近三年个人年均收入
不低于 50 万元的个人。"

按照监管要求，我国私募股权基金的合格投资者认定包括风险识别
能力和风险承担能力两个方面，并需进行穿透认定。

关于合格投资者的认定，《私募投资基金监督管理暂行办法》第十六
条规定，私募股权基金管理人和销售机构"应当采取问卷调查等方式，
对投资者的风险识别能力和风险承担能力进行评估，由投资者书面承诺
符合合格投资者条件；应当制作风险揭示书，由投资者签字确认"。因
此，关于合格投资者的认定，私募股权基金管理人和销售机构只负有开
展形式审查的义务，即只需要求投资者承诺自身符合合格投资者条件，
而不需要对投资者的承诺是否属实进行核查。这符合私募基金"买者自
负"的逻辑，有利于培育合格投资者"风险自担"的意识。

关于合格投资者的穿透认定，《私募投资基金监督管理暂行办法》第
十九条规定："投资者应当确保投资资金来源合法，不得非法汇集他人资
金投资私募基金。"第十三条规定："以合伙企业、契约等非法人形式，
通过汇集多数投资者的资金直接或者间接投资于私募基金的，私募基金
管理人或者私募基金销售机构应当穿透核查最终投资者是否为合格投资
者，并合并计算投资者人数。"为了避免通过设立"多层架构"的方式规
避合格投资者认定或绕过合格投资者人数上限，《私募投资基金监督管理
暂行办法》明确要求对合伙企业及契约等非法人形式的投资者实施穿透
认定，直至最终投资者。"穿透认定"与"资管新规"的原则要求相

契合。

（四）投资运作

《私募投资基金监督管理暂行办法》主要从投资协议、公平交易、禁止行为、信息披露四个方面对私募股权基金的投资运作进行了约束，具有较强的灵活性，能较好地适应私募股权基金的非标准化性质。基金业协会针对相关内容制定了更加明晰的自律管理规则。

三、自律管理

基金业协会延续了中国证监会的监管思路，并没有为私募证券基金与私募股权基金（含创业投资基金）分别制定专门的自律管理规则，而是统一适用相同或类似的规则。

对于私募基金（含私募股权基金），基金业协会正在逐步推动建立自律规则体系，具体包括：（1）4 个已制定的办法，即《私募投资基金管理人登记和基金备案办法（试行）》（以下简称《登记备案办法》）、《私募投资基金募集行为管理办法》（以下简称《募集办法》）、《私募投资基金信息披露管理办法》、《私募投资基金服务业务管理办法（试行）》；（2）3 个指引，即《私募投资基金合同指引》（以下简称《合同指引》）、《私募投资基金管理人内部控制指引》和《私募投资基金非上市股权投资估值指引（试行）》（简称《PE 估值指引》）。其中，《合同指引》分为 3 个文件，分别是 1 号《契约型私募基金合同内容与格式指引》、2 号《公司章程必备条款指引》、3 号《合伙协议必备条款指引》，适用于不同法律组织形式的私募基金。此外，基金业协会还发布了《私募投资基金信息披露内容与格式指引》（分为 1 号《适用于私募证券投资基金》、2 号《适用于私募股权（含创业）投资基金》）、《基金从业资格考试管理办法（试行）》。

《登记备案办法》第五条规定"私募基金管理人应当向基金业协会履

行基金管理人登记手续并申请成为基金业协会会员"，第十一条规定"私募基金管理人应当在私募基金募集完毕后 20 个工作日内，通过私募基金登记备案系统进行备案"。可以看出，基金业协会对于私募股权基金管理人实行事前登记管理、对私募股权基金则实行事后备案管理。实务中，由于私募股权基金的募集时间较长，私募股权基金一般在募集达到一定比例后便申请备案。

四、最新监管动态

（一）《关于加强私募投资基金监管的若干规定》

中国证监会于 2020 年 9 月发布了《关于加强私募投资基金监管的若干规定（征求意见稿）》，并于 2021 年 1 月 8 日正式发布《关于加强私募投资基金监管的若干规定》（简称《私募基金若干规定》）。这是自 2014 年发布《私募投资基金监督管理暂行办法》后，中国证监会首次以部门规范性文件形式发布的与私募基金行业相关的监管文件。《私募基金若干规定》的主要内容体现在六个方面：规范私募基金管理人名称、经营范围和业务，优化集团化私募基金管理人监管，重申细化非公开募集和合格投资者要求，明确私募基金财产投资要求，强化私募基金管理人及从业人员等主体规范要求，明确法律责任和过渡期安排。其中，有以下几点值得注意：

（1）回归权益。一是禁止明股实债，明确了私募基金不得从事明股实债的投资活动，这将对目前很多私募股权基金的投资操作构成实质性的影响。二是限制债权投资，明确了私募股权基金不得从事借款、担保，除非是以股权投资为目的，按照合同约定为被投资企业提供 1 年以下的借款、担保，而且借款、担保到期日不得晚于股权投资退出日，同时余额不得超过实缴金额的 20％。

（2）限制集团化。明确限制基金管理人进行集团化运作，要求同一单位、个人控股或者实际控制两家及以上基金管理人的，应当具有合理性和必要性。

（3）强化监管。明确提出中国证监会从严监管私募基金业务活动，严厉打击各类违法违规行为。全文共十四条，其中第三条至第十二条均列举了各类不得从事的行为。

（4）基金显名。明确了私募基金业务属于私募基金管理人的专属业务活动，未经合法登记，不得使用"基金""基金管理"等字样或者近似名称进行私募基金业务活动。

（二）"资管新规"

2018年，经国务院同意，中国人民银行、中国银保监会、中国证监会、国家外管局联合发布《关于规范金融机构资产管理业务的指导意见》及后续配套细则文件（以下简称"资管新规"），明确规定："私募投资基金适用私募投资基金专门法律、行政法规，私募投资基金专门法律、行政法规中没有明确规定的适用本意见，创业投资基金、政府出资产业投资基金的相关规定另行制定。"这一规定，一方面使得私募股权基金在其适用的主要监管规定（《私募投资基金监督管理暂行办法》和自律监管规则）中规定不明确的方面有了监管依据；另一方面使得私募股权基金与金融机构私募资产管理产品的监管规则仍存差异。

私募股权基金主要在结构化、刚性兑付、负债比例、嵌套层数等方面需遵守"资管新规"的有关规定。第一，结构化。按照"分级私募产品应当根据所投资资产的风险程度设定分级比例（优先级份额/劣后级份额，中间级份额计入优先级份额）"，"权益类产品的分级比例不得超过1∶1"的规定，私募股权基金的结构化安排不能超过1∶1。第二，刚性兑付。按照"分级资产管理产品不得直接或者间接对优先级份额认购者提供保本保收益安排"的规定，私募股权基金不得进行刚性兑付。第三，负债比例。按照"每只私募产品的总资产不得超过该产品净资产的

200％"，"分级私募产品的总资产不得超过该产品净资产的140％"的规定，私募股权基金的负债比例存在明确的上限规定。第四，嵌套层数。按照"资产管理产品可以再投资一层资产管理产品，但所投资的资产管理产品不得再投资公募证券投资基金以外的资产管理产品"的规定，私募股权基金可以进行一层嵌套。

按照"资管新规"有关规定，"资产管理产品直接或者间接投资于未上市企业股权及其受（收）益权的，应当为封闭式资产管理产品，并明确股权及其受（收）益权的退出安排。未上市企业股权及其受（收）益权的退出日不得晚于封闭式资产管理产品的到期日"。这一规定的初衷是加强对期限错配的流动性风险的管理，降低期限错配风险。但是真正的股权投资很难科学、准确地事先确定退出日，这使得原本具有较高风险承受能力的私募资产管理产品在投资私募股权基金时，要求基金退出时间"固定化"，进而促使私募股权基金在投资端更多地运用可转债、回购等偏债权性质的保护性条款，可能对私募股权基金行业产生一定影响。

第四节　私募股权投资的"中国特色"

一、有限合伙制为主要法律组织形式

私募股权基金采用哪种组织形式，与所在国的经济、社会和文化传统、税收和法律制度等有关。目前在我国，有限合伙制的私募股权基金最为常见，其次是公司制。

从适用的法规看，公司制主要适用《公司法》，合伙制主要适用《合伙企业法》，而契约制则适用《证券法》、《证券投资基金法》以及《合同法》等。在我国，合伙制特别是有限合伙制私募股权基金在多个方面具

有较大优势。

（一）灵活的收益分配

《合伙企业法》第三十三条规定"合伙企业的利润分配、亏损分担，按照合伙协议的约定办理"，《证券投资基金法》第三条规定"通过非公开募集方式设立的基金（以下简称非公开募集基金）的收益分配和风险承担由基金合同约定"，而《公司法》则要求"同股同权"且利润分配需由股东（大）会决定。因此，有限合伙制私募股权基金的普通合伙人可以直接在合伙协议中约定收取 Carry（收益分成），契约制私募股权基金的基金管理人如果也在基金中出资则也可以直接在基金合同中约定收取 Carry，而公司制私募股权基金的基金管理人只能在与基金的投资管理协议中约定收取 Carry。同时，有限合伙制及契约制私募股权基金可以对基金份额进行分级，从而实现结构化安排，而公司制私募股权基金则难以进行分级。

专栏 3 - 7 从收费方式角度看业绩分成

虽然 LP 与 GP 都是"合伙人"，但委托代理问题、信息不对称和 PE 基金内部运营不规范等风险同样存在。理论上 LP 可以做出一定的制度安排和条款设计，以尽可能地规避投资风险，激励约束 GP 尽力实现 LP 的利益。

传统的 2 - 20 的收费方式（2％的管理费加 20％的业绩报酬）已经具有一定程度的对赌性质：LP 与 GP 就投资收益率能否超越门槛收益率进行对赌，只有超过时 LP 才向 GP 支付业绩报酬。在欧洲等市场，业绩分成比例并不局限于 20％，而是设置了两个乃至多个门槛收益率，私募股权基金的收益率越高，GP 的业绩分成比例越高。但是，这样的业绩分成模式对于 GP 而言只有向上的收益而没有向下的风险，属于"不太公平"的对赌，还可能导致逆向选择风险的产生。

随着行业的发展，尤其是 2013 年及之前的私募基金普遍存在出现延期、业绩未达预期等现实问题，使 LP 和 GP 对整个私募基金行业进行了再认识，理念也在发生变化。2018 年以来，私募基金行业出现了"融资难"问题，优质大型 LP 更加稀缺，LP 的话语权相对增强，LP 和 GP 两者之间的博弈关系出现了一定变化。在此背景下，预计未来 LP 和 GP 之间个性化、可执行的对赌条款将更加普遍，例如若能够按期退出则 GP 可全额收取收益分成和管理费，如不能按期退出则适度降低收益分成比例或者返还管理费等。

（二）便利的基金投资管理

有限合伙制和契约制私募股权基金均可以相对容易地实现由基金管理人主导或全权负责基金投资管理，与私募股权基金的资产管理本质属性相契合。而公司制私募股权基金，有两种处理方式：其一，基金管理人和基金是两个主体，通过基金与基金管理人签署投资管理协议的方式实现委托管理；其二，基金实行自我管理，即按照公司治理程序，以管理层、董事会、股东（大）会逐级授权的形式开展基金投资管理。

尽管《证券投资基金法》的有关规定是以契约制基金为蓝本制定的，但是契约制私募股权基金在投资管理中面临较大的困难：一是由于契约制基金自身无须在工商局登记，其在登记为非上市被投资企业的股东时面临较大困难，往往只能由基金管理人代持，导致基金财产与基金管理人财产分割不清；二是契约制私募股权基金容易被列为"三类股东"（契约制基金、资产管理计划、信托计划）之一，给被投资企业申请 A 股 IPO 带来不利影响，进而影响基金的投资和退出。

（三）有效的税收透明

合伙制和契约制私募股权基金在理论上均具有税收透明的性质，即在基金层面不征收所得税，仅在投资者层面征收所得税。实务中，合伙制私募股权基金的税收透明受到广泛认可，主要问题是个人投资者所适用的个人所得税税率较高；契约制私募股权基金由于无须在工商局登记，其纳税问题事实上处于灰色地带，理论上自然人投资者的税率为20%；公司制私募股权基金对于个人投资者而言会产生严重的双重征税问题。

（四）明确的无限连带责任

《合伙企业法》第二条规定"有限合伙企业由普通合伙人和有限合伙人组成，普通合伙人对合伙企业债务承担无限连带责任，有限合伙人以其认缴的出资额为限对合伙企业债务承担责任"，而《证券投资基金法》第九十四条规定非公开募集基金由部分基金份额持有人作为基金管理人时，需"在基金财产不足以清偿其债务时对基金财产的债务承担无限连带责任"。因此，有限合伙制和契约制私募股权基金均要求负责基金投资管理的普通合伙人或基金管理人承担无限连带责任，而不负责基金投资管理的投资者只承担有限责任，有利于维护投资者权益、避免利益冲突。而对于公司制私募股权基金，包括基金管理人在内的所有投资者都没有法定义务承担无限连带责任。

有限合伙制既具有明晰的税收透明性质，又能够满足委托管理、收取收益分成等安排，符合私募股权基金的性质，因而逐渐成为最为常见的法律架构，占比在七成以上。由于公司制的相关法律法规最为完善，采用公司制的多是由重视合规的政府或国有企业发起设立的私募股权基金，占比在二成左右。

二、成长基金为主要类型

从基金类型上看，我国私募股权投资基金主要为成长基金，创业基金和并购基金占比较小，与欧美成熟市场以并购基金为主的行业格局不同。从基金数量和管理规模看，根据基金业协会数据，剔除母基金后，截至 2019 年年末，中国其他私募股权基金（含成长基金）数量占比为 50.55%，管理规模占比 47.82%；创业投资基金数量占比 23.66%，规模占比 12.01%；并购基金数量占比 15.57%，规模占比 19.78%（见图 3‑11）。从募集角度看，根据清科研究中心数据，2020 年前三季度，按募集基金数量，成长基金为 1 733 只，占比 49.83%；创业基金 1 538 只，占比 44.22%；并购基金仅 52 只，占比 1.5%。而按募集资金规模，

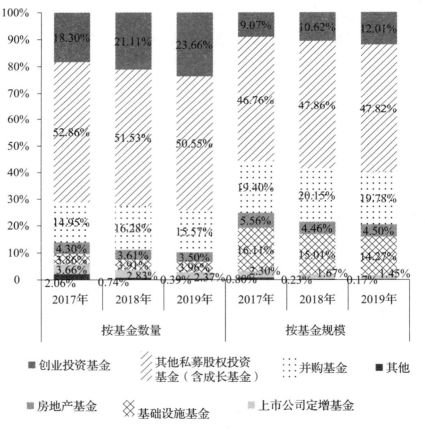

图 3‑11　2017—2019 年中国私募股权投资基金类型分布

资料来源：中国证券投资基金业协会。

成长基金为 6 697.58 亿元，占比 55.94％；创业基金 2 909.31 亿元，占比 24.3％；并购基金 1 106.96 亿元，占比 9.25％。无论在基金数量还是在管理规模上，成长基金都占据了中国私募股权投资市场的半壁江山，行业整体呈"中间大、两头小"的橄榄形特征。而海外成熟市场以并购基金为主，行业呈现"两头大、中间小"的哑铃形格局。

我国私募股权基金的类型构成与海外成熟市场有较大差异，并购基金发展较为缓慢的原因主要包括：

第一，经济发展阶段不同。改革开放以来，我国经济快速发展，百业俱兴，生机勃勃。在高增长阶段，我国企业采用的主要是粗放型发展方式。从资本角度看，并购标的稀缺，早期投资风险巨大，成长期投资成为私募股权投资的现实策略。而回顾海外私募股权市场发展历程，私募股权投资兴起于支持美国硅谷创新的风险投资，20 世纪 80 年代以 KKR、凯雷为代表的并购基金成立，掀起了杠杆收购热潮。在成熟经济体增长缓慢的宏观环境下，资本只能从业态创新、产业整合中寻找机会，风险投资和并购投资便成为主要选择。

第二，企业治理生态仍处于早期阶段。改革开放给社会经济带来了巨大的活力，也给民营企业带来了快速成长的机会。但有限的发展时间和高速增长的经济环境，使得大多数第一代民营企业家不愿意出让控股权，企业控制权大多集中在创始人或其家族手中，并购投资几乎没有市场。此外，现代企业治理制度和企业文化并不完善，职业经理人队伍并不成熟，控股型并购交易困难重重。当前，国内并购基金仍大多扮演融资和资产收购中介的角色，以参股型为主，根据 2019 年基金业协会调查问卷结果，我国并购基金参股型并购约占 68.2％，控股型并购只占 31.8％，这与国际上取得控股权后通过重组等方式提高企业资产质量、改善经营情况的并购主流模式仍有较大差异。

第三，金融市场与金融工具仍待发展。过去，我国资本市场发展并不成熟，直接融资渠道有限，IPO 为核准制，上市门槛较高，同时一、二级市场价差明显。从企业角度看，上市前的快速成长阶段急需资金支持，而从投资人角度看，成长期企业的上市前景是获得高额回报的保障，成长型私募股权投资基金是市场供需自然匹配的产物。而美国资本市场相对成熟，市场层次丰富，定价效率较高，企业往往经历风险投资阶段后便能挂牌、上市、发行债券等，对成长型私募股权基金的需求相对较小。此外，我国金融工具有待创新，并购基金配套融资渠道有限。海外成熟市场并购贷款、高收益债券是并购资金的重要组成部分，而目前我国主要依靠企业自有资金和并购基金募集资金。根据 2019 年基金业协会调查问卷结果，仅有 15.1%的并购投资采取了并购贷款等其他配套金融工具。

随着我国经济发展步入"新常态"，进入经济转型和产业升级的关键时期，私募股权投资行业规模将不断扩大，行业格局将逐渐细分，私募股权投资策略也将从单一的成长基金向创业投资基金、并购基金、母基金、S 基金等多元化方向过渡，逐渐摆脱对企业增长红利的单一依赖。随着中国传统产业发展进入成熟期、国企改革加速、中美关系变化以及民营企业家新老交接，兼并重组、私有化等投资机会将逐渐涌现，并购基金将迎来发展的黄金时期。私募股权投资基金也将在培育新兴行业、优化资源配置、改善产业结构等方面发挥更为积极的作用。

三、政府引导基金

海外的私募股权基金市场由市场化投资者所主导，而中国政府深度参与了私募股权基金市场，催生出了具有鲜明中国特色的政府引导基金，并成为市场中不可忽视的参与者。

政府引导基金是一个约定俗成的叫法，而不是一个严谨的正式概念。政府引导基金所适用的监管规则主要有：财政部于 2015 年印发的《政府投资基金暂行管理办法》和《关于财政资金注资政府投资基金支持产业发展的指导意见》，国家发改委于 2016 年印发的《政府出资产业投资基金管理暂行办法》。政府投资基金和政府出资产业投资基金均具有私募性质，主要开展股权投资，因而属于广义的私募股权基金。

政府引导基金这一名称来自政府设立相关基金的目的——引导产业发展。此类基金最核心的属性是引导，体现在两个方面：吸引社会资本和投向特定领域。一方面，为了吸引社会资本参与，政府引导基金普遍存在政府向社会资本让利的现象，常见的形式有政府出资不分享或少分享基金投资收益，政府出资充当劣后级而社会资本作为优先级。需特别说明的是，在上文所述的三个监管文件中，均规定政府出资可适当让利。另一方面，各级政府设立政府引导基金的目的一般是扶持特定产业（如战略性新兴产业和先进制造业）、支持当地经济（如要求被投资企业在当地经营并纳税）、为重大项目（如重大基础设施建设、保障房建设等）融资。

由于政府引导基金具有引导和收益的双重目标，其绩效考核制度较为复杂，各只基金也各有不同。部委层面的政策主要有国家发改委 2018 年发布的《关于做好政府出资产业投资基金绩效评价有关工作的通知》和财政部 2020 年发布的《关于加强政府投资基金管理 提高财政出资效益的通知》。各地政府针对所辖政府引导基金制定了绩效评价管理办法，各只基金也普遍制定了相应的实施细则等文件。但是，仅有小部分政府引导基金的绩效评价管理办法及实施细则是公开的，使得社会资本在参与政府引导基金时不易准确地评估、预判该只基金的风险收益特征。

需说明的是，创业投资引导基金也属于政府引导基金，其本质是由政府出资的投资 VC 的母基金，且政府对子基金的投资行为行政干预较少。早在 2008 年，国务院便出台了《关于创业投资引导基金规范设立与运作的指导意见》。创业投资的社会正外部性较大，对于促进创新、增加就业有较强意义，这类创业投资引导基金并非中国独有，在海外也有广泛实践，如美国的 SBIC（Small Business Investment Company）、以色列的 YOZMA 基金、澳大利亚的 IIF（Innovation Investment Fund）都属于较为成功的案例。

（一）政府引导基金的特征

1. 规模相对较大

据了解，部分获得政府财政出资的基金并未在基金业协会备案为政府引导基金类型的基金。因此，对政府引导基金的分析主要使用了清科研究中心整理的数据。

截至 2020 年年末，国内累计共设立 1 851 只政府引导基金，基金目标规模总额为 11.53 万亿元，已到位资金规模为 5.65 万亿元。政府引导基金的平均规模约 63.29 亿元，明显高于已备案私募股权基金的平均规模（约 2.90 亿元）。

2. 设立时间集中

从设立时间看，政府引导基金集中成立于 2015 年至 2017 年，呈现出井喷式发展的特征。此后，政府引导基金设立步伐放缓，增速下滑，2017—2020 年已连续四年下降（见图 3-12）。一些早期设立的政府引导基金已进入投资高峰期或退出期，同时新设立政府引导基金的募资压力在当前市场环境下也较大。

3. 头部效应突出

截至 2019 年年末，规模超过 100 亿元的政府引导基金达 281 只，其目标规模合计达到了 9.56 万亿元，即数量占比为 16.41%的政府引导基金的总目标规模的占比超过 87.46%。2020 年末，国家级引导基金平均目标规模达 737.97 亿元；省级引导基金平均目标规模为 106.41 亿元，而地市级和区县级分别为 41.78 亿元和 27.88 亿元（见图 3-13）。典型的国家级引导基金由国家发改委、财政部、国资委等部委发起设立。

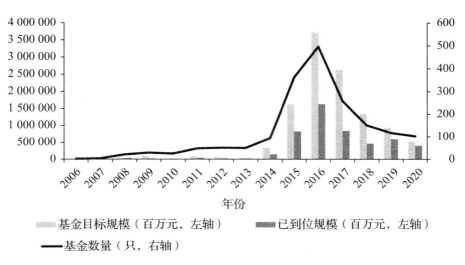

图 3 - 12　我国历年设立的政府引导基金

资料来源：清科研究中心。

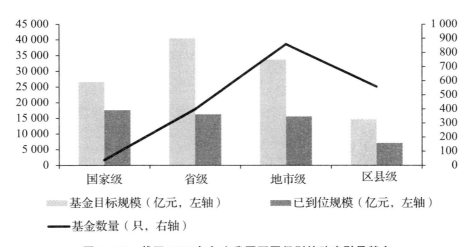

图 3 - 13　截至 2020 年年末我国不同级别的政府引导基金

资料来源：清科研究中心。

4. 以母基金为主

政府引导基金按设立模式主要分为母基金、产业投资基金、基础设施基金三类，2019 年年末，上述三者数量占比分别约 47.66％、37.78％、11.27％；按投资方向可以分为产业投资（中晚期 PE）、创业投资（早期 VC）、PPP 投资，2019 年年末上述三者数量占比分别约 59.29％、29.56％、11.16％。在实际开展投资的过程中，政府引导基金为吸引社会资金从而实现引导效应，往往采取基金群的形式：最上层为以政府出资为主的母基金，中间层则为以社会资金为主的子基金，最下层才是具体投资的直投或基金项目。

5. 角色"二元化"

近年来，政府引导基金在开展直接股权投资方面较为积极，对于知名企业规模较大、拉动 GDP 作用明显的项目，倾向于亲自"下场"，客观上与市场化私募股权基金开展正面竞争。政府引导基金在市场中的角色逐渐"二元化"：既作为 LP 为私募股权基金供给资金，又作为投资者与私募股权基金竞争项目。部分政府引导基金自身团队的投资能力不强、对企业经营理解不深，倾向于凭借自身资金规模优势以高估值争取项目，助推了部分"明星项目"估值水平水涨船高。相比之下，以"跟投/合投专户"方式和市场化基金管理机构合作，可能是更优的选择。

（二）政府引导基金的作用与面临的挑战

政府引导基金在创新财政资金投放模式、促进产业结构调整和支持企业创新发展等方面发挥了重要作用。

一是创新财政资金投放模式。"拨改贷""财政基金化"模式下的政府投资基金有效地改变了财政资金的投放模式，从直接变为间接、从无偿变为有偿，如果基金投资风险控制有力，则还可实现从一次性投入变为循环运作，使有限的财政资金能够发挥乘数效应。借助政府引导基金，财政资金的投资运作更加市场化，也有利于进一步充分发挥市场在资源配置中的决定性作用。

二是促进产业结构调整。通过政府出资带来的增信作用和政府的适当让利，政府引导基金可以吸引社会资本投向一些社会资本原本投资意愿较低的领域，从而有效弥补投融资领域的市场失灵。政府引导基金，特别是国家级政府引导基金在扶持部分被"卡脖子"的产业、促进我国产业结构调整等方面发挥了引导性作用。例如，社保基金参与投资的国家集成电路基金聚焦于集成电路领域，为推动我国芯片产业发展做出了巨大贡献。

三是支持企业创新发展。我国以间接融资、债务融资为主的金融环境难以满足高风险科技创新企业的权益融资需求。政府引导基金作为私募股权基金，通过汇聚政府资金和社会资本，增加了市场中的权益资金的供给，为支持企业创新发展提供了稀缺的权益资本。

但是，在经历了几年的高速发展后，部分政府引导基金也逐渐面临一些现实挑战。

一是引导和收益两难。不少政府引导基金无法有效平衡引导和收益两个目标，要么引导的效果没达到政府的预期，要么收益低于社会资本的期望，要么两种情形兼有。同时，财政部和国家发改委在相关办法中均强调建立绩效评价制度，要求在保证政府投资安全的前提下实现保值增值。政府出资定位于"投"而非"拨"，对收回投资本金、保障资金安全有明确要求。这使得政府引导基金在资金端的风险偏好较低，进而使得政府引导基金的基金管理人在缺乏容错机制、监督压力高悬的约束下，风险规避意识过浓。因此，政府引导基金普遍存在项目投资进展缓慢、项目投向偏离引导目标、社会资本不愿持续出资、基金运作不够专业等问题。

二是政府参与和市场化两难。政府引导基金在设立时，几乎都希望撬动较大比例的社会资本。究其原因，主要是为了更好地发挥财政资金

"放大器"的功能,以发挥"四两拨千斤"引导社会资金投向的作用。地方政府引导基金的一大特色便是要求"返投",以达到招商引资的目的。为此,政府往往加强对返投的管控,提高返投要求和门槛,甚至委派代表参与投资决策,直接向基金"推荐"项目。政府在项目投资决策中或多或少、或明或暗地实施干预,一定程度上会挫伤 GP 的自主性和积极性,导致投资动作变形。部分政府引导基金的收益率可能较差,甚至不足以覆盖社会资本出资的优先收益要求。而若放松对返投的考核和要求,则可能会导致 GP 敷衍了事,使返投条款流于形式,难以真正发挥引导产业发展的作用。

三是部分基金后续出资难。据基金业协会统计,政府引导基金平均通过财政资金撬动了 3.41 倍的社会资本,其出资中约 20.70% 来自资管计划。很多政府引导基金所吸引的社会资本中不乏商业银行的身影,而资金来源主要是银行理财。在资管新规出台后,部分政府引导基金可能会面临商业银行等 LP 无力继续履行出资义务的窘境。

(三)对政府引导基金未来发展的思考

综合来看,政府引导基金是一把双刃剑,既发挥了重要的作用,又存在一些现实问题。展望未来,为促进政府引导基金更加有效地发挥作用,需要对如下几个方面进行更深入的思考。

一是基金的性质。政府引导基金中的政府出资究竟应当如何定位,需要进一步明确。一方面是应当承担多大的投资风险,是否容忍出现亏损及多大比例的亏损,是否可以低于保值基准(如收益低于存款利率)等;另一方面是应当如何对社会出资让利,如何考核引导作用,如何基于考核结果进行让利等。政府引导基金不宜进行纯粹的商业化运作,否则将带来对民间投资的挤出效应,从而违背政府实施产业政策的初衷。政府引导基金中的政府出资是"投"而不是"拨",应当有兼顾引导效应和投资收益的事前明确、操作性强、科学合理的考核机制。这样既能增强社会出资者的投资信心，也能避免基金管理人的行为异化。

二是政府的角色。政府部门除了履行 LP 出资人职责以外，还应当在政府引导基金的日常投资、经营中扮演怎样的角色，以及通过何种途径去实施管理和进行干预，也需要在逐步摸索的过程中寻找恰当的方案。2020 年 11 月，我国加入了《区域全面经济伙伴关系协定》（RCEP）。习近平总书记还指出，中国将积极考虑加入《全面与进步跨太平洋伙伴关系协定》（CPTPP）。在国际环境日趋复杂，不稳定性、不确定性明显增大的大背景下，政府引导基金还需要注意谨慎设计相关制度机制，确保符合 WTO 及我国已加入的各类贸易及投资协定的相关规则，以避免不必要的争端。

三是适当的规模。政府财政资金是有限的。据清科研究中心数据，截至 2019 年年末国家级政府引导基金目标规模约 2.4 万亿元，按照 4 倍放大效应估计则中央财政资金需投入约 5 000 亿元，而 2019 年中央一般公共预算本级支出约 3.5 万亿元。中央政府应当投入多少财政资源到政府引导基金中？应当对哪些行业进行引导支持？如何使得各只基金分工明确？这些问题都有必要加以深入分析。而地方政府是否应当将有限的财政资金投入政府引导基金中，是否可能导致各地政府之间的无序竞争乃至竞次效应（race to the bottom），也值得进一步研究。

四、结构化基金

私募股权基金的结构化安排与并购基金运用债务融资有实质性的差异：前者在基金投资者层面，是劣后级投资者对优先级投资者的保护；而后者在底层资产层面，是对被投资企业资本结构的调整，债权人将充分分析融资主体的资产质量和还款能力。

（一）结构化安排

我国私募股权基金常见的结构化安排具有一些鲜明特征。（1）分级层数。基金的分级数量与投资者的类型数量相关。风险偏好最低的银行资金一般作为优先级投资者，风险偏好较高的其他资金（如保险资金、其他金融机构资金、个人资金）一般作为中间级或优先级投资者，风险偏好最强的产业资本、高净值人士及基金管理人一般作为劣后级投资者。部分复杂的结构化基金也可能对优先级、中间级、劣后级进行进一步的细分。（2）预期收益。具有结构化安排的私募股权基金必然都会对优先级（及中间级）提供预期收益，同时也可能对劣后级提供预期收益。对于满足预期收益之后的收益，优先级（及中间级）将不参与或少参与（相较于其出资比例）分配，而劣后级一般将享有剩余全部收益。（3）本息分配安排。具体的安排方式可以很复杂，以仅有优先级、劣后级两类投资者为例，可分为"息本息本""本息本息""本本息息""息息本本"。

"资管新规"发布后，私募股权基金也需要参照适用关于分级资产管理产品的有关规定，虽然仍可继续设置结构化安排，但杠杆使用受到了1∶1的限制，同时也不能对优先级进行保本保收益。

（二）融资方参与

不少"明股实债"的私募股权基金都会在基金层面引入被投资企业的关联方参与，并且一般作为基金的劣后级投资者。此种情形下，私募股权基金由投资工具蜕变为融资工具，而认购劣后级的关联方事实上是融资方：被投资企业可能是融资方内部的资产，也可能是融资方拟收购的资产，而融得的劣后级资金则用于内部资金调剂或对外收购资产。融资方认购部分或全部劣后级对于各方具有益处：对于基金管理人而言，是一种较为有效的风险控制措施，能够降低道德风险，同时降低募集劣后级资金的难度；对于优先级投资者而言，既能提供有效的安全垫，又能增强投资信心；对于融资方而言，则能享有全部或绝大部分的超额收益。尽管看上去各方受益，但也存在一些问题：一是从本质上看，私募股权基金的优先级事实上更接近于债务或股债混合融资工具，并没有给实体经济带来增量的权益资本，股权投资有名而无实；二是此类私募股权基金的投资容易被错误地统计为股权投资而非债务融资，在微观层面可能使企业的股东、债权人等低估自身的经营和财务风险，在宏观层面可能使专家学者和政府官员低估经济的整体杠杆率。

更进一步，如果私募股权基金的管理人也由融资方所控制，则会构成很强的利益冲突：基金管理人的控制人（即融资方）的利益与基金投资者的利益并不一致。此种情形下，如果私募股权基金管理人没有充分向（除融资方的关联方以外的）外部投资者进行信息披露，没有建立严格的内控制度以有效维护投资者利益，那么基金管理人将极有可能违背自身的信义义务，并可能构成欺诈和"自融"的金融乱象。

第四章

机构投资者的资产配置：私募股权

全球养老基金和主权财富基金等大型机构投资者的投资管理体系通常以资产配置为核心，归因分析表明，战略资产配置和战术资产配置贡献了90％以上的收益。随着资产配置理论和实践的发展成熟，私募股权投资等另类资产作为重要的新兴投资工具，逐渐进入养老基金和主权基金等机构投资者的视野，成为改善投资组合风险收益特征的重要方法。本章第一节首先着重探讨私募股权投资在资产配置中的意义，以及对改善投资组合风险收益特征的重要性。第二节深入分析了私募股权投资的风险收益特征，并通过国内外数据量化测算了私募股权投资的预期收益和波动率。第三节重点总结梳理了国内外机构投资者的私募股权投资实践，对比分析了不同类型机构在投资策略和方式上的差异。最后，第四节探讨展望了将私募股权基金纳入资产配置体系的模式方法和发展趋势，提出了在私募股权投资中要建立和践行长期资产配置理念的观点。

第一节　资产配置与私募股权投资

从国内外代表性机构的投资实践来看，私募股权投资在大型机构投资者资产配置中的比例稳步上升，不同类型的机构也根据自身特点形成了各具特色的私募股权投资方式，并取得了良好的投资绩效。私募股权投资具有两个显著特点：其一是以独特的"双重私募"方式运作；其二是以非标准化股权作为投资对象。这产生了突出的信息不对称问题，决定了相比传统大类资产，私募股权投资在资产配置中具有显著的特殊性。

一、私募股权投资拓宽了资产配置的领域

纵观全球主要养老基金和主权投资基金等大型机构投资者的投资实践，可以清楚地看到，其投资管理体系通常以资产配置为核心，通过大

类资产之间的分散化投资，机构投资者能够在风险政策约束的前提下最大限度实现其收益最大化的投资目标。正因如此，资产配置通常被认为是机构投资者实现长期优秀业绩的基石。关于资产配置理论的研究发端于 20 世纪 30 年代的美国，主要分为恒定混合策略、CPPI 策略、均值-方差及其衍生量化策略、因子投资等几大类型。

（一）早期资产配置理论

最早期的大类资产配置以恒定混合策略为主，在 20 世纪 60 年代前，虽然投资者已经意识到资产配置的重要性，但缺少利用量化工具确定各类资产适当的混合比例的方法，因此采用的主流配置方法一般为简单的恒定混合策略。最经典的恒定混合型配置策略包括等权重投资组合（equally-weighted portfolio）策略和 60/40 投资组合策略。等权重投资组合策略是在有 N 种可投资的风险资产时，保持每种资产的投资权重为 $1/N$。作为一种朴素原始的最大化分散策略，等权重投资组合策略不考虑各种资产收益率之间的相关关系，只是简单地追求投资种类的最大限度的分散化，该策略的关键是保持所配置资产具有足够大的多样性以降低波动。

60/40 投资组合策略是指将资产的 60％配置于股票，而将剩余的40％资产配置于债券，从而达到分散投资风险的目的。与等权重投资组合策略类似，该策略的优点是简单易行，缺点则在于只包含股票和债券两种资产，当在特定市场环境下二者的相关性变大时，此类资产组合容易遭受较大的回撤风险。

（二）现代投资组合理论（modern portfolio management theory）

随着投资者对市场变化和资产特征的理解的加深，传统的恒定混合策略显得过于粗糙而不能满足各类投资者的精细化需求。同时，全球金融市场的发展深化和交易信息的快速积累也为资产配置量化模型的产生提供了基础。在这一背景下，现代投资组合理论应运而生。1952 年，美国学者马科维茨（Markowitz）在《金融杂志》上发表了《资产组合选择》一文，率先提出了现代投资组合理论和均值-方差组合模型。在均值-方差模型中，投资者运用收益均值和标准差分别度量出各大类资产的收益和风险，再通过量化分析方法，得出对理性投资者而言最优的投资组合：在给定预期报酬下，期望风险最小，或在给定的组合风险下，期望投资收益最大的组合。此外，现代投资组合理论还强调重视资产之间的相关性，提出要尽量把相关系数低的资产组合在一起，以优化组合的风险收益特征。

现代投资组合理论以理性人假设为基础，在均值-方差的基本框架下通过数理过程确定投资者如何进行资产配置决策，从而确立了资产配置的量化分析方法和理论体系。之后为更贴近机构投资者的需求，一些研究者在均值-方差模型的基础上又陆续开发出新的优化模型，比如布莱克-利特曼（Black - Litterman，BL）模型等。BL 模型诞生于 20 世纪 90 年代，由布莱克与利特曼在就职于高盛公司期间提出，之后逐渐被华尔街主流机构接受，现已成为不少资产管理机构进行资产配置的主要工具。这一模型的核心是导入投资者对某项资产收益率的主观判断，从而将根据市场历史数据计算的客观收益率和投资者的主观看法结合在一起，形成一个新的市场收益预期，最终使得模型输出结果更加稳定和准确。

（三）因子投资理论

以均值-方差模型为代表的现代资产配置理论模型需要各大类资产的收益、波动率和相关性等数据作为稳定的输入参数。从长期来看，各类资产的预期收益和波动率都具有较强的稳定性，因此均值-方差模型适用于设定长期的战略性资产配置组合。但相比预期收益和波动率，各类资产之间的相关性往往具有不稳定性。特别是在 2008 年金融危机期间，各资产类别的相关性发生了极大变化，原本相关性较低的资产在外部冲击下相关性大幅提高，导致传统资产配置模型希望实现的分散化效果普遍大打折扣。在这种情况下，投资者开始重新思考驱动各类资产风险收益特征变化的深层次因素，因子投资思想和方法逐渐走上台前。

因子（factors）一词指能够驱动股票、债券和其他资产收益变化的深层次和持续性因素[①]。在 2008 年金融危机以后，因子方法得到迅速发展，目前已经发展出上百个相关因子模型。总的来讲，投资因子可以分为两大类：

一是宏观因子，包括经济增长、实际利率、通胀、信用、流动性等。宏观因子是决定各大类资产整体收益的驱动来源，因此主要用来解释各大类资产之间的收益差异（如图 4-1 所示）。

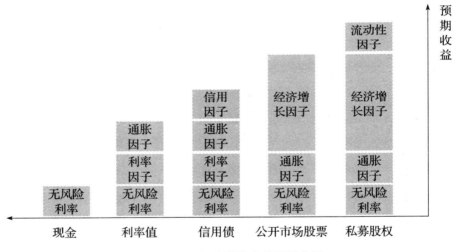

图 4-1 不同大类资产的因子分解

通过分解各大类资产的因子，我们可以解释特定时期中各类资产相关性发生剧烈变化的原因。例如，公开市场股票主要受到经济增长因子驱动（正相关），而利率债主要受利率因子驱动（负相关），当宏观经济增长前景良好时，利率走势上扬，公开市场股票与利率债收益呈负相关

---

① 洪崇理. 资产管理：因子投资的系统性解析. 北京：中国发展出版社，2017.

变化。但是，二者收益来源中均包含通胀因子，当通胀大幅上行时，对于通胀因子的风险补偿要求提高，会导致公开市场股票和利率债收益同时下降，从而使二者呈现正相关。

二是风格因子，包括我们曾提及的估值、规模、动量等。风格因子主要解释资产类别内部的风险和收益差异。比如在股票这一大类资产内部，由于价值因子的存在，低估值股票相对于高估值股票可获得持续的超额收益。

因子思想最为人所知的应用在于风险平价策略。风险平价策略的思想最早由桥水基金创始人达里奥在 20 世纪 90 年代的全天候（all weather）策略中实践，后续则由磐安资产管理公司（PanAgora）首席投资官钱恩平予以系统总结[1]。风险平价策略的初衷是构建一个在不同经济环境中都能够有稳健表现的投资组合，风险平价策略认为经济增长和通货膨胀是驱动组合风险的两个基础性因素，因此风险平价策略也可以看作一种试图在经济增长和通胀两个宏观因子上实现均衡配置的投资策略，亦被称为"风险因子平价"。

总体而言，因子投资可以视为另一种更本质、也更深入的看待资产配置的视角：因子相对于资产，如同营养成分相对于食物，人体健康的关键是保持各类营养成分摄入的均衡，而食物的均衡摄入只是实现营养成分均衡的外在表现。因此，在因子投资的视角下，资产配置的关键不是各类资产的分散化，而是各类因子的分散化，资产配置的中心工作需要围绕因子的发掘、获取和管理展开。

（四）私募股权投资在资产配置模型中的价值

早期的资产配置主要涉及公开市场和标准化资产，而随着金融市场

---

① Qian E. Risk Parity Portfolios：Efficient Portfolios through True Diversification. Panagora Asset Management，2005.

的发展和一些领先机构的探索，以私募股权投资为代表的另类资产开始进入机构投资者的视野。其中，最具代表性的是以耶鲁基金为代表的捐赠基金模式，其强调通过加大对以私募股权为代表的另类资产的投资力度，获得超出业绩基准的长期超额收益。耶鲁基金过去几十年的成功，激发了全球机构投资者对另类资产配置价值的重视，这种将另类资产纳入资产配置体系来实现总体组合风险收益特征优化的方法也被称为捐赠基金模型（endowment model）。

严格来讲，捐赠基金模型并非一种新的资产配置理论或者范式，而是在现代投资组合理论模型的基础上拓展了资产类别，将私募股权、房地产、基础设施、绝对收益产品等另类资产纳入均值-方差模型或其他量化模型的输入端。由于另类资产具有有别于传统公开市场资产的收益和风险特征，并且与传统类别资产的相关性较低，因此增加另类资产能够改善整体投资组合的收益水平，增强回报的稳定性，这在均值-方差模型的框架中表现为组合有效前沿向左上方移动（见图4-2）。

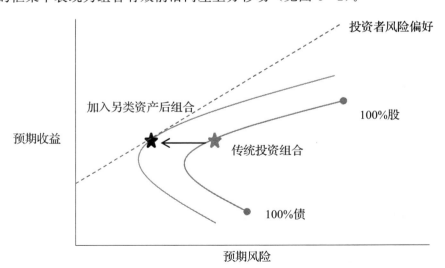

图4-2 另类资产对组合有效前沿的影响

从实践情况来看，私募股权投资等另类资产由于流动性较差、投资周期较长，更适合大学捐赠基金等具有永续性特征的长期资金。从因子投资的角度看，私募股权投资相比公开市场股票具有更大的流动性因子敞口，因此要求更高的收益补偿，这也从另一个角度解释了私募股权投资等另类资产的配置价值。不过，正是由于另类资产的非流动性特征，其对投资者的负债稳定性和主动管理能力也提出了更高的要求。

二、私募股权投资在资产配置中的特殊性

（一）私募股权投资具有显著的信息不对称问题

相比市场上的股票、债券、基金、银行理财等大类资产，私募股权基金具有更加显著的信息不对称问题。主要有以下几个原因：

第一，股票、债券等公开发行的金融产品是标准化证券产品，有公开的市场报价体系、较为完善的信息披露和监管机制，以及较为发达的会计审计、法律、证券辅导等资本市场中介机构的配套协同。一方面，发行企业需要按照相关规定的要求定期或不定期公开披露自身财务信息、重大经营变动等情况，而且这些信息大都需要经过外部独立的审计师和律师把关认可，使得投资者可以通过公开信息渠道比较充分地了解底层资产的经营情况；另一方面，监管部门严禁利用重大非公开信息进行内幕交易，资本市场领域的公众媒体也全天候地对发行企业进行舆论监督。多重机制下，信息不对称问题并不严重，由此带来的投资风险也相对较小。

第二，证券投资基金的投资人和管理人之间也存在一定的委托代理问题，但由于证券投资基金底层资产多为股票、债券等有公开市场报价的金融产品，而底层资金的信息相对公开透明，因此证券投资基金的委托代理问题相对较小。同时，证券投资基金具有相对完善的信息披露机制，产品的估值也较容易实现，特别是公募证券投资基金，中国证监会

对信息披露频率、披露内容等有着较为严格的要求，管理人一般会在基金季报、年报中披露产品净值波动、投资运作逻辑、持仓信息等，在很大程度上缓释了信息不对称问题带来的风险。

第三，银行理财产品方面，近年来"资管新规""理财新规"等监管规定对理财产品的信息披露、产品投向、久期匹配等提出了更高的要求，理财产品正在逐步向净值化方向转型，在很多方面体现出与偏债型证券投资基金类似的特征。同时，由于银行理财产品投向一般较为稳健，非标准化股权类资产占比非常低，因此，该类产品的信息不对称问题也并不严重。

与上述金融产品相比，私募股权基金运作中的信息不对称问题比较突出。首先，私募股权基金"基金投资人（LP）-基金管理人（GP）-被投资企业"的双层委托代理结构导致双重信息不对称和委托代理问题存在。其次，私募股权基金的底层资产主要为非上市企业股权，被投资企业财务经营信息无须向社会公开，股权估值没有公开市场的连续交易作为支持，私募股权基金管理人往往需要根据自己的行业认知或者投资经验建立较多的主观假设以实现估值。这些主观假设通常被视为宝贵的技术诀窍（know-how），被当作商业秘密严格保护，并不需要向公众披露，这就使得LP很难对估值的公允性做出准确判断。再加上私募股权基金管理人在对被投资企业进行投资时，经常会签署带有对赌性质的条款、约定特殊清算顺序的保护条款等，这些条款使得私募股权基金所持被投资企业股权的风险收益特征与经典教科书中的非上市企业股权有很大不同。这些因素都导致私募股权基金存在突出的信息不对称问题，对于LP而言，准确全面地识别私募股权基金迥异于一般的金融产品的独特的风险收益特征，并非易事。

专栏 4-1　股权基金对外投资中的结构化合同条款探讨

在股权基金对外投资中，结构化合同条款的使用使私募股权基金的风险收益特征与一般意义上的非上市企业股权存在很大不同，进一步加剧了私募股权基金 LP 与 GP 之间的信息不对称问题，使 LP 更加难以准确全面地认识私募股权基金的风险收益特征。

由于私募股权基金主要投资于非上市公司，而这些公司通常处于发展的早期和中期，经营风险很大，因此为了降低投资风险、激励并约束管理层，股权基金会根据具体情况，要求被投资公司或其大股东签署所谓的"对赌协议"（value adjustment mechanism，VAM），其核心要义是围绕被投资公司能否在约定期间达成预定目标进行对赌，这些目标通常包括财务业绩、非财务业绩、合格上市等。若能达成目标，则由股权基金向被投资公司或管理层转让利益；若不能达成目标，则由被投资公司或大股东向股权基金转让利益。转让利益的方式，可以是股份，也可以是现金。非上市公司股东较少，利益容易协调，同时融资难度较大，这是对赌协议能够达成的主要行业背景。根据有关统计，国内约有 27％的投资项目使用了对赌条款。

除对赌条款外，股权基金在投资入股协议中通常还会引入新投资者限制、股权转让限制、反稀释权、优先认股权、优先分红权、优先清算权、共同售股权、强卖权、管理层竞业限制、关联交易、债权债务等诸多结构化条款。当然在不同项目的投资协议中，这些条款未必全部包括，一般也不会完全一致，取决于项目自身情况以及股权基金和被投资公司之间的博弈。这就是股权基金投资的典型交易特征：具体项目具体分析，高度非标准化、个性化、定制化。

上述条款都是为了保障股权基金的投资权益，有的也可能涉及股份在公司大股东和股权基金之间划转。例如引入新投资者限制，是指将来新投资者认购公司股份的价格不能低于本次股权基金的投资入股价格，若低于本次价格，则股权基金的认购价格将会自动调整为新投资者的认购价格，溢价部分折成被投资公司的相应股份；又如债权债务条款，是指若被投资公司未向股权基金披露对外担保、债务等情况，则在实际发生赔付后，股权基金有权要求公司或大股东进行赔偿；再如关联交易条款，是指被投资公司在约定期间若发生不符合章程规定的关联交易，则公司或大股东须按关联交易额的一定比例向股权基金赔偿损失。

（二）不同参与主体之间的信息不对称

私募股权基金的完整运作涉及 LP、GP 和被投资企业三方，信息不对称不仅存在于 LP 与 GP 之间，而且存在于 GP 与被投资企业之间，还存在于 LP 与 LP 之间。

第一，在私募股权基金中，相对于 LP，GP 是具有信息优势的一方。在私募股权市场中，因其面向合格投资者募资的私募特征，监管方面对基金管理人的信息披露要求相对比较低。同时，GP 也经常以保护商业秘密为由，仅向 LP 披露少量基金投资运作信息。有时甚至会出现这样的情况：股权基金的对外投资信息已见诸媒体，而部分 LP 尚不知情。

第二，众多 LP 中，出资规模较大或有政府背景的 LP 是具有信息优势的一方。资金是 GP 的命脉，大 LP 可以利用资金的优势要求 GP 披露更多的信息，比如开放底层项目数据并提供跟投机会；或者为自己争取更多权利，比如要求列席旁听 GP 的投决会，定期或不定期走访被投资企业；出于自身商业利益的考虑，GP 也存在向资金实力强大的 LP 开放更多信息的动机。这些因素都会导致不同 LP 之间的信息不对称，也可能造成一部分小 LP 的利益受损。

第三，在 GP 投资被投资企业时，被投资企业是有信息优势的一方。融资企业会对企业的一部分信息进行保密；有些融资企业为了获得投资，有意夸大发展潜力和自身实力。GP 需要专业投资技能去识别各类信息。

LP 是私募股权基金的资金提供方，被投资企业是私募股权基金的资金使用方，被投资企业的信息需要经过被投资企业管理层、GP 两层传导才能到达 LP。在信息传递过程中，被投资企业管理层与 GP 都可能因自身利益原因，对相关信息进行美化、过滤，从而导致 LP 与底层投资对象之间的信息不对称问题较为严重。

对于大型机构投资者来说，能否妥善解决私募股权投资面临的信息不对称问题，决定了是否能够有效发挥其对资产配置的优化作用，在配置理念和配置模型方面都需要采取更有针对性的应对策略。

第二节　私募股权基金的风险收益特征

正确认识私募股权基金的风险收益特征，对于机构投资者进行资产配置是一个巨大挑战，私募股权基金在资产配置中具有显著的特殊性。为了解决这种信息不对称，必须建立长期博弈机制，真正践行长期投资，除了自上而下的资产配置策略，还要自下而上优选行业内的优质 GP，形成良性互动，在积极参与基金治理的过程中，共同推动行业高质量发展，从而真正发挥私募股权基金在大类资产配置中的作用。

一、正确认识私募股权基金的风险收益特征

随着资本市场的发展成熟，对私募股权基金的配置和投资已经成为行业惯例。例如，CPPIB 一直强调应该充分利用其投资期限长、规模大、短期流动性要求低、资产确定性高等优势，加大对另类资产尤其是私募

股权的配置。CPPIB 从 2002 年开始配置私募股权，之后持续稳定地加大对私募股权的投资，目前其私募股权投资占比超过 20％。

正确认识私募股权基金的风险收益特征，是做好私募股权基金资产配置的前提。相比传统市场，私募股权基金在收益方面具有两个显著的特征，分别是收益率的 J 曲线特征和行业的二八分化现象。

私募股权基金的现金流呈现典型的 J 曲线特征，在投资期，LP 向私募股权基金实缴出资，在退出期，私募股权基金向 LP 进行收益分配，返还现金逐年增多，达到高峰后下降。从 LP 等机构投资者的角度，在前半段投资期现金净流出，在后半段退出期现金净流入，因而呈现典型的 J 曲线特征（参见本书第七章"专栏 7－4　私募股权基金退出实践"）。同时，市场上的私募股权基金收益数据又普遍存在幸存者偏差，全面衡量和评估私募股权基金市场的收益和风险情况存在较大难度。而私募股权基金估值是开展私募股权基金风险监测、评估乃至整个投后管理工作的重要基础，可为投资复盘提供第一手材料，对于维护 LP 的投资权益乃至提高投资回报都具有重要意义。

根据基金业协会 2018 年发布的《PE 估值指引》，非上市公司股权的估值原则是"无论该股权是否准备于近期出售，基金管理人都应假定估值日发生了出售该股权的交易，并以此假定交易的价格为基础计量该股权的公允价值"，估值方法主要包括参考最近融资价格法、市场乘数法、行业指标法、现金流折现法、净资产法等。现实中 GP 很难有足够强的意愿或足够大的动力完全按照《PE 估值指引》做好基金季度估值，不同 GP 对于基金存续期间的账面估值的重视程度相差很大，估值水平也良莠不齐。

私募股权基金市场相比公开市场，存在更明显的二八分化现象，少数头部 GP 获得大部分管理规模和投资收益，大部分 GP 规模较小，因此自下而上优选 GP 至关重要。私募股权投资还面临可投资性等现实问题，反映私募股权基金行业整体回报的"指数"或"业绩基准"只具有研究和参考价值，私募股权指数的风险收益特征对实际的资产配置意义不大。学术研究表明，私募股权基金管理人的业绩更具延续性，例如 Steven Kaplan 和 Antoinette Schoar 研究认为，"对于私募股权基金管理者而言，一期基金的成功意味着下一期基金成功的概率也大大增加。反之，之前的失败也为后面的失败埋下伏笔，但在共同基金领域，这样的相关性并不明显"。历史业绩优秀、拥有品牌效应的 GP 的优势体现在各个方面：优质项目来源丰富，谈判时议价空间更大，LP、企业家和投行也更愿意与这些 GP 合作。这些优势进一步加剧了私募股权行业的马太效应。

从数据来看，康桥汇世（Cambridge Associates，CA）搜集了美国私募股权基金、风险投资基金按设立年份统计的净 IRR（已扣除费用和业绩报酬），这些数据来自向康桥汇世报送数据的 2 109 只基金。美国排在前 1/4 分位数的私募股权基金年均净 IRR 高于中位数基金 7.55 个百分点，中位数私募股权基金年均净 IRR 高于排在后 1/4 分位数的基金 6.48 个百分点，同时在大部分年份股权投资基金的算术平均回报高于中位数回报，说明排名靠前的基金和排名靠后的基金收益率差距在拉大。美国风险投资基金业绩分化更加严重，从 1998 年至 2013 年，美国排在前 1/4 分位数的风险投资基金年均净 IRR 高于中位数基金 8.21 个百分点，中位数基金高于排在后 1/4 分位数的基金 6.63 个百分点，而且排在后 1/4 分位数的基金年均 IRR 甚至为－0.22%，中位数基金年均 IRR 也仅有 6.41%。同样在大部分年份风险投资基金的算术平均回报也高于中位数回报。

关于股权投资基金的风险收益特征，学界和业界谈及较多的是收益方面，而对风险涉及较少，认识清楚股权投资基金的风险收益特征是机构投资者做好资产配置的前提。谈到风险时，行业多以定性分析为主，这主要是因为股权投资基金投资的项目缺乏活跃、公开的市场报价和信息披露，难以获取较高频率的收益率数据，因此，对股权投资基金风险的定量分析，是国内的一大难点和前沿问题。我们通过对国内外大量股权投资基金实践数据的汇总研究，对股权投资基金的风险做了一些分析。投资股权投资基金的风险，主要分为三类：

第一是投资回报不及预期的风险。该风险反映的是股权投资基金清算时，给 LP 带来的实际现金回报不及预期甚至发生亏损的风险。

第二是市场风险。该风险反映的是股权投资基金净值波动的风险。股权投资基金投资的项目无法像公开市场股票那样获得高频公允报价，股权投资基金缺乏每日的净值数据，GP 通常按季度提供股权投资基金底层资产的估值报告，可以通过模拟估值、数据处理等方式，回溯股权投资基金的高频净值变动。

第三是流动性风险。股权投资基金合同存续期限一般为 8～10 年，很难提前退出，当被投资项目退出或获得分红时，LP 才有现金流收入。非流动性是股权投资的一大特点，也是 LP 必须承担的风险以及获得溢价的来源之一。随着股权投资基金二级市场（PE Secondary Market）的发展成熟，预计未来股权投资基金的流动性风险和相应的溢价将会降低。

根据对国内外大量股权投资基金数据的实证分析，作为成熟市场的美国股权投资基金的波动性（10%）低于以标普 500 指数为代表的公开市场股票（16%），但风险投资基金的波动性（24%）明显高于公开市场股票。相比国外成熟市场，国内二级市场有效性不足，公开市场股票的波动性显著较高，股权投资基金尚处于发展初期，经我们测算，股权投资基金的波动性（22%）略高于公开市场股票（19%）。

二、正确看待私募股权基金的"高收益"

作为私募产品，私募股权基金既无须也不能公开自己的所有投资运作信息，从而给 LP 客观全面认知其风险收益特征带来了很大困难。通常情况下，LP 对股权基金风险收益特征的充分认知，往往只能通过投资实践来积累，即"干中学"。

潜在 LP 在最初阶段可能首先会关注到私募股权基金具有高收益的特征，事实上这正是私募股权基金神秘面纱可能导致的认知误区。对于私募股权基金的高收益特点，需要从以下四个方面予以把握：

一是不能忽略高收益的长期语境。研究表明，以 15 年以上的投资周期来考察，股权投资基金、风险投资基金是预期收益最高的资产类别，特别是以 25 年的周期来看，股权投资基金的预期年化净收益率为13.4％，风险投资基金的预期年化净收益率更是高达 34.4％，远超其他类别金融资产。但脱离长期语境，在 3～5 年的中短投资周期并不能凸显私募股权投资的收益优势（见图 4-3）。

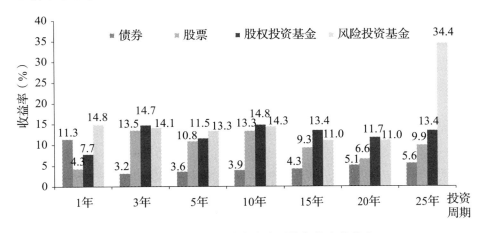

图 4-3 不同周期各类资产类别的年化净收益率

资料来源：康桥汇世。

注：各收益率为截至 2019 年 9 月的收益率。股权投资基金为康桥汇世采样 1 493 家美国并购、成长、能源和夹层基金编制的指数收益率；风险投资基金为康桥汇世采样 1 862 家美国风险投资基金编制的指数收益率；股票收益率为 S&P500 指数的收益率；债券收益率用Barclays Capital Bond Index 收益率表示。

二是要看到高收益背后承担的高风险。LP 首先关注到的可能是市场上光彩夺目的明星项目，这是一种冰山现象，或者是幸存者偏差。非上市股权投资，尤其是早期投资，项目还不成熟，财务信息不公开不透明，退出渠道也不清晰，亏损的概率是比较大的，但亏损的项目不易进入投资人的视野，也不易登上财经头条或被自媒体关注，这就造成了私募股权投资成功概率很高的错觉。

三是要注意到明星项目的高回报与股权基金的高收益并不能画等号。尽管某些明星项目获取了几十倍上百倍的投资回报，但股权基金投资了多个底层项目，在分散风险的同时也降低了收益回报水平，股权基金层面的回报远没有那么光彩夺目。

四是私募股权基金的业绩分化较大。Private iQ 全球私募股权基金（除风险投资基金外）的统计资料显示，只有选择前 25％分位的股权基金，才可能获得良好的超额收益，如图 4-4 所示。这就意味着，LP 要获得良好的收益，就不仅要选择优秀的 GP，还要对 GP 管理的基金进行认真研判。如果对私募股权基金投资工作马马虎虎、敷衍了事，就很可能会投到业绩较差的基金，不仅难以获取高收益，而且能否保证本金安全都不可知。

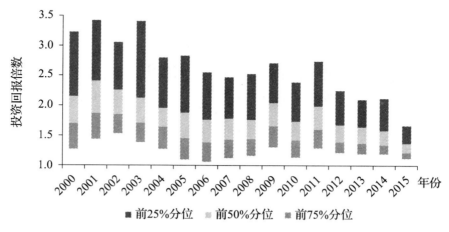

图 4-4 不同成立年份各分位基金收益情况统计

资料来源：Private iQ 全球私募股权基金（除风险投资基金外）数据，截至 2019 年 3 月。

三、对私募股权基金风险收益特征的量化分析

（一）全球私募股权基金的风险收益情况

根据全球市场的统计数据，私募股权投资作为一类资产的特点包括缺乏公允市场价格、流动性差、具有顺周期性、低频交易、估值难度高等，其风险收益特征主要有以下几点：

（1）从行业平均水平和指数来看，私募股权投资的长期收益显著高于公开市场股票。根据康桥汇世的数据，截至 2016 年，过去 10 年和过去 20 年的 CA 全球私募股权指数平均年化复合收益率分别是 12％和 15％，显著高于同期的 MSCI 全球股票指数（见图 4 - 5）。具有吸引力的投资收益率也成为长期机构投资者青睐私募股权投资的主要原因。

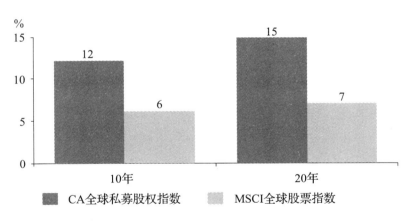

图 4 - 5　CA 全球私募股权指数显著跑赢 MSCI 全球股票指数

资料来源：BCG.

（2）与公开市场股票相比，私募股权投资收益分布范围更广，投资业绩差异悬殊。2000—2019 年期间，全球风险投资基金中业绩前 5％的基金 IRR 在 40％左右，而业绩最差的 5％的基金 IRR 在低于－20％到 0 之

间。除了风险投资之外，并购基金也呈现出极广的业绩分布，最好的业绩在 20％至 30％之间，而最差的业绩在－20％至－30％之间（见图 4 - 6）。这意味着私募股权投资基金的投资选择极其重要。

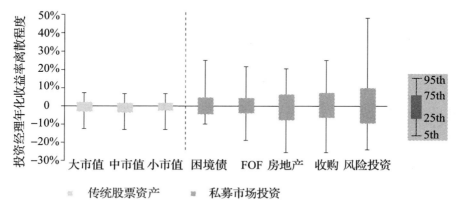

图 4 - 6　私募股权投资与股票投资收益分布比较

资料来源：Vanguard.

（3）与公开市场股票相比，由于资产的非流动性和非盯市制度，私募股权投资的波动率更低。据统计，1990 年到 2018 年美国私募股权指数的年化标准差为 9.5，低于标普 500 的年化标准差（15.2）。

（4）与公开市场股票相比，私募股权投资的风险更为隐蔽和多样，需考量风险调整后的收益。私募股权投资的风险存在于诸多方面，如被投资企业的潜在风险、杠杆风险、非流动性风险、委托代理风险等，因此风险调整后的业绩比较才能体现私募股权基金对投资者的真正价值（Sorensen et al.，2012）。

（二）国内私募股权基金的风险收益特征

相比海外发达市场，中国私募股权投资起步较晚，在数据的期限长度和内容完整度上差距较大。但综合采用清科、Wind 等数据库中的资料，我们还是可以发现中国私募股权投资的一些基本风险收益特征。

（1）以上证综指为基准，私募股权投资基金的收益（扣除费用后）高于公开市场股票投资。2008 年以来，私募股权投资的平均年化收益率接近 8％，比同期上证综指的收益率高出近 1 倍。此外，中国私募股权基金的收益分布比美国等其他市场的私募股权基金分散得多，有更多的极端赢家和极端输家。

（2）在波动率方面，由于国内私募股权基金的收益率数据在公开频率、完整性等方面存在的现实问题，以公开数据为基础难以通过量化手段准确评估私募股权基金的真实波动性。通过公开数据的量化分析可以发现，私募股权投资的波动率远小于公开市场股票，几乎与债券持平，这一现象主要与私募股权基金的非盯市、低频估值等特征相关，仅能作为研究的参考，并不能说明私募股权投资的风险较低。实际上，根据本书编写组的研究，国内私募股权基金的真实波动率要高于公开市场股票。相比发达市场，国内私募股权基金收益的波动性也往往更大，这主要源于我国私募股权投资行业还处于尚未完全成熟的发展阶段。

（3）在相关性方面，过去十年我国私募股权投资与国债指数呈现微弱正相关，相关系数为 0.07，而与上证综指呈现较弱的负相关，相关系数为－0.15。总体来看，私募股权投资与公开市场股票和债券的相关性较低，具有较好的分散风险效果，对于机构投资者构建资产配置组合具有重要意义。

第三节　国内外机构投资者的私募股权投资实践

对于长期机构投资者而言，私募股权投资低流动性带来的收益率溢价，以及其与传统资产类别的低相关性，都使得其成为一类具有较大吸引力的资产。从全球范围来看，大型养老基金和主权基金加大私募股权投资方面的配置已经成为长期趋势，国内比较典型的进行私募股权投资的机构则包括政府引导基金、保险机构、银行理财子公司、社保基金等。考虑到不同机构的监管环境、负债特征、风险偏好和主动管理能力差别较大，其具体开展投资的方式和效果可谓各具特色。

一、国际机构投资者的私募股权投资实践

（一）加拿大养老金计划投资委员会（CPPIB）

CPPIB是全球最具声誉的政府养老基金之一。过去的 20 多年中，CPPIB 的投资范围不断扩大，从最初仅投资加拿大联邦以及各省发行的债券，逐渐扩大到全球股票、政府债券、私募股权、私募债权、房地产、基础设施、自然资源、知识产权等。在投资范围和投资比例方面，CPPIB 另类资产的配置比例显现出不断上升的趋势，从 2002 年开始，CPPIB 持续稳定地加大对另类资产的投资，其中私募股权投资的提升尤为明显：2002 财年底，CPPIB 私募股权投资占总资产比例仅为 3.2%；到 2008 财年底，私募股权投资占比达到 10.9%；2018 年财年，私募股权投资占比突破 20%，达到 20.3%；2020 财年底，私募股权投资占比上升到历史峰值 24.7%。

在投资策略上，CPPIB 通过分散化、投资选择、战略定位三种策略追求私募股权投资的绝对回报和价值增值。在上述三种投资策略的指导下，CPPIB 在私募股权投资领域中开展了一系列较大规模的主动投资。2013 年 9 月，CPPIB 联手美国资产管理公司 Ares Management，通过杠杆收购的方式，以 60 亿美元的价格收购了 Neiman Marcus（美国最大的奢侈品零售商之一）。2015 年 6 月，CPPIB 收购了美国通用电气集团（GE）私募股权借贷部门的大部分业务，交易资产价值超过 100 亿美元，其中包括 GE 的 Antares 资本业务。2018 年 7 月，CPPIB 又和位于硅谷的成长型股权投资公司 TCV 联手以 21 亿欧元（约合 24 亿美元）从私募股

权投资公司 EQT 和某些少数股东手中收购了 Sportradar（瑞士体育数据公司）35％的股权。2019 年 6 月，CPPIB 联合乐高母公司 Kirkbi 与黑石集团收购了全球第二大旅游景点营运公司——英国默林娱乐集团（旗下拥有乐高主题公园、小猪佩奇主题乐园、杜莎夫人蜡像馆等业务），交易价格为 59.1 亿英镑（含默林娱乐债务，约合 75 亿美元）。

CPPIB 自 2007 财年起开始披露私募投资板块的行业投向，从公开数据来看，CPPIB 私募股权投资的主要方向包括可选消费、信息技术和金融服务。在地域分布上，CPPIB 对美国标的的私募投资占比始终位居首位，在多数年份这一比例都高于 50％，2017 财年和 2018 财年更是分别高达 75.3％和 76.0％。

CPPIB 开展私募股权投资的经验主要可以概括为以下几点：一是严守投资纪律，充分发挥比较优势，确保其投资组合的弹性；二是发展先进的数据分析技术，推动更优的投资决策、价值创造，提升投资回报率；三是不断强化私募股权投资部门的主动管理能力；四是培育全球运营思维，提升资源配置的灵活性，并支持整个组织的知识共享。为了保证基金在私募股权投资领域的竞争力，CPPIB 打造了一支全球领先的投资团队，并致力与卓越的外部伙伴进行合作，及时捕捉全球各个市场的投资机会。

（二）新加坡政府投资公司（GIC）

GIC 是新加坡的主权投资基金，也是新加坡最大的国际投资机构，其主要任务是管理新加坡的外汇储备，通过跨国界的海外投资实现基金的保值增值。GIC 成立于 1981 年，截至目前其基金管理规模已经超过千亿美元。

在投资范围上，除了新加坡本国和联合国制裁的国家禁止投资之外，GIC 在投资地域、资产类别及比例方面不受其他限制。为获得更好的分散化效果，GIC 同时投资于公开和非公开市场。在公开市场上，GIC 投资于发达市场和新兴市场的公开市场股票、对冲基金、固定收益证券和现金等；而在非公开市场上，GIC主要投资于有潜力产生长期高实际回报、可促进投资组合多元化的资产标的，包括私募市场投资和不动产投资等。其中，私募股权投资在GIC的投资组合中占有重要地位。在增强投资组合多样性，提供公开市场以外的投资机会的同时，GIC还可以加强对被投资公司的管理运营，进一步实现基金增值。

事实上，在全球大型主权基金当中，GIC是最早投资于私募股权市场的机构之一。从20世纪80年代中期起，GIC就开始投资房地产和私募股权，如今已成为全球最重要的非公开市场机构投资者之一。截至2020财年，GIC已经建立了一个由100多名基金经理组成的私募投资团队。随着管理团队经验的积累，私募股权投资在大类资产配置中的占比也在持续上升，截至2020财年末，私募股权在GIC资产配置中的占比已达13%。在投资方式上，GIC私募股权投资采用直接投资和委托投资相结合的形式。在行业投向上，GIC的私募投资横跨多个行业，重点投向金融服务、商业服务、消费、医疗保健、TMT等领域。比如，其2014年与Insight Venture Partners（专注于科技领域高增长投资的私募股权公司）合作以7.52亿美元收购了世界领先的云教育技术提供商iParadigms；2019年与合作伙伴共同收购了菲律宾最大的私人医院Metro Pacific Hospital；2020年11月与Cinven（国际私募股权公司）宣布，从咨询公司韦莱韬悦手中收购英国保险经纪公司Miller；等等。在地域分布上，早期GIC的投资主要集中在美国、英国、日本等发达市场，20世纪90年代起，随着投资能力的不断提升和投资经验的积累成熟，GIC开始逐渐降低对美国等发达市场的投资比例，逐步提高新兴市场的投资占比。

GIC的私募股权投资主要包含以下几种类别：并购（buyouts）、少数股东投资（minority growth）、首次公开发行股票前投资（pre-IPO）、风险投资（venture capital）和二级市场PE（secondary PE）。GIC一直在努力寻找私募股权投资中的超额回报机会，主要采取的投资策略包括：（1）弹性收入（resilient incomes），即在防御型产业进行投资，如租赁和制造业住房、物流和数据中心、公用事业和基础设施等，获取稳定的租金回报现金流，增强投资组合的抗周期能力。（2）长期主题（long-term themes），即关注金融科技、医疗科技、电子商务等未来前景广阔的长期主题，秉持可持续发展理念开展 ESG 投资。（3）长期合作关系（long-term partnerships），即建立强大的全球合作伙伴关系网络，通过关系网络促进资源整合、资源共享，减少信息不对称从而获取宝贵的投资机会，积极寻求资源为合作伙伴和被投资公司提供增值服务。

（三）加州公共雇员养老金

加州公共雇员养老金（California Public Employees'Retirement System，CalPERS）是美国最大的公务员退休基金，于 1932 年成立于美国加州，是一个以职业（州、市、县政府雇员以及学校的非教师雇员）为加入特征的养老金计划。截至 2020 年 6 月 30 日，CalPERS 的资产规模达到近 4 000 亿美元。

CalPERS 的投资范围十分广泛，包括股票、债券、外汇、衍生品、房地产、私募股权等，截至 2020 年年底，其私募股权投资组合的资产净值约为 308 亿美元，占资产配置的比例约为 7%[①]。虽然相比公开市场股票和债券，私募股权投资占总投资的比例不高，但由于基金整体体量庞大，因此 CalPERS 仍然是私募股权市场一支不可忽视的力量。

在投资策略方面，CalPERS 私募股权投资主要采取五大投资策略：并购（buyouts）、信贷相关（credit related）、风险投资（venture capital）、成长/扩张（growth/expansion）、机会主义（opportunistic）。其中，并购

---

① 数据来源于加州养老基金（CalPERS）网站（https://www.calpers.ca.gov/page/invest-ments/asset-classes/trust-level-portfolio-management/investment-fund-values）。

策略在 CalPERS 私募股权投资中的权重最大，成长投资策略次之。根据 2020 年年底的数据，并购策略在其私募股权投资中占比约 71%，成长投资策略配置占比约 16%，其余为机会主义、风险投资和信贷相关等。在地域分布上，北美区域占基金私募股权投资组合的比重最大，2020 年年底占比约为 70%，欧洲市场配置占比约 22%，新兴市场配置占比约 8%。

2019 年，CalPERS 提出了全新的私募股权投资模式，将私募股权投资板块主要拆分为四大业务：（1）投资混合基金、跟投和独立账户；（2）设立母基金管理公司；（3）设立一家或多家基金，进行风险投资和成长型投资，主要专注于技术、生命科学和医疗保健行业；（4）对部分核心公司进行长期投资。简单来说，与 CalPERS 此前的投资模式相比，新模式在原来的基础上进一步加大了直接投资和跟投的力度，主要目的在于降低管理费用和绩效分成，培养内部团队投资能力，避免过度依赖委外投资，获得更大的投资控制权。此外，CalPERS 还在探索通过借款和股票期货等金融工具采取更为大胆的杠杆策略来进行私募股权投资，以追求更高的投资回报率，在这一新模式下，杠杆比例可能高达基金总规模的 20%。

二、国内机构投资者的私募股权投资实践

相比国际同类机构，国内机构投资者开展私募股权投资的时间较晚，在投资理念、框架和具体操作上还存在较为明显的差距。目前，国内进行私募股权投资比较典型的机构包括政府引导基金、保险机构、银行理财子公司、社保基金等，由于监管约束和自身禀赋的差异，不同类型机构采用的投资方式各具特点。对于政府引导基金而言，一般多采取直接股权投资的方式，购买标的项目的收益权份额或标的公司的所有者权益份额，以股东或合伙人的身份参与项目，通过分红或股权溢价获得收益。

近年来，随着私募股权转受让（S 基金）的兴起，一些政府引导基金也开始尝试 S 基金模式。在完成投资后，除了以出资人身份参与股东会议或者合伙人会议、委派监事或董事等手段外，政府引导基金通常还会设置相应的干预机制，对基金运作保留一定的话语权，包括成为双 GP、加入投决会或管委会、设置一票否决权、设置返投比例等具体方式。

在利率下行和政策引导的宏观环境下，近年来保险机构对私募股权投资的力度持续加大。截至 2021 年 4 月，保险资金私募股权投资 1.05 万亿元，接近全行业资金运用余额的 5%。保险机构参与股权投资主要有两种方式：一是自主开展直接股权投资，例如中国平安、中国人保、中国人寿等大型保险机构都拥有专门的股权投资平台，股权投资通常为满足负债端要求的财务投资，但也有部分投资立足于业务或战略协同；二是委托私募基金管理人进行股权投资，具体为通过出资成为有限合伙人（LP）的方式与知名大型私募股权基金管理人合作开展投资。

对于银行理财子公司，其参与股权投资的方式主要为发行私募理财产品。与保险机构类似，银行参与私募股权投资的方式也分为两种，即直接股权投资和委外投资，其中限于自身直接股权投资力量不足，又以后者为主要模式。由于负债端期限较短，相比其他机构，银行理财子公司对于合作对象的选择要求较高，在资本管理量、成立时间、投资人员配置、历史业绩、风控管理等多方面均有较为严苛的要求。考虑到银行理财子公司进入私募股权投资历史较短，其与私募股权基金的更多合作模式仍在探索中。

总体而言，国内机构投资者开展私募股权投资的主要策略包括投资老牌白马基金、投资新募黑马基金（first-time funds）、投资二手基金、直接进行项目投资或跟投等，不同策略都有各自优势和劣势，机构投资者需要结合自身资金、组织、人员等各方面特征选择最适合的模式。表 4-1 比较了不同私募股权投资策略的优势和劣势。

表 4-1 机构投资者私募股权投资策略比较分析

策略	优势	劣势
投资老牌白马基金	老牌知名头部机构具有品牌优势；基金业绩稳定，风险较低	头部基金管理规模较大，可投资份额可能相对较小
投资新募黑马基金	黑马基金通常在垂直领域重点布局，投资策略更加聚焦；新成立机构的第一只和第二只基金普遍被验证业绩较好	新团队的稳定性有待验证；缺乏过往业绩证明，可依赖的评估信息较少
投资二手基金	接手已运作一段时间的基金二手份额，缩短投资回报周期；LP能够了解已投项目情况，更合理地预估基金收益，降低投资风险；私募市场流动性较差，二手基金转让往往有一定的价格折扣	基金寻找难度较大；底层资产的退出难度大，难以进行准确、科学估值
直接进行项目投资或跟投	能够降低管理费用；项目回报周期短，有助于盘活资金的流动性，保证母基金收益的持续稳定	对行业和项目研究、判断以及投后管理等主动管理能力要求较高

专栏 4-2 社保基金的私募股权投资经验

全国社会保障基金理事会是国内规模最大的专业化投资机构，在私募股权投资方面积累了丰富经验。从2004年开始，社保基金就开始试水股权基金的投资，并于当年投资了中国-比利时直接股权投资基金。2006年，社保基金向国内首只产业基金渤海产业投资基金投资了10亿元。2008年下半年，社保基金以国内第一家可自主投资PE的机构投资者身份，对鼎晖投资与弘毅投资各投资20亿元。经过十多年的积累沉淀，社保基金已经成为国内私募股权投资市场最大的LP，共投资超过40只股权基金，累计认缴出资近千亿元，穿透投资近千个项目，取得了良好的投资业绩。

社保基金的私募股权投资始终坚持市场化、专业化原则，在借鉴国际知名养老金管理机构经验的同时，充分结合中国经济发展阶段和国内股权基金的市场特点，重点投资成长期股权基金，主要经验包括：（1）重视制度和流程体系建设，通过制定专门的投资管理暂行办法，确定对基金和管理人的投资标准和条件，并在投资实践探索中形成了一套完整的投资方法和流程，坚持流程公开透明和集体决策原则，不断强化各环节的风险管控。（2）坚持市场化原则，严格筛选优秀基金管理人。由于私募股权基金具有收益标准差大的特征，因此只有挑选到最头部的基金管理人才能长期获取收益。社保基金长期坚持市场化原则，重点关注市场化团队，注重基金规模、投资策略与团队管理能力的匹配，关注管理团队抵御周期性风险的能力，在长期的投资实践中表现出良好的投资决策和信息判断能力。（3）注重投、管、退平衡，加强主动管理。针对私募股权基金信息不对称程度高和投资期限长的风险特征，社保基金强调 GP 和 LP 的利益一致性，要求 GP 内部具备有效的激励机制，完善治理结构和监督机制。同时，积极要求 GP 提升信息透明度，建立持续跟踪、评价和调整的投后管理体系，防止长周期中可能出现的风险问题。

社保基金的成功经验表明，我国私募股权基金市场存在大量投资机会，若能进行合理有效的资产配置和投资管理，机构投资者就能够实现长期可观的投资收益。

第四节　私募股权基金的配置理念及方法

近几年来，以加拿大 CPPIB、新加坡 GIC 等为代表的国际大型养老基金及主权财富基金，均在逐步提高私募股权投资的配置比例，并取得了良好的投资绩效。作为新的投资工具，相比股票、债券等传统大类资产，私募股权基金的风险收益特征存在显著差异，这对传统大类资产配置模式提出了巨大挑战。如何通过建立长期配置理念，解决好这一特殊大类资产的信息不对称问题，更好地将私募股权基金纳入大类资产配置体系和模型成为资管机构的前沿课题。

一、建立和践行长期资产配置理念

长期配置理念是破解信息不对称问题的有效策略。股权投资基金是一种长周期产品，一方面，单只基金期限较长，一般需要 8 年甚至更长时间的封闭运作；另一方面，GP 往往不会只管理一期基金，而是将持续发起设立多期基金。从国际经验来看，KKR、黑石等国际知名私募股权基金管理人已经有了三四十年的投资经历。

如果把一期基金视为 LP 与 GP 的一次博弈，那么从经典博弈论出发，单次博弈不仅存在高额的交易成本，而且博弈中处于信息优势地位的 GP 很可能会选择"损人利己"的行为以获取短期收益，也就是做出不利于 LP 的决策。但随着博弈次数的增加，博弈参与方就会考虑选择"合作"在未来能产生的潜在收益。如果是无限重复博弈，未来收益就会进一步增大，足以促成双方持续不断地选择"合作"。

在单次博弈视角下，处于信息劣势地位的 LP 难以有效维护自身权益，理性的选择只能是退出市场。但是，若 LP 坚持长期策略，形成与 GP 多期动态博弈的格局，那么首先会提升 GP 与其开展长期友好合作的意愿，有助于实现良性互动；同时，LP 可以与 GP 在长期的交流接触中相互获取更多的信息，LP 会对基金管理团队的演进变化形成理性认识，加深相互的理解和信任，同时也可对风险事件（比如团队解散、关键人士离职）提前预警，很大程度上有助于消除行业中由于信息不对称带来的问题，使双方最终达成长期合作，实现既有利于 LP 又有利于 GP 的长期动态均衡。

重复博弈是克服道德风险的有效手段。构建有效的重复博弈环境，必须依靠两点：其一是参与方"以牙还牙"（tit-for-tat）的一致预期，即如果 GP 违约则会遭到 LP 的惩罚，LP 可以建立 GP 黑名单制度，发现严重违规的 GP 则列入黑名单，终止后续合作；其二是长期博弈的一致预期，比如 LP 可以建立公开透明的 GP 白名单，白名单中都是以往有过良好合作的 GP，每一次投资都优先考虑白名单内的 GP。在这样的重复博弈环境下，参与双方就可能更好地履职尽责，降低道德风险。对于复杂程度较高、信息不对称严重的私募股权基金，只有坚持长期主义，LP 才能在多期重复博弈中达到与 GP 的合作均衡。

作为市场的资金源头，LP 不仅要立足于长期视角认识私募股权投资的风险收益特征，更要在投资之后的合作中与 GP 开展长期互动。LP 投资完成后，对底层资产的投资主要依赖 GP 的专业技能，但 LP 投资股权基金后，实际也需要参与到基金的运作中。一方面，投后管理的诸多事务需要 LP 做决策，比如基金延期，虽然 GP 有权利提出延期申请，但最终延期的决定需要 LP 大会表决通过。LP 只有在长期实践中积累经验，才能在下一次遇到类似事件时做出最有利于维护自己利益的选择。另一方面，"路遥知马力，日久见人心"，主动识别 GP 在长期合作中暴露出的信号特征，有利于 LP 筛选出值得继续合作的优秀 GP。

LP 与 GP 的长期良性互动，不仅有助于克服私募股权基金行业严重的信息不对称带来的问题，使 LP 可以全面准确地认识私募股权基金的风险收益特征，为其构建符合自身资产配置要求的股权基金投资组合奠定基础，还有利于 LP 与 GP 在投后实现良好合作，充分获取投资回报，形成 LP 投资有收益、GP 募资不困难的良性循环。

二、股权投资基金的资产配置策略

由于底层资产在性质和流动性上的差异，对股权投资基金的配置和投资无法直接套用传统公开市场的投资策略和组合理论。但是随着实践经验的总结和投资管理能力的提升，大型机构投资者逐步摸索出一条特殊的投资策略，即将股权基金行业按照投资阶段、地域、行业等进行分类，以此为基础对股权投资基金进行自上而下的组合构建，形成投资阶段、投资主题灵活搭配的配置策略。

在资产配置实践中，战略资产配置（strategic asset allocation，SAA）方面，传统的资产配置数量模型（如均值-方差模型及其改进模型）在私募股权基金的资产配置方面存在较多难点。对私募股权基金的风险收益特征的认识对模型的参数和结果都至关重要。战术资产配置（tactical asset allocation，TAA）方面，私募股权基金的"项目制管理"和"非流动性"给配置执行的灵活性带来了很大的挑战。如何更好地协调配置目标、流动性与项目进度之间的关系，是各类资管机构都迫切要解决的难题，而传统的战术资产配置框架和方法已不能适应这一需要，在此背景下，参考组合（reference portfolio）模式应运而生。

参考组合模式是一种与传统资产配置模式迥异的新型资产配置方法。在传统的资产配置中，通常先设定投资目标，然后以战略资产配置为核心，辅以战术资产配置做均衡调整和再平衡，前者属于长期战略，投资期限一般在 5～10 年，后者属于短期策略，投资期限一般在 1 年左右。参考组合模式则在基金投资目标的基础上，首先构建由低交易成本、高流动性、可跟踪、可交易的公开市场资产价格指数合成的总组合（即参考组合），作为基金的风险标杆和整体投资基准；之后，在该组合基础上引入另类资产（如私募股权基金）构建战略性组合，实现组合风险收益特征的进一步优化，另类资产与参考组合中的公开市场资产指数之间具有固定的映射关系，使得战略组合与参考组合的风险水平保持一致；最后，基于短期市场观点、主动管理和投资进度形成战术性组合。

参考组合的模式最早由 CPPIB 于 2006 年提出并应用。由于资金性质、管理规模、投资理念等方面的不同，不同资产管理机构在具体应用参考组合模式时会表现出一些差异，包括参考组合的基础资产、功能范围（仅反映风险偏好还是用于主动投资基准）、风险约束（主动投资能在多大程度上偏离参考组合）以及投资流程（如何将参考组合转化为实际组合）等方面。表 4-2 展示了若干机构投资者参考组合模式的差异。

表 4-2 各类机构投资者参考组合模式的差异

项目	加拿大 CPPIB	新西兰 NASF	新加坡 GIC	挪威 GPFG	中投 CIC
基础资产	包括股票和债券两大类资产	包括发达市场股票、新兴市场股票、新西兰股票和全球固定收益四类资产	包括股票和债券两大类资产	包括股票和债券两大类资产	包括股票和债券两大类资产
功能范围	代表基金投资组合长期的风险偏好和总风险水平	反映新西兰超级年金长期风险偏好，用于衡量主动投资的基准	作为新加坡政府确立的长期风险承受度的衡量基准	反映基金的长期风险偏好	反映中投公司长期风险偏好，用于衡量主动投资的基准
风险约束	整个投资流程需要锚定参考组合的风险	实际投资组合的风险可以和参考组合之间有较大的偏离。实际投资组合收益率需在参考组合收益率正负三个标准差之内	整个投资流程需要锚定参考组合的风险	实际投资组合的风险可以和参考组合之间有较大的偏离，但预期相对波动率要小于 1.25%	整个投资流程需要锚定参考组合的风险

续表

项目	加拿大 CPPIB	新西兰 NASF	新加坡 GIC	挪威 GPFG	中投 CIC
投资流程	参考组合和实际投资组合之间增加了战略组合、目标组合	参考组合无缝对接实际投资组合	参考组合和实际投资组合之间增加了政策组合和主动组合	参考组合和实际投资组合之间有可操作参考组合、实际基准组合	参考组合和实际投资组合之间增加了三年政策组合与年度政策组合

三、参考组合模式存在的现实问题

相比传统的"战略-战术资产配置"模式，参考组合模式的优势主要在于提供了一个透明的投资基准。作为解决资产配置不足的一种途径，参考组合模式在国内有一定的应用可行性，但也存在一些显著问题，并不适用于所有资产管理机构，其有效应用依赖一些特定的环境和条件。

首先，参考组合模式对包括配置执行、产品设计、绩效考核等在内的整套制度体系提出了更高的要求，其要求基金的管理体制具有足够高的市场化程度和足够强的灵活性，比如相对独立的组织架构一方面可以让基金在投资管理中保持自主性，充分发挥灵活性强的优势，另一方面可以通过市场化的薪酬架构吸引优秀的投资人才，发挥主动管理的优势，但国内大型机构投资者普遍尚不具备这一条件。

其次，参考组合模式要求基金的投资范围足够灵活，尽量不设置投资限制。在以参考组合为核心的投资体系中，实际投资组合只需要满足参考组合的整体风险敞口要求即可投资参考组合以外的资产类别或投资策略。因此，参考组合模式普遍适用于采取审慎监管体系的资产管理机构。

再次，参考组合模式客观上也要求基金的投资期限足够长，真正做到长期投资，能够保证投资比例在设定之后保持长期的稳定性。而从实际操作来看，对于可预期的、较长期的配置偏离，相比参考组合模式，直接通过传统模式调整战略和战术资产配置计划能够更加真实有效地反映配置目标。

最后，在实际应用中，参考组合模式要求在不同私募股权基金与股票、债券之间建立准确的映射关系，这一工作难度较大，如存在较大偏离则反而不利于提升资产配置效果。另类投资的特性决定了其缺乏传统资产的有效定价机制，市场上也没有平均收益率和被动指数工具，私募股权基金市场类别复杂多样，市场形势变化较快，对其风险收益特征的科学量化和有效跟踪存在极大难度，因此，这一模式下，往往难以准确刻画不同类别私募股权基金的资产特征，形成的替代组合难以抵消配置缺口产生的偏差。

总之，参考组合模式是私募股权基金等另类投资可借鉴的新兴前沿配置模式，国外主流机构已经有了一定的成功实践，但国内机构在具体应用过程中还存在不少难点问题，包括投资基准的确定和调整、私募股权资产的映射关系、考核评估等。因此，对参考组合模式不能机械地照抄照搬，需要结合国内机构自身的特点，在实践中逐步探索适宜的资产配置模式。展望未来，随着国内私募股权投资行业和资产配置逐渐发展成熟，将私募股权基金纳入资产配置体系的难题必将得到有效解决。

第五章

机构投资者投资私募股权基金

近年来，私募股权基金迅速发展，但也存在投资者保护有待完善、市场上的"长钱"不足等问题。本章第一节对市场近况特别是存在的问题进行了分析，可以为国内资产管理机构投资私募股权基金提供借鉴。第二节、第三节和第四节分别阐述了机构 LP 在构建投资组合、开展尽职调查和签署合同三个环节应该如何有效地开展工作，并通过专栏形式介绍了国内知名机构 LP 的投资实践。

第一节　市场近况及存在的问题

一、私募股权基金市场近况

经过二十多年的快速发展，特别是"十三五"期间私募股权基金规模增长了 181％之后，截至 2020 年年末，我国已备案私募股权基金（包括创业投资基金）39 800 只，资产规模合计 11.56 万亿元，私募股权基金已从小众而另类的"舶来品"概念逐步成长为我国金融体系中不容忽视的重要部分。与此同时，我们注意到，截至 2020 年年末，登记在册的私募股权基金（包括创业投资基金）管理人共 14 986 家，备案基金数量39 800 只，单只私募股权基金的平均规模仅为 2.90 亿元。我国机构 LP 面对的是一个快速发展但需要进一步优化提高的私募股权基金市场。

对比海外以家族办公室和各类养老基金等为主的 LP 结构，我国私募股权基金 LP 结构独具特色。据基金业协会统计，2020 年，我国私募股权投资市场 LP 累计出资额达 10.92 万亿元，投资者累计包括 45.94 万家机构及个人 LP。从出资规模上看，2020 年年末，我国股权投资市场 LP 以企业（包括境内法人机构、境内非法人机构、管理人跟投）、资管计划、政府资金（政府类引导基金、财政直接出资）为主，分别累计出资 6.03 万亿元、3.25 万亿元、0.34 万亿元，分别占比 55.22%、29.79%、3.08%，合计占比达 88.09%。截至 2020 年年末，约 30.45% 的私募股权投资基金全部由机构投资者出资，占全部规模的 78.47%。整体来看，LP 数量巨大、企业 LP 出资占据主要地位是近年来我国私募股权基金 LP 市场的主要特点。

二、投资者保护有待进一步完善

近年来，私募股权基金监管政策在投资者保护方面持续发力，这个方向是正确的。监管的重心有必要向投资者保护进一步倾斜。投资者适当性管理，是夯实投资者保护的第一步，也是最关键的一招。与此相适应，监管政策在合格投资者认定方面进一步强化"私募姓私"，既有利于私募股权基金行业的发展，也有助于保护投资者、防范化解金融风险。

中国证监会 2014 年发布的《私募投资基金监督管理暂行办法》对合格投资者的界定是："具备相应风险识别能力和风险承担能力，投资于单只私募基金的金额不低于 100 万元且符合下列相关标准的单位和个人：（一）净资产不低于 1 000 万元的单位；（二）金融资产不低于 300 万元或者最近三年个人年均收入不低于 50 万元的个人"。关于合格投资者的认定，《私募投资基金监督管理暂行办法》第十六条规定，私募股权基金管理人和销售机构"应当采取问卷调查等方式，对投资者的风险识别能力和风险承担能力进行评估，由投资者书面承诺符合合格投资者条件；应当制作风险揭示书，由投资者签字确认"。因此，关于合格投资者的认定，私募股权基金管理人和销售机构只负有开展形式审查的义务，即只需要求投资者承诺自身符合合格投资者条件，而不需要对投资者的承诺是否属实进行核查。

在实际运作中，私募股权基金的投资者适当性管理较大程度地依赖管理人运用专业能力充分揭示投资风险和有效评估风险承受能力。部分私募股权基金管理人因专业能力有限或受利益驱动，只重视形式上的合规，并没有严格执行合格投资者标准。一些管理不规范的机构，打着私募股权基金的旗号，向缺乏足够风险承受能力和专业投资知识的投资者募集资金，一旦出现投资亏损，将造成严重不良社会影响。

对于合格投资者认定不严乃至造假、突破或变相突破投资者数量限制等违法违规行为，监管部门必须进一步加大处罚力度，切实解决"伪私募、类私募、乱私募"等突出问题，促进行业规范健康发展。

专栏 5-1 "私募公募化"问题

私募股权基金私募性质的重要基石是投资者适当性管理，并具体体现为合格投资者管理。从监管规定看，我国私募股权基金的合格投资者认定程序是较为严格的。但是，近几年，仍有部分不合规的私募股权基金通过各种形式突破或绕过合格投资者要求，直接或变相向非特定投资者募集，进而出现"私募公募化"乃至"伪私募、类私募、乱私募"的现象。各地证监局曾多次对此类违法行为实施行政监管措施。

总的来看，主要是合格投资者认定程序的三个步骤中出现了问题。一是通过宣传单等无法设置特定对象认定程序的途径进行募集，构成"公开宣传推介"，例如大连证监局对大连中盈佳和资产管理有限公司出具警示函，主要是因为其存在通过发放宣传单的方式向不特定对象宣传推介的情形。二是投资者不满足合格投资者的基本前置条件，构成"向非合格投资者募集资金"，例如深圳证监局对深圳前海汇能金融控股集团有限公司给予罚款 3 万元的行政处罚，主要是因为其存在向投资者杨某、熊某分别募集资金 50 万元的情形。三是合格投资者穿透核查不严格，变相突破合格投资者人数上限，构成"向非合格投资者募集资金"，例如厦门证监局对厦门卓诺投资管理有限公司采取责令改正的行政监管措施，主要是因为其未按照要求开展穿透核查。

　　无论从媒体报道看，还是从监管处罚的情况看，我国私募股权基金行业的"私募公募化"现象较为突出，部分中小型机构尤为明显。我国私募股权基金行业从 20 世纪 90 年代开始真正起步，在较短的时间内实现了高速发展，难免存在从业机构注重规模而不重视质量、管理粗放而专业性不足的情况。随着行业逐步转向高质量发展，注重投资者适当性管理的专业化基金管理人将逐步形成竞争优势，从而推动行业优胜劣汰，形成合规经营的良好氛围。同时，由于私募股权基金的上位法不清晰，监管部门的处罚权较为有限，对"私募公募化"的违法违规行为的处罚措施局限于警示、责令改正、罚款等，不利于"扶优限劣"和加速违规机构的出清，使得行业内对合格投资者认定的重视程度不足。

三、募资市场缺少真正的"长钱"

　　资金端方面，"募资难"可能是我国私募股权基金行业长期面临的严峻挑战。参考海外私募股权基金行业的资金来源结构，养老基金、高净值人士、保险资金与私募股权投资的性质最为契合，是真正的长期资金来源，是投资私募股权基金的主力。企业基金，除了规模巨大的跨国企业，如苹果、IBM 等，很少投资于私募股权基金。根据美国证券交易委员会 2020 年私募行业统计数据，各类养老金计划在私募股权投资基金中占比 29.3%[①]，构成了私募股权基金最重要也最稳定的资金来源。我国

---

　　① 数据来源于美国证券交易委员会网站（https://www.sec.gov/divisions/investment/private-funds-statistics.shtml）。

私募股权基金行业由于发展时间短、公开的数据资料和相关研究欠缺、相关中介机构发育不完善等原因，养老金等长期资金不敢轻易进入私募股权基金投资行业。目前 LP 的资金来源主要包括政府引导基金、保险资金、社保基金、母基金、高净值个人、工商企业富余资金、银行理财资金等。缺少真正的"长钱"是我国私募股权投资行业发展受限的重要原因之一。

（一）养老金和捐赠基金

养老金是美国私募股权投资基金的重要资金来源，例如，截至 2020 年 7 月底，美国加州公共雇员养老金（CalPERS）投入私募股权投资的比例约 7%，近年来还有逐渐提高的趋势。在人民币私募股权基金市场上，根据《基本养老保险基金投资管理办法》，基本养老保险基金尚不能投资于私募股权基金。从理论上分析，私募股权基金具有分散投资、专业运作的特点，能够通过将资金配置于多个项目分散投资风险，借助基金管理人的专业能力努力获取更高的投资收益。因此，私募股权基金具备被纳入基本养老保险基金投资范围的可能。

美国的捐赠基金，如耶鲁大学教育基金会，也有较高的比例投资于私募股权基金等另类投资领域。我国高校教育基金会起步较晚，规模小，经验少，处于发展起步期。尽管已经有部分高校教育基金开始涉足私募股权投资，如清华大学教育基金会投资了鼎晖投资、高瓴资本、清科母基金等，但总体上看，高校教育基金开展私募股权投资的机制仍不健全，投资规模比较小。

（二）金融机构

银行业和保险业机构是我国金融体系的主要组成部分，资产规模庞大，也是私募股权投资资金的重要来源。

目前，我国三大政策性银行都在私募股权基金领域进行了布局。国家开发银行下设子公司国开金融参与私募股权投资业务，投资了国家集成电路产业投资基金、中比基金、国创开元母基金等。中国进出口银行发起设立了中国-东盟投资合作基金、中非产能合作基金等多只服务于"一带一路"主题的私募股权基金。中国农业发展银行发起设立了中国农业产业发展基金、现代种业发展基金等，政策引导属性较强。

商业银行方面，《商业银行法》第四十三条规定，商业银行不得向非银行金融机构和企业投资。因此，商业银行参与市场化股权基金投资主要有两条路径：一是用自有资金投资，但需报中国银保监会等监管机构批准，同时要求按照1 250％的风险权重计提资本占用，投资总额受资本总额制约。二是使用银行理财等资管产品资金进行投资，但根据"资管新规"，投资人需要具有相应的风险承受能力，且资管产品要与所投资产期限匹配。近两年来，商业银行下设的理财子公司，正在通过创新产品设计、提升主动管理能力、加强投资者教育等方式，尝试开展私募股权基金投资业务，但还处于摸索阶段，市场反应有待时间检验。

保险资金具有长期性的特点，适合进行私募股权投资。根据中国银保监会的统计数据，截至2019年年底，保险资金运用余额已突破18万亿元。但保险资金投资私募股权领域有较为严格的限制，真正能够拿到保险资金的GP管理人很少。按照《保险资金投资股权暂行办法》和《保险资金投资股权管理办法（征求意见稿）》的有关规定，保险资金可以投资于私募股权基金，但需满足一定的实质性的条件和限制。比如，要求发起设立并管理私募股权基金的投资机构注册资本不低于1亿元，管理资产余额不低于30亿元；具有稳定的管理团队，拥有不少于10名具有股权投资和相关经验的专业人员，基金认缴规模不低于5亿元；等等。再比如，投资额度方面，投资股权投资基金等未上市企业股权相关金融产品的账面余额，不高于保险公司上季末总资产的4％，投资未上市企业股权的账面余额不高于保险公司上季末总资产的5％，两项合计不高于保险公司上季末总资产的5％。总体来看，保险资金在私募股权基金领域的投资比例偏低。

（三）政府投资基金、母基金和国有企业

政府投资基金和国有企业是有中国特色的私募股权投资市场参与者，占有较大比重。然而国资参与的基金多带有政策导向，尤其是规模较大的政府引导基金，其设立目的一般是促进产业结构调整、带动地方经济发展，因此面临诸多投资限制。地方政府引导基金一般都会通过返投比例的要求对子基金的投资地域加以限制，部分政府引导基金还会对子基金的投资领域加以限制。

我国母基金行业还处于发展初期，纯市场化的母基金面临双重收费的问题，在国内定位尚不清晰，也有较大的募资困难。国有资本主导的母基金，与政府引导基金类似，大多带有政策导向，其管理运作有待进一步优化提升。

国有企业在投资股权投资基金方面受《有限合伙企业国有权益登记暂行规定》《关于中央企业加强参股管理有关事项的通知》等多项政策约束。这些政策文件要求参股投资应坚持围绕主业，维护国有资产权益，严防国有资产流失。在大力整治部分央企参股投资决策不规范、国有股权管控不到位等问题的大背景下，国有资本投资和退出均面临审批流程较长、效率低下等问题。

（四）民营企业和高净值个人

一方面，在私募股权基金的前期发展中，民营企业和高净值个人的资金是支持其发展的主要资金来源。随着私募股权基金规模不断扩大，能够持续大额出资的企业和个人很少。另一方面，这些资金在投资后往往急于见到收益，比较短视。随着实践发展，基金管理人也意识到，基金中个人投资者比例过高容易造成在某些基金事务上难以达成一致，并不利于基金发展。

个人投资者参与股权基金市场的一个重要障碍是投资私募股权基金

的税率偏高：合伙制基金的税率为边际最高税率 35％（由于 50 万元门槛较低，综合税率接近 35％），公司制基金的税率为 40％（25％的企业所得税和 20％的个人所得税）。高税率也让很多个人投资者对私募股权基金投资望而却步。

当前经济下行压力下，募资端的一个新问题是 LP 出资违约概率正在上升。LP 的出资对于私募股权基金的投资行为、日常经营都会产生关键性的影响。LP 出资违约有很多原因，其中最为主要的原因之一就是流动性紧张。市场流动性趋紧时，往往容易导致 LP 资金紧张，进而诱发出资违约。

专栏 5 - 2　我国私募股权母基金发展状况及面临的挑战

私募股权投资母基金，即通过对私募股权基金进行投资，从而对其所投资的项目公司进行间接投资的"基金的基金"。私募股权投资母基金起源于 20 世纪 70 年代的美国，最初是股权基金公司为方便销售旗下基金和其他关联基金而设立的一种基金捆绑销售方式，本质上是基金产品的资产组合。过去 20 多年间，美国母基金行业发展迅猛，行业规模从 20 世纪 90 年代初期的十亿美元的量级迅速攀升到目前的万亿美元的规模，母基金成为私募股权基金最重要的资金来源之一。

随着我国私募股权投资行业的发展，产生了一大批投资风格各异的基金管理人，为母基金提供了丰富的配置选择。政府引导基金在运作方式上也具备母基金的特征，从广义上看也可将其纳入母基金的范畴之中。根据母基金研究中心发布的《2019 年中国母基金全景报告》，截至 2019 年年底，中国共有母基金 309 只，其中市场化母基金 72 只，总管理规模 5 398 亿元；政府引导基金 237 只，总管理规模 19 126 亿元，政府引导基金规模约占母基金行业的 78％，处于绝对主导地位，成为中国母基金市场发展的一大特色。国有资本主导的母基金主要包括国投创新管理的国有企业改革基金等，民营资本主导的母基金主要包括歌斐资产母基金等。

在迎来较好发展机遇的同时，我国的母基金行业也面临着一些挑战，使 LP 在完善母基金资产配置策略方面存在较大困难。

一是母基金市场的专业人才比较稀缺。与私募股权基金和风险投资基金一样，母基金的运作管理需要很强的专业投资能力和丰富的管理经验，对人才的专业性要求较高。但国内母基金行业刚刚兴起，专业化人才比较稀缺，市场化的激励约束机制还不健全，需要构建良好的企业文化、培训体系，健全严格的投资纪律和内控制度，吸引、培养并留住人才。

二是母基金还需要在结合国际经验的基础上根据我国的现实情况，不断调整优化资产配置策略。随着 LP 更加多元化、专业化，母基金管理人需要提升自身能力，不断调整投资策略，更好地满足不同 LP 的需求。

四、基金规模分化严重

在私募股权基金募资方面，与募资难同时存在的另一个重要特征是部分头部基金的规模越来越大。根据清科研究中心统计数据，2019 年，规模在 5 亿元以上的基金数量在私募股权投资市场仅占 21.8%，却募集了整个市场 85.7% 的资金。头部基金规模越来越大，客观上是私募股权基金行业优化调整的结果，一些投资管理能力低下的 GP 逐渐退出市场，LP 更愿意投资于大型的优质 GP。但我们也要看到，头部基金规模偏大容易造成 GP 与 LP 之间利益一致性问题，主要涉及三个方面：

第一，募集规模过大可能使基金运营从价值挖掘模式转变为管理费模式，GP努力提升业绩的动力可能会被削弱。GP的收入可分为管理费和收益分成两个部分，其中管理费与基金规模密切相关，而收益分成主要看团队的投资业绩。在私募股权基金发展的早期阶段，基金规模普遍较小，GP为了最大化自身利益极为看重收益分成，有足够大的动力通过研究、挖掘、投资高回报项目获取更多的收益分成。目前，国内一部分基金管理人开始募集超大规模基金，在管理费绝对金额已经很大的情况下，GP努力提升业绩的动力可能会被削弱。

第二，GP跟投应以自有资金为主，但基金募集规模过大，GP可能考虑使用剩余的管理费等其他办法筹集跟投资金。以10亿元的人民币基金为例，管理费率按2%计，即每年2 000万元，覆盖人员基本工资、办公楼租金、差旅费用等之后，所剩无几，跟投比例虽小，但需要GP团队成员自掏腰包，GP也有很强的动力做好业绩，以期后续募集新基金。随着基金规模扩大，比如达到100亿元，管理费率仍为2%，即每年2亿元，但人员基本工资、办公楼租金、差旅费用等支出不会同步扩大，扣除之后还有较多剩余，可以用于GP跟投，相当于GP没有真正投入自有资金跟投，从而不利于发挥收益分成的激励作用。

第三，实践中一个比较突出的问题是，在超大规模基金运作中，管理团队常常利用一个注册资本较小的有限责任公司担任GP，造成GP的无限连带责任无法穿透有限责任公司这一法律实体。对于一只规模达上百亿元的基金，如果最终承担无限连带责任的是一个注册资本金仅为千万元级别、实缴资本更少的有限责任公司，就会导致GP对无限连带责任的实际承担能力不足。如果在基金治理层面不能解决好这一问题，那么在风险来临时，LP与GP之间将爆发严重的利益冲突，基金信义义务就无法落实，从而动摇行业发展的根基。

对头部基金规模过大带来的问题，机构LP要努力通过科学合理的投资流程和设计严密的合同条款予以解决，要着力提升GP与LP的利益一致性，鼓励要求 GP 勤勉尽责。同时，还要下大力气加强投后管理，及时掌握私募股权基金投资运营情况，果断采取有效措施，在合伙协议和附属协议的框架内，有效地捍卫 LP 的利益。

第二节　构建股权基金投资组合

从行业高质量发展的角度看，私募股权基金更适合资金规模较大、久期较长、对短期流动性需求较低的专业机构投资者和具备行业认知、风险承担能力较强的高净值个人进行投资。本节主要从机构 LP 的角度讨论股权基金投资组合的构建过程。高净值个人构建股权基金投资组合的过程与之类似，事实上有一部分高净值个人是以组建家族办公室的形式进行投资的，其运作管理与机构 LP 趋同。

一、投资流程及投资标准概述

机构 LP 对一只基金的投资需要经历必要的决策流程。完整的投资管理流程包括前期接触、纳入储备库（白名单）、立项、尽职调查、合同谈判、投后管理、投资退出等环节，但各环节的精细度、颗粒度会因各家 LP 的机构化和专业化程度差异而有所不同。同时，规范的 LP 应及时制定针对私募股权基金的投资管理制度及相关内部控制流程，确定筛选股权基金和管理人的标准和条件，明确投资流程、投后管理和退出、内部具体管理职责等各方面内容，建章立制促进投资规范化。

在开展私募股权基金投资工作时，机构 LP 要建立一套较为成熟的筛选股权基金的标准，这是获得较高投资收益的基石。具体投资标准应包括但不限于以下内容：须符合监管部门批准的投资范围；具有与投资风险相匹配的预期收益水平；拟投股权基金要具有明确的募集方案，主要涵盖管理人和核心团队的基本情况，良好的基金治理结构、投资人结构、风险控制和激励约束机制，明确的投资策略和合理的基金期限，合理的收益分配和管理费收费机制，良好的历史业绩等。

在筛选基金管理人的条件上，总体来看，市场上主流的机构LP普遍关注团队、策略、业绩三大方面。团队方面，LP要注意投资团队的有关情况，团队要具有良好的治理机制、有效的激励约束机制和完善的业务操作流程；团队成员应具有良好的专业能力、市场信誉，稳定的合作历史和较好的历史业绩；团队应能够在提供顾问服务、共同投资等多方面与LP建立长期稳定的战略合作关系；等等。历史业绩方面，在相同的投资策略下，团队在重要指标上应有突出表现，比如较高的投入资本总回报倍数（TVPI）、内部收益率（IRR）、投入资本分红率（DPI）等。如果是新组建的团队，那么就要审视团队成员以前的业绩。投资策略方面，行业有周期性，趋势变化快，策略要结合宏观经济环境适时调整，整体而言要符合国家政策导向，但也不能一味地追求风口、追捧热点。

随着时间的推移和经验的积累，结合市场中募投管退各环节存在的问题，LP的投资标准也在逐渐丰富和完善，例如增加了对退出业绩是优是劣，团队是否具备专业性、专注性、稳定性和独立性，是否建立了市场化激励机制等多方面因素的考察。在当前募资环境下，LP普遍提高了对基金募集情况的重视程度，关注其他LP的资金性质、投资诉求、持续出资能力、特殊权利（如地方引导基金要求的返投比例）等。近年来基金越募越大，基金规模与管理能力是否匹配也应当成为LP对GP的重点考察内容之一。

以国内股权基金市场上比较知名的人民币机构LP社保基金为例，经多年摸索，其投资团队已形成了较为成熟的投资股权基金的流程和相关要求。投资流程上，对于有意向社保基金募资资金的股权基金管理人，投资团队会在长期深入接触的基础上择优纳入储备库,并根据资产配置计划优中选好地推进党组会前置审议、项目立项、尽职调查、合同谈判等相关工作。在投资标准方面,为了防范风险,投资团队会控制投资集中度,在单只市场化股权基金中设置出资比例上限。在投资时,投资团队会充分利用前期基金合作中的信息,重点关注以下方面:(1)前期基金投资策略执行、收益及退出情况;(2)前期履行基金协议情况,如对涉及利益冲突和关联交易的事项的处理、投资人利益保护机制及信息披露机制是否得到较好执行;(3)本期基金已投项目情况,已投项目应根据行业特征分析其主要业务及成长性、财务状况、退出计划及预期回报等;(4)本期基金储备项目情况,拟投资金额一般为基金目标规模的20%~30%,其中已进入尽职调查或投资决策阶段的项目应占一定比例。对于储备项目,在尽职调查阶段都要仔细研究,考察其是否与基金投资策略相符合,避免GP"说一套做一套"的现象发生。

二、构建科学评价体系

为了完成私募股权基金组合的构建,LP需要构建一套科学的评价体系,不仅用于对储备库中的私募股权基金进行全面深入的分析,而且用于对其开展尽职调查。

由于底层资产的非标性质和流动性的差异,对私募股权项目的投资无法直接套用传统公开市场投资策略和组合构建理论。连续交易数据的缺失,导致私募股权投资的风险收益特征很难通过传统资产配置理论中的均值、方差等指标直观刻画,亦很难利用单一指数(如夏普比率、特雷诺指数、信息比率等)进行衡量。我国的私募股权投资市场还处于初级发展阶段,信息不对称问题尤为严重,进一步增加了LP全面准确评价GP以及构建投资组合的难度。分析国内市场上成熟机构LP的做法,我们认为应该从定性与定量相结合的角度出发,构建关于私募股权基金的评价体系。定量分析主要用于评价私募股权基金管理人的历史基金业绩，定性分析主要用于评价无法量化的募投管退等环节中体现出来的基金管理人的能力。

（一）全面设置量化业绩指标

私募股权基金的绩效评估量化指标繁多，目前行业内尚未有统一的业绩评价体系，LP 在衡量私募股权基金管理人的历史基金业绩时往往需要综合使用多个指标进行考察。常见的指标包括 IRR、DPI、TVPI 等。近年来，越来越多的机构 LP 意识到，几年前 GP 在募资时炫耀的 IRR，有一些成为了难以兑现的纸面财富。人民币基金的 LP 面临着前所未有的流动性压力，DPI 也随即超越 IRR 成为 LP 们最关注的指标。目前，成熟的机构 LP 会通过穿透底层资产来全面分析基金的 IRR、TVPI、DPI 等业绩指标。在具体实践中，机构 LP 往往会要求向其募资的 GP 提供全部的历史基金业绩，包括各基金成立年份、基金规模、项目投资情况、基金退出情况等；在项目投资信息中，会要求 GP 提供项目投资时间、投资金额、投资角色（领投还是跟投）、投资收益等信息。客观上，因不同 LP 投资金额不同，GP 愿意提供的信息也会有很大差异，大的机构 LP 往往能拿到更为充分的信息，规模较小的 LP 无法拿到全部历史基金的业绩信息，但至少应该要求 GP 提供类似投资策略下的往期基金的全部业绩信息，否则很难对基金管理人的往期基金业绩进行全面深入的分析。

总的来说，私募股权基金业绩评估是一项复杂度高、综合性强的工作，依靠任何单一指标进行判断都具有局限性，往往都不能反映 GP 真实的投资管理能力，对处于不同生命周期的历史基金业绩，LP 应综合使用多种不同的评价指标。

（二）定性评价指标必不可少

业绩是评价基金的可量化标准。在业绩之外，LP 对 GP 进行评估时，还需要加入非量化指标。事实上，定性分析水平的高低，决定了机构 LP 的投资能力。

从获取投资收益方面来说，LP 可以从投资策略执行、投后增值服务和投后管理等方面设置定性指标。比如，基金投资的年份、地域、行业、阶段等是否明显偏离募集说明书；投后管理方面是否设置了专门团队，采取了哪些措施，执行效果如何等。

在防控风险方面，全面科学地设置定性评价指标能使 LP 全面认识GP 的管理团队，对团队的稳定性形成准确的预判。这些指标主要包括：（1）管理机构和团队架构情况，如管理机构战略定位及调整、关键人士履职、合伙人层面工作状态、副总裁以上人员调整变化、市场声誉等，市场化程度及激励机制；（2）协议执行情况，如关联交易、利益冲突事项是否提交基金咨询委员会审议，是否及时处理了 LP 违约事件，是否按协议进行了提款和分配；（3）前期投资人介绍的定期信息披露情况，如基金估值和审计是否规范，年报、季报、定期报告或报表是否按要求及时提供等；（4）各类会议质量及情况，如是否按规定召开了各类会议，会议的质量如何；（5）是否发生了重大风险事件，后续处理情况如何；（6）人员交流和沟通，如是否搭建了健全的投资者关系团队并安排专人对接，对 LP 需求的反馈速度和质量如何，是否与 LP 定期分享行业观点等。

当前市场上，很多 LP 也将 GP 能为 LP 提供的投后服务作为重要的考核指标，比如是否能提供跟投机会、是否开展专户投资等。实际上，随着市场的发展，LP 与 GP 的关系不断深化和多元化，由盲池基金起步，到多产品组合，到基金投资＋跟投、专户投资，再到定制化产品，甚至还可能发展到共同开发新产品。凡是能为 LP 提供战略合作的 GP，大部分都会受到 LP 的青睐。

专栏 5‑3　机构 LP 私募股权基金评价实践

在当下的私募股权投资募资寒冬期，资金的长期稳定对于行业未来发展尤为重要。作为国家的战略储备基金，社保基金无长期负债，短期内也无支出需求，与长期权益类投资性质匹配，是市场中的重要参与者。社保基金建立了较为全面的、定性与定量相结合的私募股权基金评价体系。

在对私募股权基金进行业绩评估时，投资团队构建了较为全面的评价体系，针对基金所处的不同阶段设置了不同的关注指标。对于处于投资期的基金，以 TVPI 为主，以 NIRR（Net IRR，净内部收益率）、DPI 为辅。这一阶段的基金对外投资，现金大量流出，NIRR 普遍为负，除非有股利分红，DPI 一般为 0，不应作为主要评估指标。对于处于退出期和延长期的基金，该阶段基金已结束对外投资，有一定的投资收益并向 LP 分配，NIRR 大幅度提升，一般以 NIRR 作为参考指标评估基金，同时兼顾 DPI 和 TVPI。

同时，定性指标主要通过对管理合伙人、投资合伙人以及投资团队进行访谈来收集基础信息。对 GP 的定性考核难度显著高于定量考核，投资团队要通过大量实践，通过量变的积累不断向质变的方面提升投资专业能力。当然，这也是母基金投资团队所必须具备的核心竞争力。

三、构建私募股权基金投资组合

如前所述，对于私募股权基金无法直接套用传统公开市场投资策略和组合构建的理论，业内比较通行的运作实践是按照风格、投资阶段、行业、地域等将 GP 和私募股权基金分类，按照分散风险和选好赛道的原则做好资产配置，对股权基金进行自上而下的投资组合构建。理想的私募股权基金投资组合，要包括不同背景、不同特点的私募股权基金管理人。基金管理人擅长的投资领域各不相同，才有可能发挥分散风险的作用。

市场中GP风格各异，科学分类是投资配置的起点。结合各自的特点和背景，市场上的GP大致可进行如下分类：（1）美元背景，即成功管理过美元基金的管理人，如IDG资本、鼎晖投资、红杉资本、经纬创投等。（2）国家产业背景，即由监管部门批准设立，依托央企或地方政府背景，有独特的行业资源的管理人，如管理国家集成电路产业基金的华芯公司、管理上海金融产业投资基金的金浦投资等。（3）各类金融机构背景，即对资本市场运作非常熟悉，覆盖券商、银行等机构的股权投资平台或公司，如海富公司、中金佳成等。（4）实业背景，即依托实业企业支持，对如何管理企业有切身经验的管理人，如君联资本和弘毅投资等。（5）行业专属背景，即具有丰富的行业经验和广泛的资源网络的管理人，如宽带资本等。（6）从知名投资机构独立出来的投资团队。需要说明的是，以上分类是一个比较粗线条的划分，有些GP可能同时具备多个特点，比如管理先进制造业投资基金的国投招商就是兼具国家产业背景和实业背景的GP。

从资产配置的角度来审视私募股权投资，地域是非常重要的维度。美元LP可以从全球角度组合投资于北美、欧洲等发达国家（地区）及中国、印度等新兴市场。对于人民币基金LP而言，根据不同地域优势与自身能力半径，可以选择不同的地域进行配置。总体来看，长三角、粤港澳大湾区、京津冀以及长江上中游城市群的私募股权投资非常活跃，融资、投资规模均占全行业六成以上，这也是与实体经济发展程度相吻合的。中国本土GP的地域分布既有共性也有个性。共性在于总部普遍分布于北京、上海、深圳等一线城市，但不同地域的GP投资风格、资金来源各具特色，相互竞争，互学互鉴，互相促进。

从行业看，LP也需要关注基金管理人投资赛道的选择，朝阳行业、新兴产业是LP偏好的投资领域。大多数LP倾向于选择分散化投资，配置不同领域的专业GP。近年来人工智能、金融科技、智能制造等行业快速发展，对LP的研究能力和快速学习能力提出了更高的要求。随着我国私募股权投资行业的发展成熟，越来越多的基金管理人开始聚焦于特定新兴行业的投资机会，借助对行业的深刻理解和广泛的行业资源逐渐构筑起管理人的独特优势。作为LP，选好赛道尤为重要，同时要适应投资模式由以往交易机会驱动向研究驱动转变的趋势，通过对宏观经济和产业升级前瞻性的深入分析研究，判断哪些行业具有高度的成长性和广阔的市场空间，并选择深耕这些行业的管理人，从而构建出具有高成长性的投资组合。

专注于不同的阶段的私募股权基金，其风险特征也不同。LP可以通过配置专注于不同的阶段的私募股权基金来实现风险收益的平衡和现金流的稳定。按照轮次划分，创投、成长期和并购分别对应被投资企业生命周期的起步期、成长期和成熟期。在生命周期前段，企业经营风险较大，但成长性也更高；伴随企业成长成熟，企业距离成功上市越近，越容易退出，但成长性减弱。在配置基金时，要兼顾投资组合成长性和流动性，进一步优化私募股权基金组合的整体构建。

目前国内私募股权基金行业的一个突出现象是头部GP的基金规模越来越大。对机构LP而言，在头部GP的巨型规模基金和"小而美"基金之间，也要进行科学的资产配置。头部基金规模大且收益稳定，持续投资能力更强，配置在投资组合中，可以作为私募股权基金组合的基础收益。从业绩指标看，这类"大而强"基金NIRR相对而言并不算高，却可以为投资组合贡献大部分的绝对收益。"小而美"基金在市场上大多并不是知名投资机构，往往具有黑马属性，规模不大但收益率较高，投资策略更加聚焦，业绩爆发的潜力大，也可以适当配置，以提升投资组合的收益率，但要注意控制风险敞口。

业内也有观点认为，股权基金成立的年份对基金的收益表现有显著影响，也就是所谓的年份效应（vintage year effect）。客观上，年份效应肯定是存在的，但机构 LP 很难据此优化调整自己的投资节奏。比较务实且稳妥的办法还是根据自身资产配置计划，按照既定的投资节奏，择优进行投资，以长期主义克服单一时间节点的影响，以在整个私募股权基金资产层面实现较高收益。

尽管相对于二级市场，LP 投资期限长，调仓频率低，但也并不意味着其投资组合的构建是一成不变的。LP 应当在行业中长期耕耘，充分获取行业信息，与前期合作的优质 GP 保持良好的互动交流，及时跟进，挖掘优秀的新 GP 发起设立的新基金，终止与业绩落后或出现风险事件的 GP 合作，动态调整优化投资组合，获取稳定持续的绝对收益。

专栏 5‑4 私募股权基金投资组合构建实践

作为长期投资者，大型资产管理机构要根据自身风险政策和长期投资目标的要求，高度重视资产配置的作用，筑牢有效的投资布局，使用定性和定量方法确定各类资产中长期目标配置比例和范围，这是获取收益的决定性因素。私募股权基金作为重要的投资品类之一，对于完善资产配置、稳定收益、平滑波动起着重要作用。总体而言，以社保基金为代表的机构投资者要根据考核指标及资产配置要求，系统研究私募股权基金配置策略，进行主动选择，减少机会性投资，构建私募股权基金的投资组合。

社保基金构建的私募股权基金投资组合以综合型基金为主，兼顾部分行业基金和母基金，充分挖掘每只基金策略上的不同特色，争取实现较高投资收益。投资阶段上包含创投基金、成长/成熟基金、并购基金等，其中绝大多数为成长/成熟基金，这与我国私募股权基金市场的发展趋势相符合。

在开展私募股权基金投资时，最重要的是选择业绩优良的管理人，在此基础上要确保投资到业绩优异的基金，这在机构投资者的长期投资实践中得到了充分的证明。数据表明，只有当期市场排名前25%（甚至是前10%）的私募股权基金才能长期持续获得稳定收益，有效防控风险，穿越经济周期，实现稳定回报。这要求对所投资的私募股权基金开展细致的尽职调查，从团队构建和背景情况、投资策略和执行情况、历史业绩、投后管理和增值服务能力等方面进行全面深入的调研分析。同时还要充分了解和考察具体要投资的当期基金，洞悉其具体投资策略、人员匹配、外部环境等多种因素的影响。

私募股权基金投资过程中有四个方面要重点关注：一是要坚持市场化原则，重点关注市场化团队，尤其强调基金管理人团队"五性"（独立性、专业性、稳定性、专注性、互动性）。对于无投资经验的新团队、市场化激励机制不健全的团队要谨慎。同时，要充分关注基金管理团队的价值观，考察能否实现团队内部志同道合、与企业家志同道合、与投资人志同道合。二是基金投资策略、规模要和环境、GP团队优势匹配，顺势而为、提前布局，还要有好的组织、人才和机制去执行落实，要警惕盲目扩大管理规模、投资策略雷同的风险。只有恪守严格的纪律、秉持踏实的作风，认真贯彻基金的投资策略，才能确保基金取得预期收益。三是重点关注基金团队抵御周期调整风险的能力，对投资强周期性行业的基金要谨慎。四是要严格控制在单只基金中的投资比例，应谨慎权衡作为基金的基石投资人或最大出资人的风险收益。

以上标准在实践中多次被验证，不符合上述标准的私募股权基金往往业绩表现不尽如人意。我们也曾跟踪过一些基金，如某只不够市场化的团队新发起设立的规模较大的基金，投资行业多为周期性行业，地方政府干预较严重，结果导致业绩表现较差。再比如，某具有成功管理美元基金经验的管理人，其设立第一只人民币基金时，管理团队出现了水土不服的问题，单一项目投资占比过高，GP没有做好风险把控。

第三节　投资股权基金的尽职调查

不论机构 LP 具体的投资流程如何设计，尽职调查都是最重要的一环，一般耗时数周至数月才能完成。机构 LP 开展尽职调查的主要目的是验证前期立项阶段的判断，深入考察，识别风险，完成风险收益评估，并据此做出价值判断。

一、尽职调查概述

尽职调查，英文为 due diligence，业内习惯性地简称为"DD"。机构 LP 开展尽职调查，主要是对拟投资私募股权基金从策略、业绩、团队、项目等方面进行全面调查和评估，并结合机构 LP 自身的资产配置与投资组合要求，提出投资意见供决策参考。

完整的尽职调查可以区分为商业尽职调查、法律尽职调查和财务尽职调查三个部分。从职能上说，商业尽职调查用于分析判断基金的投资价值，法律尽职调查用于识别、分析判断基金和 GP 的法律风险，财务尽职调查主要用于进行基金估值工作和分析判断往期基金业绩的稳健性和可靠性。有机构 LP 将商业尽职调查与财务尽职调查合并进行，也有一些机构 LP 会将三个部分完全合并进行。在每个部分，机构 LP 都可以聘请外部第三方机构予以协助，也可以完全依赖自身力量完成整个尽职调查过程。究竟如何设计尽职调查工作方案并实际开展尽职调查，取决于各 LP 自身的考虑，关键是要通过尽职调查工作深入全面地分析 GP 和拟投资基金，并最终做出价值判断。

在尽职调查工作中，LP 要全面使用基于定量与定性相结合的方法构建起来的科学的评价体系，对 GP 和拟投资基金进行全面深入的分析。如果财务尽职调查团队开展工作后认为 GP 的估值工作稳健可靠，商业尽职调查分析基本就可以依赖 GP 提供的往期基金业绩数据进行定量分析，否则就还需要对基金业绩数据进行调整后才能进行往期基金历史业绩的分析工作。在定性分析部分，如何深入了解 GP 在各个定性指标方面的真实表现，需要 LP 花费更多时间和精力。除了常规的向 GP 发送尽职调查问卷、现场访谈询问，根据 GP 的回答进行分析之外，还应借助与其他 LP、自律组织、往期被投资企业的沟通交流进行交叉验证。

从交叉印证的角度来看，如果机构 LP 同步开展商业尽职调查、法律尽职调查和财务尽职调查，则不同尽职调查环节不必刻意强调自身职能，也就是说，商业尽职调查也可以关注法律和财务方面的风险点，法律尽职调查也可以关注商业与财务方面的风险点，财务尽职调查也可以关注商业与法律方面的风险点，彼此形成交叉覆盖，从而进一步加深对 GP 和拟投资基金的认识，提高判断的可信程度。

二、尽职调查工作的方案与流程

一般来说，在内部投决机构审批通过对拟投资股权基金的立项申请后，机构 LP 的工作团队就可以着手开展对该股权基金的尽职调查工作了。目前，市场上很多大型机构 LP 采取的是内部工作团队与外聘中介机构共同开展尽职调查工作的方式。事实上，也可以由内部工作团队自行进行尽职调查工作，或者将尽职调查工作全部外包给中介机构。一般来说，内部工作团队对尽职调查工作的责任心会强于外部机构，外部中介的长处则在于其所掌握的市场信息更为广泛，且外部中介拥有一定的独立性。综合来看，内部工作团队与外聘中介机构共同合作开展尽职调查，有望同时调动内外部资源，既确保工作团队的负责态度，又实现尽职调查工作的独立客观。完整的尽职调查工作可以划分为以下几个环节：

第一，选聘中介机构。机构 LP 在选聘中介机构的过程中，除了要求中介机构符合自身的相关条件之外，还要注意：选聘的中介机构与拟投资股权基金原则上不能有利益冲突，如果中介机构接受过拟投资基金管理人的投资或者与拟投资基金存在直接的业务竞争，则会影响中介机构的客观独立性。要具体分析拟投资股权基金的投资策略，选聘的中介机构最好有相关的业务经验，一般来说，纯外资的中介机构更擅长分析美元背景的 GP，本土起家的中介机构在分析中资背景的 GP 时更具优势。最后，中介机构是否能派出足够的人手来完成尽职调查工作也是机构 LP 在选聘中介机构时要着重关注的一点。

第二，制定尽职调查方案。完成中介机构的选聘后，机构 LP 自身的团队成员要与中介机构一起组成尽职调查工作团队，共同制定尽职调查方案。尽职调查方案要明确工作团队的组成、职责分工、尽职调查工作内容等。尽职调查工作团队在制定尽职调查方案的过程中要与 GP 及时对接，确认具体的工作安排。

第三，实施尽职调查。尽职调查工作团队要通过访谈关键成员、走访被投资企业、发放尽职调查问卷以及资料审核等多种形式实施尽职调查，并做好尽职调查记录。在尽职调查工作中，要重点对基金管理团队的投资、管理以及退出能力等进行评估，对基金管理团队管理过的往期基金业绩进行核实和分析，对基金投资策略、项目储备情况、投后管理和增值赋能方面的能力进行分析，对私募股权基金、基金管理人以及 GP

等相关法律主体的合法合规性进行考察和核实。具体而言，主要涉及以下内容：

尽职调查工作团队要深入了解和分析基金投资策略以及基金团队形成该投资策略的逻辑和依据，分析投资策略与宏观环境、当前政策背景、资本市场发展趋势是否匹配，研究投资策略是否超出基金管理团队的能力边界，核实投资策略与 GP 过往基金所投项目组合是否匹配等。

尽职调查中，要认真考察基金的治理和 GP 的内部制度建设情况，特别是要分析私募股权基金的法律架构并核实 GP 的责任承担能力。对于通过法律架构来规避责任承担义务的 GP，应在尽职调查工作中要求 GP 通过架构调整或者签署补充协议的方式落实责任承担义务。如果 GP 配合意愿较低，则应将此视为一个重要的风险点。

对于基金管理团队，要考察团队的整体构成和投资决策机制，研究核心团队成员的过往工作经历，分析投资团队成员的专业、背景、资源、劳动合同签订情况等。同时，要重点关注基金的激励约束机制落实情况，研究团队与基金实现利益绑定的具体措施。对于核心团队成员频繁变动或者在市场中频繁爆出各种丑闻的团队，在尽职调查工作中要保持警惕，如果 GP 不能提供充分的说明，则应将其视为重要风险点。

对于 GP 的历史业绩，要进行核实和认真分析。在分析基金历史业绩之前，首先应确保 GP 提供了同类或类似投资策略下的全部基金的业绩情况，其次应对基金业绩的稳健性进行核实。在分析历史业绩时，如前文所述，要全面考察基金的 IRR、DPI、TVPI 等业绩指标。同时，要研究历史基金投资组合与投资策略的匹配度，考察不同项目的业绩分布（是仅有少数明星项目业绩较为突出，还是大多数项目均表现较好）。对于历史基金的明星项目，要考察 GP 在历史基金的明星项目中的投资角色（领投还是跟投）、项目来源、投资金额与基金平均项目投资额的比较、GP 对项目公司的投后管理等；对失败项目，要分析失败原因、项目来源、GP 后续是否还有相关处置措施等。

尽职调查工作团队应研究分析 GP 的投资流程，包括 GP 如何开发项目、对项目如何进行分析和估值、如何进行投后管理以及项目退出决策等。对于 GP 的投资流程，既可以通过团队访谈进行了解，也可以在实地走访基金投资企业、储备项目时，通过与企业管理人员开展沟通交流，进行交叉印证。

尽职调查工作团队应对基金储备项目进行核实和分析，包括项目与基金投资策略的匹配度，项目估值、业绩、风险、退出预期，基金的投资决策流程进展等。

此外，尽职调查工作团队应全面了解基金募资进展，核实已签约 LP 的出资情况，评估基金已签约 LP 和潜在 LP 未来的出资能力、合规性等。

第四，形成尽职调查意见。在完成尽职调查工作后，尽职调查团队要出具正式的尽职调查意见以供内部投资决策使用。需要额外说明的是，在正式签约之前，如果拟投资股权基金发生重大变动，如出现法律架构调整、核心团队人员大规模离职等，尽职调查团队应进行补充尽职调查，以求反映股权基金最新的风险收益特征。

三、商业尽职调查问卷

在尽职调查工作中，调查问卷不是唯一的工作手段，却是尽职调查工作团队客观全面认识 GP 和拟投资基金的第一步。尽职调查问卷的设计，应坚持尽可能全面覆盖相关信息的原则。同时，LP 也应对 GP 回答尽职调查问卷的意愿和回答的可信程度做出科学评估。在此基础上，尽职调查问卷才能发挥最大作用。

下面是一份业内通行的商业尽职调查问卷，包括三部分：股权基金、基金管理人和管理团队。正如本书开篇所述，私募股权基金是典型的非标产品，本问卷仅供读者参考。

专栏 5-5　股权基金尽职调查问卷

第一部分　股权基金

一、基本情况

1. 请提供拟投资股权基金的工商名称、注册地址、联系人及联系方式。

2. 请提供拟投资股权基金的工商业务范围、相关政策审批机关（请提供有关注册文件及核准文件的复印件）。

3. 请提供拟投资股权基金的概要情况，包括但不限于基金的私募备忘录、法律结构方案、有限合伙协议等相关法律文本。

二、GP 的无限连带责任

如果拟投资股权基金为有限合伙制，则请说明 GP 及其关联方拟采取哪些方式保障承担无限连带责任的能力，以及团队成员是否愿意承担无限连带责任。

三、投资策略

1. 请阐述拟投资股权基金的投资策略，如关注的投资阶段、地域、行业、企业性质（指国企或民企）等。这些领域存在哪些投资机会与风险？是否与基金管理人的能力、资源相匹配？如何管理所述风险？

2. 请阐述拟投资股权基金的投资限制及投资指引，如选择目标公司的标准、目标公司具有的典型特征、对目标公司的取舍标准（含定价标准等）、预期单笔投资的投资规模区间、每年预期完成多少交易（金额和项目数量）等。

3. 请阐述预计被投资企业的平均持有时间及所投资企业的预期退出策略。请提供往期基金案例说明上述策略的可行性。

4. 请阐述拟投资股权基金的投资策略和以前的股权基金有何不

同，调整的原因何在，与其他基金管理人的投资策略有何不同。

5. 请详述对当前投资环境的看法及展望，及对基金管理人及投资策略的影响。

四、基金募集

1. 请说明拟投资股权基金是否聘用私募中介。如有，请提供以下信息：（1）列出所有私募中介和咨询机构，包括名称、地址、联系人及联系方式；（2）描述私募服务协议，包括收费结构，说明谁将承担私募服务费用，如何支付，何时支付；（3）私募中介和 GP 之间是否为关联方，有何隶属关系；（4）私募中介的募资对象等。

2. 请说明拟投资股权基金的潜在/已有 LP 情况及各自拟或已承诺金额。如果潜在/已有 LP 是资产管理计划，请说明背后的实际权益持有人。请说明已签约 LP 出资能力不足时 GP 的应对处置措施。

五、储备项目情况

1. 请提供已投或即将签约项目的有关情况，包括所处行业、地域、业务简述、项目来源、投资时间及轮次、本基金的角色（领投还是跟投）、投资负责人、投资理由及交易结构等，并提供每个项目的立项报告、尽职调查报告、投资决策报告及投资协议。

2. 请说明储备项目的基本信息，包括所处行业、地域、业务简述、项目来源、关注理由等，已立项或已经完成尽职调查的项目，请提供立项报告和尽职调查报告。

六、投资者利益保护

1. 利益一致性。请说明：（1）GP、基金管理人、管理团队在基金中的出资情况，管理团队出资情况请说明哪些成员出资、出资方式和资金来源如何；（2）有无增设员工平行投资基金的计划或项目小组成员跟投计划。

2. 请阐述拟投资股权基金拟采取哪些措施保护投资者利益。

3. 请阐述如何解决潜在利益冲突。（1）GP 股东如何处理和协调旗下多家 PE 投资平台的关系；（2）基金管理人如何处理和协调旗下多只基金（或后续基金）的关系。

七、财务和税收安排

1. 请提供拟投资股权基金三年的运营预算及预期费用支出。

2. 请阐述拟投资股权基金和投资人的相关税收安排。

第二部分 基金管理人

一、基本情况

1. 请提供基金管理人全称、地址、主要联系人及联系方式。

2. 请说明基金管理人成立背景、历史沿革、法定业务范围（请提供有关注册文件及核准文件的复印件）。

3. 请说明基金管理人及其关联人的法律结构、所有权结构（请提供含股权比例的组织架构图，披露到最终控制人）。

4. 请说明基金管理人及其关联人以前所管理的基金的基本情况，包括但不限于组织结构、法律框架、注册地等（请提供含股权比例的组织架构图）。

5. 请提供基金管理人及其关联方近三年的财务报表，所管理基金近五年的财务报表。

6. 如基金管理人及其关联方与基金投资人或其他方签署过单边函件以及任何特别协议，请介绍上述协议的签署背景及其对本期基金的影响。

二、定位

1. 请阐述基金管理人的愿景和战略规划。

2. 请分别阐述大股东（或主发起人）、当地政府及主管部门对基金管理人的定位，在基金投资管理、人事任免中的角色，对基金有哪些支持，是否干预基金的日常运作等。

3. 请阐述基金管理人的行业地位、主要竞争对手，相对于竞争对手的优势、劣势。

三、投资管理

1. 请说明项目开发、投资、管理、退出的流程控制及各部门的角色。

2. 请说明投决会的职能、成员的产生机制、议事规则，及目前投决会成员组成。

3. 请说明采取什么措施保障拟投资股权基金在被投资企业中的利益，请提供投资框架样本。

4. 请说明如何为被投资企业提供增值服务，是否组建专门的投后管理团队，主要的增值服务有哪些。

5. 请介绍在具体投资决策中对 ESG 的有关考虑，包括是否将被投资企业的 ESG 状况作为投资决策的重要考虑因素，在签约投资后是否会持续关注、评价及支持被投资企业践行 ESG 原则等。

四、治理结构

1. 请阐述基金管理人股东会、董事会、监事会的权责划分，董事、监事的产生，议事规则，及目前董事、监事的组成。

2. 请阐述基金管理人的内部架构及职能分工。

3. 请阐述基金管理人内部风险管理措施和内部控制制度（主要指如何防范操作风险）。

第三部分　管理团队

一、专业性

1. 请提供基金管理团队的职务架构图，填写管理团队基本信息表，并提供管理团队成员的简历。

2. 请填写管理团队历史投资业绩的总体情况表，包括此前管理的基金的投资业绩、基本信息、现金流量表，并说明所采取的投资组合估值方法、收益计算方法和有关会计政策。

二、独立性

请阐述表明基金管理团队对基金投资管理具有较为充分的独立性的各种制度安排，如投决会制度等。

三、稳定性

1. 请阐述核心成员的离职约束机制（如关键人条款、离职利益约束机制等）。

2. 请详述基金管理团队的薪酬体系制度、薪酬水平和投资收益内部分配政策。

3. 请阐述管理团队的合作历史及目前的磨合情况。

4. 请阐述管理团队主要成员的未来退休考虑及相关人员更替方案，及新员工招募计划。

5. 请填写离职员工基本情况表，并注明是否存在法律纠纷。

四、专注性

1. 请阐述基金管理团队是否有足够的精力和资源胜任包括本基金在内的基金管理规模。

2. 请阐述团队主要成员在基金运作以外的其他商业利益或任职。

3. 请阐述基金管理团队募集美元基金的计划，及未来募集新基金的必备条件。

五、互动性

请阐述基金管理团队未来是否愿意配合LP的要求开展投决会列席、员工培训、项目调研、行业研究等互动。

六、其他

1. 请提供管理团队的中立第三方证明人的联系方式（如已投资公司的高层、以前的投资者、合作投资者、行业权威等）。

2. 请详述管理人及管理团队是否有相关诉讼、司法处罚等情况。

3. 请介绍基金管理团队对 ESG 投资的相关考虑，包括是否已经在投资实践中落实 ESG 原则、未来是否会进一步加大对被投资企业 ESG 情况的关注等。

第四节　合同谈判及签署

一、合同的重要性

基金合同是对股权基金投资人投资以后可能出现的各类事项执行流程和标准的约定。通过制定规范的基金合同，明确投资人和基金管理人双方的权利义务，可以在一定程度上防范可能产生的委托代理风险。从国内外经验并结合当前的监管要求来看，对股权基金的管理需要各方尊重契约精神，依据基金合同对股权基金进行管理，因此投资时基金合同的制定尤为重要。一般认为，公司制基金的合同有《公司法》作为依据，各方的权利义务关系相对明确。对比之下，合伙企业制的基金的合同条款更为灵活，这一节着重分析合伙制基金的合同。

需要强调说明的是，股权基金具有非标属性，每只基金的合同都不相同。正如 ILPA 在发布《ILPA 原则 3.0：促进透明、治理以及普通合伙人与有限合伙人的利益一致性》时所指出的那样，LP 不应将该原则作为清单使用，因为每只股权基金都应独立、整体地进行考量。事实上，合同谈判具有很强的博弈属性，在同一只基金中，不同的 LP 也会根据自身的谈判地位通过与 GP 在合伙协议之外签署补充协议（业内也将其称为备忘录或 side letter) 的方式对自身权利义务做出额外规定。

合同谈判中，GP 可以运用自己管理多期基金的优势，争取更有利于自身的条款。对于 LP 而言，实际也存在策略选择的问题：权力不足，可能无法在投资后有效制约 GP；但如果基金运营中事事都需 LP 同意，就会提高 LP 获取投资收益的成本。LP 只有在行业中长期耕耘，知行合一，不断总结经验教训，提高对于私募股权基金的认识和投资管理能力，才能在合同谈判中进退得当，实现合理的利益诉求。

二、合同条款分析

关于股权基金的合同文本，业内通行的做法是由 GP 提供初始版本，然后根据合同谈判情况对其进行修订。LP 要根据自己的内部制度规定和工作经验，总结梳理自己最为关注的关键条款，并确保将这些关键条款写入合同之中。尽管各 LP 的关注点并不完全相同，但确有部分合同条款应给予高度关注。

（一）设定基金运作的主要条款

包括但不限于基金期限、GP 和管理团队跟投主体的投资金额、基金 LP 构成情况、投资方向、投资限制、投决机制、管理团队关键人士、实缴出资等。可以说，这些条款构成了基金运作的基石，LP 要认真审核这些条款，并根据自己的利益诉求和谈判实力与 GP 进行协商。

（二）基金费用方面的条款

基金费用一般包括管理费和其他与基金运作有关的审计、托管、法律等方面的运营费用。一般来说，长期投资的 LP，资金体量越大、越稳定，越容易在多次合作中与优质 GP 建立起长期信任关系，在合同谈判中越具有优势，GP 为了在未来向该 LP 再次募资，可以在当期基金中牺牲一定的利益，向 LP 提供费用方面的优惠，降低 LP 的投资成本。出资规模较小的 LP 在基金费用方面的谈判能力较弱，但也应与 GP 协商，力争对基金承担的管理费之外的运营费用设定上限。

（三）分配方面的条款

关于分配，现在业内通行的是所谓的瀑布式分配（waterfall distribution），分配顺序一般是：返还出资额＞优先收益（门槛收益）＞追补收益＞超额收益（行业中经常提到的 Carry）。在返还出资额环节，根据对出资额的不同规定，可以区分为按基金整体进行分配和按项目进行分配（也就是所谓的 by fund 和 by deal）。长期投资的 LP，可以凭借自身地位，要求 GP 调整分配顺序以最大限度地保护自己的利益。除分配顺序外，LP 还要关注合同设置的门槛收益率水平、基金是否会进行非现金分配等内容。

（四）利益冲突方面的条款

股权基金运作中存在的利益冲突一般包括两大类：一是投资机会在不同基金之间的分配；二是不同基金之间的关联交易。同一 GP 团队旗下两只或多只基金共同投资一个项目而产生的利益冲突，需要解决的核心问题是投资机会分配问题，这需要 LP 在尽职调查中详细了解清楚团队一共有多少只在管基金，有哪些可能会发生共同投资问题，并根据利益冲突的严重程度，在合同中事先约定按一定比例共同投资，或发生共同投资时需经咨询委员会审议通过，防止 GP 暗箱操作、输送利益，损害 LP 的利益。对于不同基金之间的关联交易，需要在合同中约定此类交易需经合伙人会议或咨询委员会审议通过方可进行。

（五）合伙人会议和咨询委员会职责的设定

合伙人会议和咨询委员会（有些基金也将其称为 LP 代表委员会或顾问委员会）共同构成了合伙制基金的治理架构，在基金的整个生命周期，LP 都有权利参加合伙人会议或咨询委员会审议基金事务。合伙人会议和咨询委员会职责的设定，几乎体现了 GP 和 LP 在基金事务方面全部的权利义务划分。因此，在合同条款中，LP 要予以特别关注。典型的合同条款中，对合伙人会议和咨询委员会的职责约定如表 5-1 所示。

表 5-1　合伙人会议和咨询委员会职责

合伙人会议职责	1. 决定提前终止投资期； 2. 决定延长合伙企业的退出期； 3. 决定更换管理人； 4. 决定除名执行事务合伙人； 5. 决定接纳继任的执行事务合伙人； 6. 同意 GP 转让其合伙权益； 7. 决定 LP 和 GP 身份转换； 8. 决定合伙企业提前解散； 9. 决定清算人； 10. 修改基金合伙协议； 11. 决定 GP 提交合伙人会议讨论的其他事宜； 12. 协议约定的其他应由合伙人会议表决决定的相关事项
咨询委员会职责	1. 同意投资期结束后投资新的投资项目； 2. 批准投资期延长事项； 3. 批准豁免 GP 的违约出资责任； 4. 批准更换托管机构； 5. 决定关键人士相关事项； 6. 批准投资限制相关事项； 7. 批准聘任或更换承办基金审计业务的审计机构； 8. 审议不属于有价证券的其他资产或投资的估值，批准聘任专业评估机构； 9. 批准利益冲突和关联交易事项； 10. 就 GP 征询咨询委员会意见的事项进行评议并给出意见； 11. 协议约定的其他应由咨询委员会审议的事项

资料来源：根据业界通行惯例整理汇总。

（六）信息披露方面的条款

在合同谈判时，LP 要关注合同对基金季度、年度报告提交的时限和具体内容的约定，结合基金特点，具体问题具体分析，规范 GP 的信息披露行为。比如，LP 可以要求 GP 在季度、年度报告中提供基金的有关信息，包括基金投资、退出、分配、各被投资企业的估值及评估方法等。此外，LP 可与 GP 协商，要求 GP 提供被投资企业层面的信息，包括公司名称及主营业务、公司的现有股东及参与该轮投资的其他投资人的名称、签约时间和交割完成时间、投资金额、所占股比、投资持有载体、联合投资等。

专栏5-6　私募股权基金瀑布式分配解析

近年来，国内私募股权基金行业比较通行的分配结构是所谓的瀑布式分配。这种分配结构可以划分为四个主要环节。

第一步：返还出资额Ⅰ。股权基金退出被投资企业或收到被投资企业的分红后，会按各LP在基金中的比例进行分配。如果是所谓的按基金整体进行分配（也称为完全返本模式，by fund），则第一步的分配金额应达到LP的全部实缴出资额。如果是所谓的按项目进行分配（也称为非完全返本模式，by deal），则第一步的分配金额应达到投资项目中已退出部分的投资成本、已被确认减值和核销部分的投资成本，以及截至该分配日所有基金费用和支出三者之和。

第二步：优先收益Ⅱ。完成第一步的分配后，如果还有资金可供分配，则继续按LP在基金中的比例进行分配，直到LP在基金中的现金收益达到基金合同设定的门槛收益率。

在合同谈判中，针对前两步分配，LP应关注的要点包括：（1）其他LP因出资时间较晚补偿的利息或因其他违约行为缴纳的补偿款，不应进入瀑布式分配，而应直接根据合伙人实缴出资比例进行分配。（2）基金临时投资及现金管理的收益是否也按瀑布式结构进行分配。比较理想的情况是，临时投资及现金管理收益完全按各合伙人的实缴比例分配，不进入瀑布式分配。实践中，也存在某些强势GP，要求将基金临时投资及现金管理收益与项目投资收益一起进行瀑布式分配。（3）GP和管理团队跟投主体是否同步参与第一步与第二步的分配。比较理想的情况是，在LP收到全部实缴出资及优先收益后，再向GP及管理团队跟投主体分配。但也存在一些强势的

GP，要求与 LP 同步参与第一步与第二步的分配。（4）实践中，存在不设定门槛收益率的情况。不设定门槛收益率对 GP 更加有利，第一步分配结束后直接进入超额收益分配。从方便理解的角度，LP 也可将不设定门槛收益率的情形视为门槛收益率设定为 0。

第三步：追补分配Ⅲ。完成第二步的分配后，进行追补分配（catch-up），将尚未分配的资金分配给 GP，直到追补分配与 LP 的优先收益之比达到基金合同约定的超额收益分成比例。

第四步：超额收益Ⅳ。对于尚未分配的资金，按基金合同约定的超额收益分成进行分配。以目前私募股权基金行业通行的 20%：80% 为例，第四步的含义是，将第三步之后的剩余可供分配资金 20% 的部分分配给 GP，80% 的部分分配给 LP。

针对第三步与第四步的分配，LP 应关注的谈判要点在于：（1）如果 LP 谈判实力较强，则最好能争取不进行第三步的分配。（2）对于按项目分配的股权基金，考虑到可能因后续项目亏损发生回拨等情况，应争取让 GP 将其收到的部分超额收益暂存于回拨账户（其实质就是一个单独开立的存放这部分超额收益的账户）中，待确认不会发生回拨时，再由 GP 从回拨账户中支取。对于按基金整体进行分配的股权基金，一般情况下不会发生回拨，但仍应在合同中设定回拨机制。

在私募股权基金的运作中，可能会存在基金前期退出的项目收益特别好，GP 已经提取了超额收益，但之后基金退出的项目投资回报很差，导致 LP 最终收回的金额不足以覆盖自身全部的实缴出资及优先回报。在这种情况下，GP 应将其收到的超额收益退还给 LP。这个机制称为回拨机制。

三、ILPA 的建议

ILPA 是一家全球性的机构 LP 协会，起源于一个由几十个 LP 组成的非正式的网络俱乐部。目前，其已经发展到覆盖全球 50 多个国家和地区的 500 多家机构 LP，这些机构 LP 投向私募股权领域的资金超过 2 万亿美元，在全球机构 LP 中占比超过 50%。ILPA 的会员包括公共养老金、企业年金、捐赠基金会、主权财富基金、家族办公室、保险和投资公司等投资机构。ILPA 致力于联合 LP 制定行业规则，保护 LP 利益。ILPA 强调，一只运作良好的私募股权基金应坚持三条原则：利益一致、治理良好、较高透明度。

2009 年 9 月，立足于促进 LP 和 GP 在私募股权基金层面的利益一致性，ILPA 发表了《ILPA 原则 1.0》。随后，ILPA 征求了 LP 和 GP 的反馈意见，于 2011 年发布了《ILPA 原则 2.0》，以解决更多实际问题。2019 年，ILPA 综合考虑私募股权基金行业发展的最新情况和监管政策的影响，推出了《ILPA 原则 3.0》。ILPA 强调，《ILPA 原则 3.0》的提出，旨在帮助 LP 和 GP 建立合同谈判过程中的基础共识，并以此促进 GP 和 LP 在基金募资过程中实现高效沟通，但 LP 不应将该原则作为清单使用，因为每只股权基金都应独立、整体地进行考量。

《ILPA 原则 3.0》包括原则概要、GP 和基金经济机制、基金期限和基金结构、关键人士、基金治理、财务信息披露、通知和政策披露、向 LP 的信息披露等 8 个主要关注点。主要内容如下[①]：

（一）原则概要

在"原则概要"中，ILPA 阐述了关于利益一致性、透明、基金治理

---

① 为方便读者，本节对《ILPA 原则 3.0》进行了概括和总结，而未进行原文摘录。如果读者需要进一步深入研究，那么建议登录 ILPA 官方网站（https://ilpa.org/ilpa-principles/）查阅完整的叙述。

三方面的观点。

关于利益一致性，ILPA 认为，当 GP 的收入主要来自其对基金的投资收益以及从基金中提取的 carry 时，GP 和 LP 的利益一致性将达到最佳状态。理想情况下，GP 的决策应该主要基于基金整体利益，而不是仅仅考虑 GP 及其关联方的利益。

关于透明，ILPA 认为，LP 应及时了解 GP 和基金投资管理相关的信息（包括 GP 所有权的变更、涉及关联方的重大决定和行动、GP 与相关投资组合公司之间的安排、与监管机构之间的非常规交流、与投资组合公司相关的重大 ESG 事项以及对政策的违反等）。

关于基金治理，ILPA 认为，未经基金咨询委员会等类似机构审议同意，GP 不应从事可能导致基金与 GP 之间利益冲突的事项，GP 也不应试图通过过于宽泛的预先披露等类似行为规避将利益冲突事项提交合伙人会议审议的责任。

（二）GP 和基金经济机制

在"GP 和基金经济机制"中，ILPA 阐述了对于瀑布式分配结构、绩效收益计算、循环投资、回拨、管理费和基金其他费用等的观点。

关于分配，ILPA 强调，若按项目进行分配，则在返本环节，应达到投资项目中已退出部分的投资成本、已被确认减值和核销部分的投资成本，以及截至该分配日所有基金费用和支出三者之和；同时，GP 应将其收到的部分超额收益暂存于回拨账户。

关于绩效收益计算，ILPA 认可在基金中预先设置门槛收益率的合同条款。ILPA 还强调，LP 的优先回报计算周期应该是从 LP 实缴出资之日到收到分配资金之日，GP 的超额收益应基于 LP 实际取得的税后净收益进行计算。

关于循环投资，ILPA 认为应对可用于循环投资的分配金额设定一个上限，该上限应基于 GP 的历史业绩和基金投资策略等因素进行设定。

基金投资期结束后，不应再允许GP进行循环投资。

关于回拨，ILPA认为，收益分配的回拨是GP和LP关系中最具挑战性的情形之一，应尽可能避免。而避免发生回拨的最好办法就是，采取按基金整体进行分配的方式。

关于管理费等基金费用，ILPA认为，管理费应基于基金正常运营相关的费用合理确定。基金管理人的办公运营经费、员工薪酬、相关顾问的报酬等为完成基金投资管理运作而发生的费用，应由基金管理人在管理费项下列支，不应由基金承担。在基金延长期内，除非LP认可，否则不应再向LP收取任何费用。

（三）基金期限和基金结构

在"基金期限和基金结构"中，ILPA阐述了关于GP认缴出资、基金期限的延长和基金投资载体的观点。

关于GP认缴出资，ILPA强调，GP应当以货币形式对基金实缴出资，而不得通过减免基金管理费等形式替代自身的出资义务。GP应当主动披露自身的所有权结构，在基金存续期内如果所有权结构发生变化，则GP应当及时通知所有LP。GP在基金中的权益，原则上不得对外转让。

关于基金期限的延长，ILPA认为，基金期限每次只能延长一年，并且最多不能超过两次。延长期限首先应获得基金咨询委员会的同意，然后还需要获得绝大多数LP的认可。

关于基金投资载体，ILPA认为，为满足特定投资人的法律、税收、监管等方面的要求，可以允许GP根据需要设立集合投资载体、平行投资载体或替代投资载体。替代投资载体应由GP或其关联方管理，并应受与原基金实质相同的条款和规定的文件的约束。与原基金相比，替代投资载体的设立不应为GP带来额外的经济利益。

（四）关键人士

ILPA 认为，在对股权基金进行投资时，投资团队是关键的考虑因素。相应地，该团队发生任何重大变更后，都应允许 LP 通过执行关键人士条款来重新考虑其认购基金的决定。关键人士应是在基金投资运营决策中发挥重要作用的相关个人（不论这些个人的头衔是什么），而不仅仅是基金管理公司的创始人。如果因触发关键人士条款（关键人士离职或发生欺诈、严重违反信义义务、实质性违反合同协议等行为）而导致投资期中止，则除非经基金合伙人会议明确允许，GP 不得使用基金资产进行新的投资或其他支出。如果关键人士的个人离职不会触发关键人士条款，则这样的关键人士条款设定过于宽泛。

同时，ILPA 强调，LP 保留除名和更换 GP 的权利是十分重要的。具体来说，经简单多数 LP 表决通过，应可将发生重大违反合同协议行为或发生重大疏忽的 GP 除名，或者解散股权基金。经绝对多数（如 2/3 以上）LP 权益表决通过，应可无过错除名 GP，或解散股权基金。在被除名的情况下，无论是否有过错，GP 都应承担一定的惩罚，比如降低收益分成等，以确保留存足够的经济利益来激励新接任的基金管理团队。

（五）基金治理

ILPA 认为，基金合同应该加强而不是削弱 GP 对 LP 的信义义务。基于此，对于 GP 惯常要求的免责条款，应把 GP "重大疏忽、欺诈、故意不当行为" 以及违反协议的行为排除在免责情形之外。

关于投资集中度，除专注特定行业的股权基金以外，股权基金应在投资行业集中度方面有适当限制。同时，GP 应立足于整个投资期安排投资，避免基金投资在短期内的某个时间点过于集中。

关于共同投资机会分配，GP 应在基金合同中向全体 LP 披露如何在本基金与其他基金之间分配投资额度。关于基金管理人管理的不同基金之间的关联交易，GP 应向基金咨询委员会说明此等关联交易的商业合理性并获得咨询委员会的批准。

（六）财务信息披露

ILPA 认为，GP 应当向 LP 持续、定期披露基金财务信息，包括基金费用和支出、季度财务信息、年度财务信息等。在披露财务信息时，GP 应当按季提供与被投资企业相关的估值信息。基金财务信息应由基金咨询委员会定期审核并经由独立的审计师进行审计。此外，重大事件可能要求更及时地予以报告。

（七）通知和政策披露

ILPA 认为，除财务信息以外，GP 还应向 LP 披露影响基金的相关政策和具体事件，包括合规性事件、与 ESG 相关的重大情况以及其他可能对基金和 GP 造成重大影响的事件。

（八）向 LP 的信息披露

ILPA 认为，GP 应在基金交割后提供基金中其他 LP 的名单和基金咨询委员会成员名单以及联系方式。基金在整个存续期内，应定期提供基金 LP 的最新名单，以反映其后任何 LP 份额的转让或联系信息的变化。

四、国内机构 LP 在基金合同方面的探索

近年来，社保基金、市场化母基金等机构投资者总结自身相关经验教训，分别提出了自己的股权基金关键合同条款，以在合同谈判工作中占据主动，更好地维护自身权益。其所提出的关键合同条款，不仅立足于为自身争取更低的管理费、更大的话语权，更着眼于压实 GP 的信义责任、促进良好的基金治理、实现 GP 与 LP 的多方共赢。

如前文所分析的，LP 要更好地通过私募股权基金实现收益，就应立足长期主义以与 GP 形成共赢。为实现这一目的，机构 LP 均可结合自身实际需求，提出自己的关键合同条款。总结市场通行的主流机构 LP 的

经验，典型的股权基金关键合同条款应覆盖但不限于以下内容：

（1）关于 GP 和管理团队跟投出资的条款。GP 出资比例提高，可以更好地保障其履行责任、承担义务。管理团队跟投出资比例提高，有利于实现管理团队与基金利益的绑定。客观来说，GP 和管理团队跟投出资的多少，受限于财务状况。一般来说，GP 出资不应低于 1%。对于管理团队跟投，应要求其只能在基金层面进行跟投，而不得挑选项目进行跟投。

（2）关于出资比例的规定。有些机构 LP 受限于监管政策的要求，其出资比例不得高于某个上限。在此情况下，可以与 GP 在补充协议中约定，GP 需配合 LP 确保出资比例不违反监管规定。

（3）关于基金期限的规定。LP 可以提前与 GP 约定未来如何处理基金延期问题，特别是协议外延期问题。

（4）管理费和基金运营费用方面的规定。机构 LP 可尝试争取一定的费用优惠，但也要意识到，此处的博弈存在逆向选择的风险，也就是真正优秀的基金管理人不会做出太大让步。

（5）基金投资比例和投资方式等方面的限制条款。如基金不得进行可能承担无限连带责任的投资，开展可转债形式的投资要有比例上限，不得过度集中投资于单一行业和单一项目等。

（6）关键人士锁定的条款。GP 应该锁定基金投决会成员和对基金运营起关键作用的人员。关键人士的变更，应该履行相应的审批程序。

（7）对利益冲突的规定。如果基金管理人旗下管理多只股权基金，则应有明确的投资机会分配机制。

（8）对关联交易的规定。关联交易须经合伙人会议或咨询委员会审批后方可进行。

（9）利息补偿。对于出资规模较大、有一定谈判能力的机构 LP 来说，应该争取豁免自身作为后续 LP 而需缴纳的利息补偿款。

（10）门槛收益率与基金分配。机构 LP 应争取实现按基金整体进行分配，设置门槛收益率。如果 GP 坚持按项目进行分配，则一定要设置回拨机制和回拨账户。

（11）合伙人会议与咨询委员会。对于出资规模较大、有一定谈判能力的机构 LP 来说，应该争取自身的咨询委员会席位，同时认真研究合伙人会议和咨询委员会表决机制，尽量提升自身在基金治理中的话语权。

（12）信息披露方面的要求。机构 LP 应明确自身内部关于私募股权基金的财务报告制度，包括但不限于月度、季度、年度信息披露要求等，并要求 GP 予以配合。

（13）GP 发起新基金的要求。机构 LP 应在合同谈判中确认，在完成目标基金一定比例（通常应不低于 70％）的投资后，GP 才可以进行新基金的投资。

（14）关于列席基金投决会和跟投等方面的要求。如果机构 LP 谈判实力较强，则可以要求基金管理人给予列席基金投决会的权利，并要求 GP 提供共同投资机会。

（15）免责保证。一般而言，机构 LP 可以要求 GP 删除基金有限合伙协议中可能出现的给予基金管理团队的免责保证的条款。这类免责保证的条款，使得基金团队因履行基金事务而被追偿相应责任时，可以免予损失。国内很多机构 LP 认为，管理团队不应享有免予损失的保证。

（16）其他要求。如果机构 LP 自身对于投资项目、权益转让等方面有相应的监管要求，那么也可向 GP 提出，请 GP 在合同协议中预留未来的操作空间。

关于如何使用关键合同条款，我们认为应该注意三点：第一，国内的私募股权基金市场还处于不断发展的过程中，LP 的关键合同条款也应根据股权基金的发展而不断进化。第二，在前期考察基金的过程中，不能过度看重 GP 对落实关键合同条款的配合程度。如果 LP 过度看重落实关键合同条款或者将落实关键合同条款作为自身投资股权基金的必要条件，则有可能会导致逆向选择，反而使得自己无法投资市场上最优秀的股权基金。第三，在合同谈判工作中，要牢记私募股权基金的非标属性，利用关键合同条款为协议谈判提供起点和前提，而不是僵化固守自己的关键合同条款，要保持灵活的弹性，实现总体利益的最大化。

第六章

私募股权基金的项目投资

在私募股权基金"募投管退"整个生命周期中，投资环节可以说是最体现 GP 投资能力的阶段，直接影响基金后续的业绩是否足够优秀，也为管理人对项目的投后赋能与退出奠定了基础。

本章将分四节阐述从项目搜索到交易完成再到投后赋能直至项目退出的过程并结合案例进行分析。

第一节是项目开发，从"投什么""从哪来""如何选"三个方面谈筛选潜在目标。第二节是尽职调查。对目标企业进行详细的调查、全方位的"检测"可以帮助 GP 有效识别各类风险，发掘产业链上下游的机会。第三节是项目估值及投资决策。GP 在充分了解目标未来发展空间的前提下，采用最为符合目标实际情况的估值方法进行合理估值。GP 需根据项目的类型与属性，采用不同谈判策略与方式。同时，为确保交易顺利完成，还要制定完善的交易文件，最终确定基金与目标项目商定的各项条款。第四节是项目投后管理及退出。项目的持续增值是 GP 投后赋能价值创造的表现。GP 应持续开展投后增值服务，伴随目标项目成长，同时分享成长增值的红利，最终选择合适的方式与时机实现项目的退出，获得收益。

第一节　投资项目的开发

2014—2020 年我国私募股权投资市场规模得到了显著提升，大量资金涌入私募股权投资的蓝海中。在形形色色的企业中发现合适的目标，往往最能体现 GP 的核心投资能力。好项目就像金子一样，都是藏身于泥土和岩石当中，并不是随随便便在地上就可以捡到。想挖出金子就要依靠渊博的学识、深入的研究、广泛的人脉以及丰富的经验。优秀 GP 对目标项目的开发过程一般紧紧围绕"投什么"（What）、"从哪来"

（Where）、"如何选"（Choose）展开。

一、"投什么"（What）

GP 面对私募股权投资市场，就如同一支矿工队伍面对广阔无垠的大地，地下蕴藏着各样的矿产，第一步就是要明确自己想挖什么或者说能挖什么。要充分认识自身的能力边界，对自己所具备的优势和存在的劣势要一一掌握，对自己有一个清晰的定位，要在一开始就列出那些不能赚的钱和不能做的事，这样才会在风口来临时乘风破浪，而不是被拍在沙滩上。

GP 应充分考虑投资团队的人员构成、能力禀赋，基金的整体规模、生命周期等因素，科学制定与团队能力相匹配的投资范围，解决好"投什么"的问题。

二、"从哪来"（Where）

"从哪来"顾名思义就是要知道金子在哪挖，项目从哪来。"从哪来"体现的是 GP 从什么地方获取项目的问题。目前，私募股权投资中 GP 获取项目的方式可以分为两大类：一类是以研究驱动"自上而下"式地获取项目；另一类是以机会驱动"自下而上"式地获取项目。

以研究驱动"自上而下"式地获取项目，需要的是 GP 对一个产业的生态、环境持续自主的深入研究，需要的是对行业独立的认知与思考。然而要想解决"从哪来"的问题，就需要 GP 以研究为驱动力，不断地提升行业研究能力，弄清搞懂行业的投资逻辑。要对行业目前存在的需求及要解决的问题，行业的发展阶段以及"天花板"，阻碍行业发展的主要因素，行业顶级玩家的标准及竞争环境进行深刻的剖析，从而判断行业投资的切入点、时机、风险收益比和最值得投资的项目。

以机会驱动"自下而上"式地获取项目，需要 GP 拥有广泛的人际关系网络，通过多元的产业渠道获得丰富的项目储备。主要包括以下几种方式：

（1）来自合作方的推荐，如被投资项目企业家、券商、商业银行、会计师事务所、律师事务所、财务咨询公司、政府引导基金等；

（2）来自同行的推荐，如天使投资人、其他 GP；

（3）来自行业专家的推荐，如高校教授专家、科研院所研究人员等；

（4）来自组织协会的推荐，如企业家联盟、投资者联盟、商会组织等；

（5）来自地方政府及职能部门的推荐，如各级经济技术开发区管委会、各地政府金融办/上市办、科技创新孵化中心、高新技术发展研究中心、各地政府创新发展平台等；

（6）来自行业论坛、行业展会以及高校各类创业创新大赛。

三、"如何选"（Choose）

筛选的过程好比淘金。淘金者在河床上捞起河中淤泥，不断淘洗，在淘盘上将淤泥洗净找寻天然金沙。今天的私募股权基金管理人是时代的淘金者，从千千万万个项目中筛选出那些闪光的"金沙"。GP 在清晰认识自身能力边界的前提下，解决了"投什么"和"从哪来"的问题后，需要用符合自身发展需求的"淘盘"剔除那些吸引力弱或不达标的项目，从而将精力集中在最佳的投资机会上。GP 要与潜在被投资企业进行多次深入接触，与企业家进行开诚布公的交流，了解项目目前的发展情况、业务亮点、公司痛点以及财务指标等，结合自身的特点，将不符合的项目淘汰，留下符合的项目继续跟进。

第二节　投资项目的尽职调查

对于市场上优秀的 GP 来说，挖掘到合适的目标项目只是成功投资过程中的第一步。通过淘金，将一些闪光的项目纳入项目库中，即可开始下一步的尽职调查环节，对项目进行一次专业且全面的体检。在尽职调查中，GP需要对目标企业的前世、今生、未来进行详细了解，同时也要站在不同角度对目标企业的运营、发展情况进行调查，不放过每一个与目标企业相关的重要因素，深刻理解其亮点与不足，从而就是否继续投资做出最佳判断。如果打算拿下项目继续投资，则通过全面的体检，还可以找出目标企业的短板，进而帮助企业更好地发展并补齐短板，提供有针对性的投后赋能服务；同时也可根据找出的目标企业痛点，积攒交易谈判的筹码，为后续谈判定价打下基础。

整个尽职调查过程需要GP倾注大量的人力物力，要把精力放在有可能的项目上。明确尽职调查的核心问题，对判断是继续投资还是终止投资是至关重要的。在尽职调查过程中，GP需要对目标企业的商业逻辑、盈利模式、合规情况与基金自身的投资理念及策略进行一致性评判。要了解目标企业"我是谁"（具体做什么）、行业空间、"为什么是我"（独特优势等）、价值变现等重要指标或因素，就需要在尽职调查中做好三个方面的工作：对目标项目进行财务尽职调查，对财务情况进行梳理，做好充分估计；对目标项目进行商业尽职调查，对项目所在行业的深度以及广度、市场量级、竞争对手等因素进行调查，预测项目未来的发展前景和可能面临的风险；对目标项目进行法律尽职调查，对项目运营以及条款的合规性进行全面检查，避免合规性问题引发的风险。

随着私募股权投资行业日趋多元化，GP的投资策略及发展方向往往会涉及多个赛道、多个领域，但限于投资团队的能力边界，GP往往需要借助外力对不擅长的领域的目标企业进行调查。GP一般通过聘请外部顾问、券商、行业专家、咨询公司等来弥补投资团队的短板。GP往往借助这些外力对目标企业的技术实力、商业化可行性、市场空间以及未来行业的发展方向等进行验证。

此外，优秀的私募股权基金往往在尽职调查时就将项目未来的退出路径作为投资决策的一个因素进行考量，以保证基金能够顺利完成退出。

一、尽职调查

给目标企业做体检与给人做体检基本一致，都有个常规流程，在此基础上会根据企业不同的"年龄段"进行有不同侧重点的重点筛查。整个尽职调查过程可以按先后顺序分为初步尽职调查和正式尽职调查。初步尽职调查完成后，若GP觉得目标项目比较令人满意，打算启动后续投资流程，则GP将在内部进行立项，获得通过后即可开展正式尽职调查。

（一）初步尽职调查

初步尽职调查的要义是对目标项目进行初步的投资价值评估，而不需要团队投入巨大精力、人力拿着放大镜去找寻风险的蛛丝马迹。

在初步尽职调查前，GP通常需要与目标企业签署保密协议，承诺以保密的方式展开尽职调查，同时在一定期限内保守秘密，从而有效保护双方商业利益不遭受损失。

在双方都做出保密承诺后，GP即可开展初步尽职调查工作。初步尽职调查中，GP可以通过"看人""看护城河""看地位""看对手""看模式""看未来"来判断投资价值。

（1）"看人"。首先，重点关注企业家是否具备与行业及企业发展相匹配的企业家精神，是否具备高格局、宽视野、坚强的意志，要看清企业家内在的品质。其次，要重点关注目标企业的管理团队，考察团队是否具备能力使企业持续健康发展，考察团队的协作与凝聚力情况。

（2）"看护城河"。重点分析目标企业在赛道内与众不同的原因。这些差异化的竞争优势就是"护城河"。GP要测量目标企业"护城河"的宽度与深度，同时还要研究目标企业不断拓宽"护城河"的能力，以保证目标企业在 GP 投资后，差异化优势不断固化。

（3）"看地位"。"三百六十行，行行出状元"这句俗语适用于 GP 的初步尽职调查。对目标企业所在行业的集中度、市场占有率等情况要深入分析，看清企业的行业地位，了解其是否是头部企业，据以判断投资的价值是否符合标准。

（4）"看对手"。同赛道中的其他企业就好比一面镜子，为 GP 提供了很好的参考。可以通过分析赛道内同类企业在商业模式、提供的产品及服务、运营模式等方面的差异化情况，为预测目标企业的未来发展以及合理评估价格提供有力的支撑。

（5）"看模式"。要与企业家和管理团队进行深入交流，吃透企业的运营思路及商业模式，摸清企业的商业逻辑并判断其可行性，判断未来企业的发展周期与成长空间，寻找企业业绩爆发的时间节点，从而合理判断项目价值及退出时机。

（6）"看未来"。GP 关注一个企业，不仅要考虑当下的经营状况、行业地位等因素，更要关注企业与行业未来的发展空间。同时，还要时刻关注未来宏观环境、政策环境的风向，对未来环境的风吹草动要明察秋毫。

（二）正式尽职调查

一般在开始正式尽职调查前，GP 会与目标企业签署相关的投资框架协议。协议内容一般由 GP 提出，其中包括投资条款、投资条件、排他性条款、投资保密条款等。尽职调查要求质效兼顾，调查范围与投入成本相平衡。

（1）组建团队。GP 在一切准备就绪后，组建尽职调查团队，通常由投资团队前期参与人员、团队内部若干专业人员以及外部力量组成。外部力量主要包括私募股权投资行业经验丰富的会计师及律师、投资咨询机构等。外部力量可以为正式尽职调查工作提供有力的支撑。

（2）编制问卷。根据业内惯例，尽职调查团队要编制调查问卷，交给目标企业人员、客户、供应链上游公司、监管部门等相关人员填写，从而获得与此次投资机会、风险相关的信息。问卷内容通常采取"标准化＋个性化"的形式，通过标准化内容了解企业一般信息，通过个性化内容就企业具体的差异化信息进行收集。在尽职调查中，团队应不断更新完善调查问卷，确保能够知道所有想知道的情况。

专栏 6-1　项目投资尽职调查问卷

一、公司概况及股权结构

1. 请提供公司及子公司全套工商资料。

2. 请提供历次股权变动及历次增资资料，包括股东会决议、股权（份）转让协议、增资协议、验资报告（若有）、资产评估报告（适用于非货币类出资）、融资到账的流水凭证、历次融资的相关资料等文件。

3. 请提供公司主要股东的持股比例及相互间的关联关系。

4. 请提供公司业务及生产经营有关的资产权属变更的情况。对公司业务及生产经营所必需的商标、土地使用权、专利与非专利技术、重要特许权利等，应明确披露这些权利的使用及权属情况。

5. 请提供管理层持股及员工持股情况，历次股份支付处理资料。

6. 公司是否存在可转债？若有，请提供交易时间、换股价格。

7. 公司若从事控股或投资管理等业务，则除披露上述情况外，还请披露对外投资及风险管理的主要制度。

8. 请提供公司现行的薪酬体系和激励体系的制度及执行情况，包括工资福利制度、绩效考核制度、人事管理制度等。

9. 请提供与公司经营业务相关的行业许可证书。

二、控股股东及实际控制人情况

1. 请提供实际控制人控股或参股的全部企业清单，该清单应包含企业名称、实际控制人在公司的持股比例、企业简介、企业资产负债情况，若企业股权存在质押情况，则请说明原因。

2. 请提供控股股东及实际控制人的资信情况，请提供实际控制人的征信报告。

三、公司治理及内部控制

1. 请提供公司章程中有关股东权利、义务，股东大会的职责及议事规则，保护中小股东权益的规定及其实际执行情况。

2. 请提供重大生产经营决策程序与规则，包括对外投资等重大投资决策的程序和规则，重要财务决策的程序与规则，对高级管理人员的选择、考评、激励和约束机制，利用外部决策咨询力量的情况。

3. 请提供公司组织结构图。根据组织结构图，提供各业务部门简介，提供各业务部门负责人名单及简历、部门人数以及绩效考核办法，提供内部控制制度及流程图，说明内部控制制度是否健全、是否得到有效执行。

4. 请提供现任董事、监事、高级管理人员的基本情况（包括但不限于姓名、现任职务及任期、从业简历、兼职情况、持有目标企业股份或股权的情况等）。高管是否正在或曾经遭受行政处罚、被立案侦查或调查？

5. 请提供设立董事（如有）的情况，包括独立董事的人数，独立董事发挥作用的制度安排以及实际发挥作用的情况等。

6. 公司董事长、经理、财务负责人、技术负责人在近三年内是否发生过变动？请披露变动的经过及原因。

7. 请提供公司销售团队的区域分布、人数规模及核心人员简历，并介绍销售团队的管理及激励体制。

8. 请提供公司与员工签署的劳动合同、保密协议、竞业禁止协议的样本。

9. 请提供公司关联方、关联关系的资料，包括股东及其子公司，公司合营、联营、参股公司，主要投资者个人、关键管理人员或其关系密切的家庭成员控制、共同控制或施加重大影响的其他企业等。

10. 请提供公司为控股股东、实际控制人及其关联方提供担保的情况，分析提供担保的原因、担保的期限和金额、被担保方信用状况等信息，并说明是否需计提负债，关联担保是否按内部决策权限、程序执行。

四、主营业务及重要资产情况

1. 请提供营业执照及全部从事业务需要的许可资格或资质文件。

2. 请提供更新的申报成功的专利清单以及在申的专利清单，包括申报成功的专利的申请时间、授权日期。

3. 请提供公司核心技术平台的详细情况。请提供核心研发团队的人员清单、教育背景、工作经历。请提供依靠该平台技术目前在售的产品清单，其对公司销售收入的贡献情况，能利用现有技术平台的在研产品的清单和占比。

4. 请提供公司业务板块的详细介绍，包括各业务板块的销售收入占比明细、近三年来的增长情况、在售产品的售价以及成本构成。

5. 请提供公司主要产品的介绍（包括产品类型、产品名称、具体规格、标准定价、产品图片、各产品的生产工艺路径），各产品的营收占比情况，以及主要功能的介绍。

6. 请提供关于公司主要产品的市场地位的资料（列明各产品的

市场份额），请提供主要竞争对手清单。

7. 请提供公司目前重点在研产品/服务项目的介绍资料，包含但不限于产品种类、预计上市时间、研发进展、已投入资金、预计投入资金、预计销售数量。

8. 请提供公司的研发流程图。

9. 请提供公司目前所有自研新产品情况，包括但不限于产品种类、研发投入资金、研发总耗时、销售数量、已完成销售金额。

10. 请提供公司研发投入情况。

11. 请提供最新的销售排名前十的产品收入、成本、毛利构成明细（近三年）。

12. 请提供公司近三年前十大经销商的名单。

13. 请提供公司截至上年底的客户清单、产品名称、销售数量、产品收入。

14. 请详细说明公司近三年各年度的十大客户、十大供应商的对应金额、占比、销售模式（直销、代理）。

15. 请提供关于公司的销售政策、销售模式、销售人员数量、销售收入分析的资料。

16. 请提供公司市场促销和市场渗透的方式、安排及预算方案（包括主要促销方式和策略）。

17. 请提供公司的产品价格方案（包括定价依据和价格结构、影响价格变化的因素和对策）。

18. 请提供公司的市场开发规划、销售目标（近期、中期）、销售预估（3～5年），包括销售额、占有率及计算依据。

19. 请提供近三年公司的采购情况。

20. 请提供公司主要厂房、土地、办公场所和其他经营性资产的产权文件；若是租赁的物业，则请提供租赁合同。

五、行业及竞争概况

1. 请描述同行业的类似产品的情况。

2. 请描述公司在国内外的主要竞争对手以及其相关情况（业务拓展、市场份额）。

3. 请提供相较竞争对手而言公司主营产品的详细的创新点说明、技术路线说明、优势说明并提供相关依据。

4. 请描述公司主营产品的行业壁垒、准入壁垒、资金壁垒。

5. 请描述主营产品的未来发展趋势与计划，并提供依据。

六、财务情况

1. 请提供公司最近三年与上一期经审计的财务报表以及未来3～5年的财务预算表，请说明预测中的原始数据来源，并对预测中的重要假设前提进行说明。如果预测是基于合同、订单、意向书等，则请提供相应清单，并注明客户、金额、合同执行时间、当期可确认的收入等。

2. 最近三年与上一期合并财务报表范围发生重大变化的，请提供合并财务报表范围的具体变化情况、变化原因及其影响。请提供公司对其他企业的重要权益投资情况，对持股比例超过50%的权益未纳入合并报表的或持股比例低于50%的权益纳入合并报表的，请说明具体原因。

3. 请提供最近三年与上一期的重要合同（每年金额排名前十的合同）。

4. 简要介绍公司的 ERP 系统、财务系统、OA 系统（如有）。

5. 销售收入。请提供报告期内各期销售收入的构成及比例，营业收入发生重大增减变动的情况及原因，以及销售回款情况。

6. 销售成本及期间费用。请提供报告期内各期销售成本及期间费用（包括研发费用）的构成，公司研发支出明细表，研发支出资本化、费用化的明细。

7. 非经常性损益。请提供报告期内各期非经常性损益明细表。

8. 若毛利率或净利率有明显波动，则请说明波动的情况及原因。

9. 应收账款。请提供应收账款明细表。

10. 固定资产。请提供固定资产清单（大额固定资产的权属证明文件、固定资产抵押情况）及固定资产的使用状况、折旧政策、减值准备；请说明在建工程的工程进度。

11. 无形资产。请提供无形资产明细表并对其进行说明。

12. 其他知识产权的相关证明文件（请说明公司其他资产情况、公司资产的投保情况、公司银行借款的情况）。

13. 存货。请提供存货明细及变动表，请提供重要原材料采购价格、产成品销售价格与市场价格对比情况，请提供存货库龄、存货盘点明细。

14. 应付账款。请提供应付账款明细。

15. 债务情况。请提供最近一个会计年度期末有息债务的总余额、债务期限结构、信用融资与担保融资的结构，请提供上述债务抵质押条件及相关合同。有逾期未偿还债项的，应当说明其金额、未按期偿还的原因等。

16. 请提供公司获得贷款银行的授信情况、使用情况。

17. 公司是否存在违法违规、诉讼及受处罚的情况？若有，请提供相关证明文件。

18. 请提供公司税负情况（公司承担的主要税负及税率、公司享受的税收优惠政策及相关文件、最近三年的完税证明文件）。

19. 分红情况。若有，请提供公司近三年的分红情况。

20. 研发费用。请补充最新一期数据。

21. 公司目前会计工作情况。会计基础工作是否符合财政部《会计基础工作规范》（最新版）？如不符合，则请详细介绍相关不符合之处。有无不符合会计准则的会计核算办法？如有则请详细介绍相关不符合之处。有无财务管理制度？如有则请介绍。

资料来源：根据业界通行惯例整理汇总。

（3）收集重要材料。尽职调查团队对目标企业的各类重要材料进行重点收集，其中包括公司章程、公司合法存续相关证明材料、股权架构情况、历年财务报表、财务预测情况、企业与客户及供应商签订的合同及协议、劳动合同、员工薪酬及持股情况等。对这些重要材料进行收集整理，有助于对目标企业进行全方位的体检，发现风险点及投资机会。

（4）现场走访及访谈。要到企业现场扎实开展与企业董事、监事、高级管理人员的访谈工作，充分了解企业的历史沿革、管理人员的能力及性格、企业发展及运营情况。要去企业生产现场看看生产设备运转情况，要与一线员工聊聊企业产能、企业管理制度及执行情况、员工激励机制等，从而更好地了解企业的真实情况。不光要去企业现场，还要到它们的客户、供应商那里去，去看看产品或服务使用效果，去聊聊供货需求，从而印证目标企业提供的各类信息，合理判断企业发展经营情况及其在行业内的地位。

（5）形成尽职调查报告。经过以上体检流程后，最终要形成"体检报告"。尽职调查团队要汇总各类信息，剖析此次投资存在的亮点、可能存在的风险，并提出解决或控制措施、拟定投资条件等，向基金内部投决会提交最终报告。

二、尽职调查重点关注点

尽职调查团队重点就目标企业的商业、财务、法律和人力资源这四个方面开展详尽调查，分别进行商业尽职调查、财务尽职调查、法律尽职调查、人力资源尽职调查（有的时候会与商业尽职调查相结合），将这几方面的情况像拼图一样拼成整体，就能最终勾勒出企业的轮廓。这需要团队成员拿着放大镜寻找可能影响交易的任何蛛丝马迹，确保投资者的利益不受损失。

（一）商业尽职调查

商业尽职调查主要是对目标企业的商业逻辑、盈利模式等商业运营情况进行详细的调查，同时对未来企业商业模式的延续性及盈利进行评估。商业尽职调查通常是尽职调查团队与行业专家共同开展的，主要对企业所在行业的发展趋势、客户需求、行业竞争形势、行业集中度、企业市场占有率等商业情况进行调查，从而更好地掌握目标企业未来的发展趋势以及对其价值进行更准确的评估。

具体的商业尽职调查通常从市场环境、监管环境、竞争环境、企业商业模式、商业计划、技术实力和ESG情况等方面展开。

市场环境调查内容包括企业所在行业市场发展驱动力、市场总体量、市场发展趋势及当前所处阶段、宏观经济变化对市场的影响等。

监管环境调查内容包括企业所在行业监管的意义及目的、未来的监管方向及趋势、监管手段及措施、监管政策及手段的变化对行业和企业发展的影响等。

竞争环境调查内容包括企业的"护城河"、客户稳定性、供应商及客户的议价能力、赛道内其他主要玩家的经营情况、行业壁垒等。

企业商业模式调查内容包括企业商业逻辑、运营模式、盈利模式及盈利情况、运营情况及策略、产品和服务的商业周期及迭代能力、定价机制、市场定位、销售策略、销售渠道、供应商的稳定性、客户黏性、现阶段企业遇到的困难及存在的短板等。

商业计划调查内容包括企业此前计划的执行情况、未来的发展计划、预期企业规模及盈利情况、未来可能遇到的发展瓶颈、后续融资及上市计划。

技术实力调查内容包括企业研发能力、产品技术门槛、与同赛道内其他竞争对手的技术差异性、产品迭代速度等。

ESG情况调查主要对企业的社会责任感进行调查，主要内容如下：一是环境方面，包括碳及温室气体排放、废物污染及管理政策、能源消耗情况、自然资源的使用与管理等；二是社会方面，包括性别及性别平衡政策、人权政策及违反情况、健康安全、管理培训、劳动合规性等；三是治理方面，包括公司治理、反垄断及不公平竞争、风险管理、税收透明、道德行为准则等。

在商业尽职调查中若发现企业产品或服务在市场中地位受到较大挑战、替代品全面超越企业所提供的产品或服务、行业市场整体总量萎缩、商业模式出现严重问题、供应商及客户订单过于集中等商业风险点，则可能直接导致终止投资。

（二）财务尽职调查

财务尽职调查主要是对目标企业真实的历史财务情况进行详细的调查，同时对未来一段时间内企业的财务情况进行评估。财务尽职调查通常是尽职调查团队与经验丰富的会计师事务所共同开展的，主要对目标企业一般情况、会计政策、损益表、资产负债情况、现金流、表外金融工具情况等进行详细调查，对企业最近3～5年经审计的财务报表、预算及实际完成情况、未审计财务数据等进行详细审查，并合理预测未来3～5年企业的财务情况及现金流状况，从而充分掌握当前企业的真实财务情况，并预计未来退出时的企业价值。

在财务尽职调查中若发现企业营运资金不断恶化、财务造假、调整会计口径操纵企业业绩、存在严重对外担保及资产抵押等重大财务风险，则可能直接导致终止投资。

（三）法律尽职调查

法律尽职调查通常是对目标企业的公司章程、重要法律文件进行详细审查，帮助 GP 充分了解目标企业的合规情况。法律尽职调查通常是尽职调查团队与经验丰富的律师共同开展的，主要对企业的基本情况及资质、合规运营、独立性、业务开展情况、各类产权（包括房产及土地权属凭证、无形资产权属凭证、生产经营设备权属）、同业竞争及关联交易、债务及诉讼情况等进行核查，从而合理评估目标企业相关利益方的合规情况。法律尽职调查的情况直接影响团队对目标企业未来风险的认识和判断。

（1）目标企业的基本情况及资质核查。主要包括对目标企业的主体、设立程序、自成立以来股本及股权变化情况、股权架构情况、发起人及股东的资质情况、公司章程的制定和历次修改情况等进行核查，以充分了解企业的基本轮廓，通常采取公开信息渠道和书面核查相结合的方式开展核查。

（2）合规运营核查。主要包括对目标企业的内部组织机构、"三会"及内部规范运作制度、企业会议记录及决议内容等进行详细核查，判断企业是否按照相关法律法规、公司章程及相关制度要求，合规开展各项运营工作。通常采取书面核查的方式开展核查。

（3）独立性核查。主要包括对目标企业从业务独立性、资产独立性、人员独立性、财务独立性、组织机构独立性等五个维度进行核查，从而更好地判断企业是否具备"独当一面"的能力。通常采取书面核查、实地走访、现场访谈相结合的方式开展核查。

（4）业务开展情况核查。主要包括对目标企业的主营业务情况及行业政策法规、产业链上游供应商和下游客户、签订的相关业务合同及履行等方面的情况等进行核查，从而对企业的业务规模、增长情况进行合规性判断。通常采取现场访谈、实地走访、公开信息渠道查询、书面核查、法律检索相结合的方式开展核查。

（5）各类产权核查。主要包括对目标企业及其控股子公司的在建工程、地产房屋、商标、知识产权专利、对外的投资资产、资产租赁、股权抵押及质押等方面的情况的核查，确保企业及其控股子公司的各类产权合法合规。通常采取公开信息渠道查询、书面核查、实地走访相结合的方式开展核查。

（6）同业竞争及关联交易。主要包括对目标企业的同业竞争格局、交易关联方、主要客户和供应商的关联关系等方面的情况进行核查，核查企业是否对同业竞争和关联交易进行了充分披露，是否存在重大遗漏或重大隐瞒。通常采取现场走访、公开信息渠道查询、书面核查相结合的方式开展核查。

在法律尽职调查中若发现企业存在所有权存在疑点、牵涉较多未决诉讼、存在严重违法行为、知识产权欠缺保护、公司内部制度混乱、有腐败贿赂行为等重大合规风险，则可能直接导致终止投资。

常用公开信息渠道如下：（1）目标企业官网；（2）国家企业信用信息公示系统（http://www.gsxt.gov.cn）；（3）全国组织机构统一社会信用代码数据服务中心（https://www.cods.org.cn/）；（4）天眼查（https://www.tianyancha.com/）；（5）中国人民银行征信中心（http://www.pbccrc.org.cn/）；（6）中国判决文书网（https://wenshu.court.gov.cn/）；（7）重大税收违法失信案件信息公布栏（http://www.chinatax.gov.cn/chinatax/c101249/n2020011502/index.html）；（8）国家知识产权局商标局官网（http://sbj.cnipa.gov.cn/）；（9）中国证券监督管理委员会（http://www.csrc.gov.cn/pub/newsite/）。

（四）人力资源尽职调查

人力资源尽职调查通常是对目标企业的实际控制人、高级管理团队、中层管理人员等关键员工展开的详细调查，目的是更好地了解企业文化及团队能力和凝聚力。人力资源尽职调查通常由尽职调查团队主导，并聘请部分人力资源专家参与开展，通过充分评估企业文化和价值观、管理团队业务能力及凝聚力、劳动合同、薪酬福利计划等来判断企业稳定性及健康可持续发展能力。

在人力资源尽职调查中若发现企业存在管理团队等核心成员频繁更换、企业文化严重偏离正常价值观、核心人员持有股份全部套现等人力资源风险点，则可能直接导致终止投资。

三、尽职调查陷阱

尽职调查是由投资团队会同经验丰富的会计师、律师、行业专家共同开展的。在整个过程中存在尽职调查陷阱，几乎每一位参与者都希望投资活动继续开展下去。他们都希望推动促成交易，都希望所参与的项目成为万众瞩目的明星项目。投资团队的成员希望自己发现的项目是别人所没发现的"金子"，同时获得交易产生的收益，对名利双收的渴望自然会驱使投资团队有动力促成交易。对于中介机构，促成交易会给它们带来薪酬收益，同时也可以展现出专业水平。

所以，通过尽职调查使得交易停止的获利方是谁是一个值得思考的问题。GP可能想完成每一笔投资，但同时又无法负担因此而投入的巨大资源和精力，并且一旦投入了巨大的资源和精力就会导致之后在该止损的时候不能及时止损，从而产生一个代价巨大的恶性循环。GP应该清楚，这是一场关系极其微妙的博弈。如果不投入一定精力和资源，就无法真正了解项目本身，就无法完成后续投资。如果将精力和资源全部投入某一项目抢风口而不保持相应的警惕，那么一旦该项目不达预期就会使得时间与金钱白白浪费。

所以应保持适度的审慎。既然陷阱的存在不可避免，那么GP应该善于提问题，从而将不符合预期的项目扼杀在萌芽中，避免因一场注定失败的投资而浪费精力与资源。

第三节　项目的估值与投资决策

对于 GP 而言，投得值不值，主要取决于对目标项目价值估得准不准。然而 GP 的投资标的大部分都是未上市企业（定向增发和上市公司私有化等交易类型除外），评估这些企业"值多少钱"往往是一件令 GP 头疼的事情，因为估值是从投资到退出整个过程都需要考量的因素。估值的结果是 GP 考虑是否继续投资的关键依据，是影响后续企业融资与发展、直接决定企业上市定价以及后续退出盈利水平的重要因素。

在对未上市企业进行估值的过程中，要想得到公允价值，就要充分考虑此次投资的属性、背景、客观情况、目的等，从而选择最适合的估值方法进行评估，就好比对金子用重量去衡量其价值，对钻石用大小去评估其价值。估值方法及工具的选取要充分结合市场的客观情况，毕竟最后项目退出时的价格要获得市场认可。同时，估值过程中也需要结合尽职调查的情况，对目标企业的价格进行调整。

GP 完成了对目标企业的尽职调查和估值后，下一步就是进行最终价格谈判，签署交易相关文件，将心仪的目标企业纳入囊中。

一、项目的估值

估值方法的选择通常因目标企业所处阶段的不同而不同。对于创业投资，其一般投资于早期的初创企业，这些企业现金流与利润基本都为负值，通常先预测退出时目标企业股权价值，再以目标收益率作为折现率倒推当前股权价值。

对于成长期、成熟期股权投资和并购型投资，通常采取目标企业经营性现金流、利润及可类比的同类型企业估值倍数进行评估。

（一）创业投资估值

风险投资过程中的估值的核心点在于如何更为准确合理地评估出投资和退出时间节点上的股权价值。由于接受风险投资的大多为处于发展早期的企业，这些企业还处在投入期，基本上经营性现金流和利润都是负值，处在烧钱阶段，其需要做的是不断完成后续融资，向成长期、成熟期发展，最终实现盈利。

所以对还处在烧钱阶段的企业进行估值，通常是基于商业计划书中对未来一段时间企业收入盈利的预测判断退出时的市值。由于这种方法不确定性大、市场风险高，因此要充分考虑失败的可能性，从而导致 GP 通常会设置较高的目标收益率。GP 最关心的是风险调整后的目标收益率，通过预测退出时目标企业股权价值，可倒推当前价值。GP 设定的目标内部收益率一般为 $40\%\sim80\%$，具体取值还需要结合企业具体所处的阶段而定，一般情况下，所处的阶段越靠前投资风险和不确定性越大，目标内部收益率取值就越高；所处的阶段越靠后，商业模式越成熟，投资风险相对越小，目标内部收益率取值就越低。

计算过程如下：

$$当下目标企业估值 = \frac{退出时企业价值}{目标回报倍数}$$

$$= \frac{退出时企业价值}{(1+目标收益率)^t}$$

式中，t 为从投资到退出之间的年数。

$$持股比例 = \frac{GP\ 投资额}{当前目标企业估值}$$

下面举个例子加以说明。

股权投资基金 A 看准了创新药企业 B，B 企业处于发展早期，现金流和利润都是负值，A 基金拟投资 0.2 亿元，计划 6 年后退出，退出时股权价值为 200 亿元，目标收益率设为 60％，那么：

$$B\text{企业当下估值}=\frac{\text{退出时股权价值}}{(1+\text{目标收益率})^t}$$

$$=\frac{200}{(1+0.6)^6}$$

$$=11.92（亿元）$$

$$A\text{基金持股比例}=\frac{GP\text{投资额}}{B\text{企业当前估值}}$$

$$=\frac{0.2}{11.92}=1.68\%$$

可以明显看出，如果目标企业不再进行后续股权融资，则 GP 的持股比例将会保持不变；如果目标企业进行后续股权融资，则会出现股权被稀释的情况。所以 GP 也要关注后续股权融资后持股比例的变化情况，特别是进行后续股权融资时企业估值低于此前估值的情况。GP 为保证最大利益，通常会设置保护条款，以防止持股比例被过度稀释。

（二）成长期、成熟期股权投资和并购型投资估值

成长期、成熟期股权投资和并购型投资，顾名思义是针对处于成长期及以后阶段的未上市企业的投资。处于上述阶段的企业相比早期企业更为成熟，商业模式和盈利状况更为明朗，投资风险相对较低，已经拥有可供参考的经营数据，因此 GP 可以根据企业历史经营数据、现金流、参考倍数等进行合理估值。估值方法大致可分为相对估值法、现金流贴现估值法以及其他估值法。

1. 相对估值法

相对估值方法的核心就是选取可类比企业，参考可比企业的价值，根据企业特点通过某一指标来衡量目标企业的价值。公式如下：

目标企业价值＝可比企业价值×（目标企业某一经营数据/可比
企业对应经营数据）

＝目标企业某一经营数据×（可比企业价值/可比
企业对应经营数据）

＝目标企业某一经营数据×可比企业倍数

可以看出，相对估值法类似照镜子，是套用同类型企业在市场上的价值倍数来评估目标企业价值的一种方法。所以选取对应可比企业尤为重要，可比企业所在的行业、盈利模式等各方面情况与目标企业越相似，相对估值法的效果就越好。当然，多选几个可比企业，价值倍数取中间值也可以。

可比企业倍数可以选取市盈率（P/E）、市净率（P/B）、市销率（P/S）、企业价值/息税前利润倍数、企业价值/息税折旧摊销前利润倍数等。

（1）市盈率（P/E）倍数估值法。

$$市盈率倍数＝\frac{股权价值}{净利润}＝\frac{每股股价}{每股收益}$$

股权价值＝净利润×市盈率倍数

可以看出，在使用市盈率进行估值时，通常会选用最近一个完整会计年度的财务数据、最近一个自然年度的财务数据、未来年度的预测数据进行估算。通常在实践中，更多地采用的是未来年度的预测数据进行估算。

（2）市净率（P/B）倍数估值法。

$$市净率＝\frac{股权价值}{净资产}＝\frac{每股股价}{每股净资产}$$

股权价值＝净资产×市净率倍数

金融机构等资产流动性较高的标的在估值时，因为其净资产账面价值更加接近市场公允价值，故通常使用市净率倍数估值法。

（3）市销率（P/S）倍数估值法。

$$市销率＝\frac{股权价值}{销售收入}＝\frac{每股股价}{每股销售收入}$$

$$股权价值＝销售收入×市销率倍数$$

市销率估值法通常适用于公共交通、商业消费、电子商务、医药、通信等销售成本率相对稳定的企业。

（4）企业价值/息税前利润倍数估值法。

$$企业价值/息税前利润倍数＝\frac{企业价值}{息税前利润（EBIT）}$$

$$息税前利润（EBIT）＝利息＋所得税＋净利润$$

$$目标企业价值＝目标企业息税前利润×可比公司企业价值/息税$$
$$前利润倍数$$

企业价值/息税前利润倍数估值法剔除了资本结构的影响因素，同时可尽量降低资本结构不同导致的可比企业与目标企业估值的偏差。

（5）企业价值/息税折旧摊销前利润倍数估值法。

$$企业价值/息税折旧摊销前利润倍数＝\frac{企业价值}{息税折旧摊销前利润（EBITDA）}$$

$$息税折旧摊销前利润（EBITDA）＝折旧＋摊销＋息税前利润（EBIT）$$

$$目标企业价值＝目标企业息税折旧摊销前利润×可比公司企业价$$
$$值/息税折旧摊销前利润倍数$$

企业价值/息税折旧摊销前利润倍数估值法在剔除资本结构的影响因素的同时，还对折旧与摊销的情况进行了考虑，避免了企业间不同的折旧摊销水平与政策对估值的影响。

相对估值法的好处在于简约易用，较大程度反映了市场对类似企业价值的评价，主观影响因素少。但相对估值法受限于可比企业的数量以及质量，同时可比企业与目标企业毕竟有所差别，所以类比估值都会存在一定的偏差。

2. 现金流贴现估值法（DCF）

现金流贴现估值法通过计算投资后目标企业各期的未来现金流的现值并进行加总得到其价值，计算公式为：

$$目标企业价值 = \sum 未来现金流的现值$$

$$= \sum_{t=1}^{\infty} \frac{现金流_t}{(1+平均折现率)^t}$$

但一般估值并不能一直持续预测下去，只能预测到一个有相对详细数据的时间节点。根据该时间段内目标企业终值对应的现值再加上这段时间现金流的现值，即可得出目标企业的价值。计算公式为：

$$目标企业价值 = \sum 预计时间段内现金流的现值 + 预测期内目标企$$

$$业终值的现值$$

$$= \sum_{t=1}^{n} \frac{现金流_t}{(1+平均折现率)^t} + \frac{预测期内目标企业终值}{(1+平均折现率)^n}$$

现金流贴现估值法通常可以获得目标企业的内在价值，其受市场短期波动和非现金流因素影响较小。同时，现金流贴现估值法对目标企业经营模式及财务情况的挖掘比较深入，有利于 GP 深入了解企业的商业逻辑及盈利模式，寻找可以提高的地方，帮助企业快速成长。

但现金流贴现估值法中对于预测期、平均折现率、预测期内目标企业终值等要素的选取易受主观因素影响，且偏离度较大，同时计算过程相对复杂，所以这种估值方法适用于现金流预测度较好的领域，如电信、公用事业等行业。

3. 其他估值法

其他估值法主要包括成本估值法和清算价值法。成本估值法即利用企业总资产减去总负债得到企业账面价值的方法，清算价值法是利用待估值资产重置成本减去各种折旧贬值后得到资产价值的方法。这两者在私募股权投资过程中用到的频率较低，就不在此赘述了。

二、谈判确定最终价格

估值只是价格谈判过程中的准备工作，因为估值方法的选择、可比企业的选择、各种理想环境的假设和商业计划书中的预测都与实际情况存在出入，所以关于最终价格的谈判也是不断修正调整估值的体现。在基本确定估值后 GP 会与目标企业签署投资条款清单（term sheet），以锁定项目。

在实际的交易过程中，关于最终价格的谈判并不是由 GP 单方主导的，是目标企业和一个 GP 或多个 GP 共同参与完成的。这个过程既是目标企业选择 GP 的过程，也是目标企业在控制力、融资额、未来企业的战略发展等要素间不断平衡的过程。目标企业固然会考虑价格，但对最终交易的支付形式和交割确定性也十分在意。其同时还要考虑 GP 除了财务投资外还能给企业带来哪些帮助。

GP 和目标企业的出发点和利益不同，双方在关于最终价格、投资条款清单等方面的谈判中不可避免地会发生分歧。然而在谈判过程中，第一位的是建立双方共同认可的价值衡量标准，千万不要只站在各自需求上开展单纯的"肉搏"。谈判是 GP 与目标企业斗智斗勇的过程，是一个有进有退、有攻有守的过程，也是相互信任的一种体现。谈判双方都是相互试探的，双方如果能多一点信任，达成目标的概率自然而然就更大一些。谈判双方需要明确的至关重要的一点就是，认清此次投资的收益来自双方 1＋1＞2 的价值创造，而不是来自合作对象单方面的让步。

在 GP 和目标企业眼里，专业和高价的概念是对等的，所以相对专业的双方通常比较容易达成一致，从而会相对比较轻松地完成投资交易过程，且 GP 和目标企业都会留有让步的余地。

三、交易文件关注要素

GP 与目标企业双方谈判好最终价格后，会对交易文件进行协商，重点对关键条款进行进一步谈判。由于私募股权投资过程中存在诸多不确定因素，因此 GP 为了更好地控制风险敞口，通常会在交易文件中设置关键条款，例如对赌/回购条款、董事会席位条款、反摊薄条款、优先认购条款、随售权条款、拖售权条款等，以最大限度地保护自身利益，同时在关键人士的竞业禁止和离职约束方面也会对目标企业进行约束。

（一）对赌/回购条款

该条款规定在触发协议中特定条款内容时，GP 有权将所持有的股份以协议约定好的价格卖回给目标企业创始股东或其关联方。市场上，GP 通常会针对企业未来上市时间节点、目标业绩、重大风险事件出现、企业家失去控制权等进行回购约定，实质是一种对赌。对于 GP 来说，如果目标企业触发了该条款，则可要求目标企业创始股东或其关联方按协议规定对全部的股权或部分股权进行回购。

（二）董事会席位条款

该条款规定 GP 按协议约定有权向被投资企业董事会派驻一定数量的人员，加强对目标企业的治理和监督。虽然 GP 可能是少数股东，但通过这一条款可以加强对企业的影响力，做一个用手投票的积极股东。

（三）反摊薄条款

该条款是指在后轮出现折价融资时，对前轮 GP 利益的保护条款。后轮出现折价融资，表明前轮 GP 用更昂贵的价格进行了投资，后轮参与者用比前轮参与者更低的投资价格进行投资，折价融资间接使得前轮

GP 手中的股权贬值，从而使其遭受损失。为避免遭受因后续折价融资导致的损失，GP 通常在协议中设置反摊薄条款进行保护。反摊薄条款通常有两种：一种是完全棘轮的方式；另一种是加权平均的方式。

完全棘轮的方式，可以理解为重新洗牌的过程，即前轮 GP 按照协议约定，将折价融资前进行投资的资金全部按最低认购价格重新计算，得出新的所获股权数量，新增加的股权由企业家（创始股东）补给前轮 GP。这种方式对 GP 的保护性较强。

加权平均的方式，是指既考虑后轮的融资总额又考虑认购价格的一种保护性条款。计算公式为：

$$P_1 = P_0 \times \frac{(S_0 + A_1)}{(S_0 + A_2)}$$

式中，P_1 为前轮 GP 通过加权平均方式反稀释后的每股新价格；P_0 为前轮 GP 投资时的初始认购价格；S_0 为进行折价融资前的股份总数；A_1 为不进行折价时，后续投资额可买到的股份数量；A_2 为折价融资情况下，后续投资额可买到的股份数量。

这种方式相比完全棘轮的方式，对目标企业更为有利。

（四）优先认购条款

该条款规定在未来企业进行后续融资过程中，发行新股或可转债时，前轮 GP 有权在同样的条件下，按照其持股比例优先认购。这一条款通常被用来保护前轮 GP 的持股比例不被稀释摊薄。

（五）随售权条款

该条款规定企业的其他股东计划将手中的股权对外让出售时，GP 作为老股东有权在同等的交易条件下，根据持股比例参与此次股权转让交易，将手中的股权按比例进行转让。

（六）拖售权条款

该条款通常规定除企业股东外的第三方与作为老股东的 GP 商定收

购其手中的企业股权时，在 GP 接受转让要约后，GP 按照协议有权要求企业其他股东按同等交易条件一起向该第三方进行股权转让。该条款保证了作为少数股东的 GP 在遇到第三方并购时，能够促成并购交易，从而实现手中的企业股权完全退出。

（七）优先受让权条款

该条款规定企业的老股东们打算将手中的股权对外转让出售时，GP 作为老股东有权在同等的交易条件下优先购买。

第四节　项目的投后管理及退出

将目标企业收入囊中，并不代表着 GP 就可以坐等升值了，尤其是成长期、成熟期投资以及并购投资。企业的价值增长，不是简单依靠财务投资，而是靠不断成长、发展、整合来实现的。这一过程需要 GP 和企业共同参与。GP 要结合自身能力和特点，为企业提供具有针对性的投后赋能服务，帮助企业快速发展。同时，GP 作为积极股东，要平衡好企业管理团队、股东、员工、客户之间的利益关系，时刻紧盯公司发展，加强风险管控，努力实现投资收益最大化。这一阶段的 GP 好比经验丰富的饰品金匠，要积极采用不同的手法工艺，将金子打造成最合适的饰品，使企业的价值成倍增长。

一、项目的投后管理

GP 对被投资企业的投后管理模式大致可以分为投资经理负责制、投后管理团队负责制以及外包第三方团队负责制三种。

投资经理负责制，顾名思义，即投资经理负责被投资企业的投后管理工作。这种方式的优势在于，投资经理从投资开始起就参与到项目中，对项目信息的掌握最为全面、连贯，能够高效地开展投后管理工作。同时，项目最终的绩效分成与投资经理息息相关，利益一致性最强。但其劣势在于，投资经理能力及精力有限，并非专业从事投后管理工作，同时投前工作会占用大量时间及精力，导致投资经理难以全力开展投后管理工作。

在投后管理团队负责制下，GP团队单独组建投后管理团队，对被投资项目开展投后管理工作。其优势在于投后管理团队开展投后管理工作更为专业、专注，且投后管理团队可总结不同项目经验形成特色打法，从而提升投后管理工作的专业化水平及效率。其劣势在于投后管理团队未能全程参与投前工作，可能在投后管理中矫枉过正，同时存在投资经理与投后管理团队业绩归因难以评估、责任不清等问题。

外包第三方团队负责制是近年来新发展的一种模式。在这种模式下，GP团队将投后管理的全部或部分工作外包给外部的咨询公司、专业团队或自己成立的独立咨询公司。外包第三方团队负责制将项目投后管理工作这一原本的内部问题以外部化的方式加以解决，从而减轻了GP团队的投后管理工作压力，释放了精力和时间，使其可以更专注于投前工作。其劣势在于会使基金运营成本升高。

投后管理是GP获取被投资企业信息的主要方式，通过参与企业的"三会"（即董事会、监事会、股东大会）、紧盯企业各类报告报表、保持日常的沟通联络等方式，充分了解企业发展方向、经营运行情况、战略计划执行效果、后续融资上市计划等信息，尽量控制好因被投资企业与GP间信息不对称而产生的风险。具体项目的投后管理工作主要包括投后战略计划制定、运营情况监控、增值赋能、绩效管理等方面。

第一，投后战略计划制定。GP将与被投资企业一起剖析当前环境与企业状况，共同制定运营战略，并根据投后管理的实际需要，进一步管控被投资企业年度预算及利润分配方案。

第二，运营情况监控。定期收集被投资企业的财务数据及经营情况报告，了解企业经营计划执行情况，及时掌握被投资企业运营状况，对风险进行跟踪与评估。

第三，增值赋能。充分利用 GP 在商业渠道、融资渠道、产业链布局、大数据支撑等方面的资源优势，为被投资企业解决生产运营过程中出现的难题，帮助被投资企业提升影响力，从而提升企业价值。

第四，绩效管理。交割后要"量体裁衣"，合理搭建估值模型，持续跟踪被投资企业的投资收益情况，作为绩效评估的重要依据之一。定期对企业商业计划目标与实际业绩进行比对，查找偏离原因。对被投资企业进行精细化管理，进一步优化投入产出比，从而提升企业绩效。

当下，私募股权投资行业发展中，绝对低估值的目标项目越来越少，单纯"给钱"的财务投资对企业的吸引力不断降低，真正能为企业战略发展提供帮助的投后赋能越来越被市场看重。尽管 GP 和管理团队在企业发展过程中发挥了至关重要的作用，但最终仍要由企业的管理团队来执行各方面的计划，实现预期目标。管理团队本身可能存在格局不够高、视野不够远、治理体系不完善等短板。GP 要针对这些短板，为企业、管理团队提供高管引入、治理体系建设、运营模式革新、产业链上下游联动、后续融资对接等增值服务，有力地支撑企业管理团队充实功能，不断提高企业运营水平，从而实现双赢。

二、项目的退出

私募股权投资行业是一个从现金到现金的行业。对 GP 而言，成功实现项目退出是进行私募股权投资的最终目标。成功的退出保证了 GP 投资资金的高效循环，因此，退出对于 GP 而言非常关键，什么时机退出、以何种方式退出都是基金管理人要高度重视的问题。

（一）被投资项目常见退出方式比较

一般来说，被投资项目常见的退出方式包括 IPO（含借壳）、并购与转让、回购、新三板挂牌、清算等。

1. IPO 退出

IPO 退出是最受私募股权投资基金青睐的渠道。随着国内科创板开板、创业板注册制改革等资本市场改革措施的推出，企业上市融资的渠道更加畅通。对于 GP 而言，借助 IPO 实现退出更加快捷、高效。IPO 退出的优势主要包括：（1）IPO 可以获得较高的二级市场股票溢价，GP 可以获取较高的投资回报。（2）IPO 自带的高标准审核机制，使得企业成功上市后容易成为资本市场的"明星"，而 GP 可获得较高的知名度、良好的市场声誉与社会形象。（3）对于被投资企业而言，实现 IPO 即拥有了自主融资能力，原有的企业架构不会出现并购重组中的大幅变化，可以较好地维持经营的连贯性。（4）IPO 退出过程中的定价和交易是由整个资本市场确定的，GP 不用承担自证交易价格公允的责任。

对人民币基金而言，退出从来不是件简单的事，基金通过不同途径退出的收益率相差悬殊。结合对中国私募股权投资项目退出途径的现状分析可以发现，IPO 仍然是人民币基金被投资企业最重要的退出方式之一。但近年来 IPO 退出也面临一些挑战：（1）无论国内国外的资本市场，上市发行门槛仍然较高。（2）根据政策对科创板战略配售机构和券商子公司跟投锁定期的规定，GP 通过 IPO 退出的方式被延长了 1～2年，二级市场的波动给回报率带来了不确定性。（3）容易受到外部政策及经济形势影响。特别是企业海外上市，极易受到国际关系及"中概股"整体板块影响，回报倍数不及国内高，甚至出现上市后破发情况。根据清科研究中心数据，2019 年，风险投资、私募股权投资支持的中国企业境内市场上市 20 个交易日后平均账面投资回报倍数为 9.69，而在境外市场上市时平均账面投资回报倍数只有 6.06（见表 6-1）。此外，港股市场流动性较低，即使公司上市了，GP 也难以快速变现。

表 6-1　2019 年风险投资、私募股权投资支持中国企业
在不同市场上市平均账面投资回报倍数

上市市场	上市交易所 （板块）	平均账面投资回报 倍数（发行日）	平均账面投资回报 倍数（20 个交易日）
境内市场	上海证券交易所主板	2.81	8.28
	上海证券交易所科创板	3.86	9.84
	深圳证券交易所创业板	3.95	11.65
	深圳证券交易所中小板	1.58	3.73
	平均	3.61	9.69
境外市场	NASDAQ	10.2	10.69
	纽约证券交易所	3.36	3.29
	香港证券交易所主板	3.08	3.63
	平均	5.54	6.06

资料来源：清科研究中心。

2. 并购与转让退出

近年来，并购与转让退出受到越来越多的 GP 重视。并购与转让退出的优势主要为：（1）退出机制更为高效、灵活。与 IPO 严格的上市条件相比，并购与转让退出对企业的规模、资产负债情况、盈利能力没有硬性规定，退出可在企业任何阶段进行。（2）时间成本低，有可能实现一次性完全退出。交易双方达成一致后，有可能实现股权一次性完全转让交割，价格与收益清晰明了，不必承受股票二级市场的波动风险。这也有助于私募股权投资机构尽快完成项目退出，收回资金实现收益，进入下一个投资活动周期。（3）信息披露要求较少，保密性较高。

其存在的问题主要是：（1）交易对手方较难寻找。并购与转让的过程是否顺利，主要在于交易双方对并购目的的认知是否一致。在并购交易中，若持股比例较小，则 GP 往往对并购价格的影响较小，没有议价能力。（2）收益率较 IPO 退出低。由于信息不对称、流动性等因素，资

本市场中一级市场对项目的估值一般低于二级市场，总体来看，并购与转让退出的收益率远低于 IPO 退出。（3）企业管理层的阻碍。并购交易可能涉及控制权变更，企业管理层的态度至关重要。即使是不涉及控制权变更的股权转让，股权受让方的选择一般需取得企业认可，股权转让交割也需要企业配合办理工商变更等手续。因此，企业管理层若不支持，则可能阻碍并购与转让交易的达成。

3. 回购退出

回购是指企业或其控股股东回购私募股权投资机构所持有股权的一种交易行为。回购条款是 GP 项目投资中的常见条款，通常与业绩对赌条款联合使用。回购退出的优势主要包括：（1）对于投资机构而言，回购退出涉及的当事主体明确，企业管理层对企业非常了解，总体上交易手续较为简便，时间成本和交易成本较低。（2）对于被投资企业而言，可以较好地保持独立性，企业或其股东收回所有权和控制权，可以避免因 GP 项目退出给企业运营造成大的扰动。

其存在的问题主要包括：（1）通常情况下，回购退出是一种不够理想的退出方式，收益率偏低。私募股权投资协议中的回购条款其实是投资机构为变现股权而设置的最后一个兜底的渠道，以保证当目标企业发展不及预期时已投入资本的安全。当触发回购条件时，企业的业绩往往已经低于投资预期，甚至出现经营困难，已较难通过其他渠道退出。作为兜底渠道，回购退出能获得的收益水平远远低于 IPO。（2）回购是否得到执行，取决于回购方的回购意愿和回购能力。当企业经营不善时，大股东可能并不愿意回购或无法支付回购款。

4. 新三板挂牌退出与清算退出

新三板挂牌退出，主要是指通过新三板平台进行股权转让达到退出目的。新三板挂牌退出方式存在的问题主要为流动性较弱，市场交投并不活跃，即使企业在新三板挂牌，股权基金也很难实现退出。截至 2019

年年末，新三板投资者账户为 44.62 万户，其中，机构投资者 5.89 万户，个人投资者 38.73 万户，且公募基金、保险基金等重要机构投资者都没有进入新三板市场。无论从投资者数量规模看还是从组成结构看，新三板都难以满足当前近万家挂牌企业的融资及转让需求。

清算退出，主要是指在私募股权投资机构所投资的企业由于各种原因解散的情况下，经过清算程序使被投资企业法人资格终止，仅仅在股东之间分配剩余财产。清算退出由于法律程序烦琐、耗时较长，退出成本相对较高，收益甚少，一般是作为最后迫不得已的选项而存在。

上述各种退出方式的比较见表 6-2。

表 6-2　人民币私募股权投资几种常见退出方式比较

退出方式	收益情况	优点	缺点
IPO 退出	最高	1. 资本市场的放大效应带来高额回报； 2. 投资者、管理者和公司共赢； 3. 提高投资机构知名度	1. 上市门槛高； 2. 手续复杂，退出周期长，机会成本高； 3. 受到外部政策及经济形势影响，面临市场风险
并购与转让	较高	1. 高效灵活； 2. 可一次性完全退出； 3. 信息披露要求较少，保密性较高	1. 寻找交易对手困难； 2. 收益较 IPO 低； 3. 企业管理层阻碍
回购退出	保本微利	1. 交易对手明确，交易简单； 2. 对企业控制权影响较小	1. 收益水平远低于 IPO； 2. 回购方的回购意愿及回购能力不确定； 3. 实操中存在较多法律障碍
新三板挂牌退出	—	1. 挂牌条件较 IPO 更为宽松； 2. 机制比较灵活，挂牌时间短，挂牌成本低； 3. 规范企业运作	流动性较弱，市场交投并不活跃，退出较为困难
清算退出	保本或止损	及时止损	1. 法律程序烦琐，耗时较长； 2. 收益甚少，多半严重亏损

如前所述，近几年来，随着科创板的推出和注册制的试行，私募股权投资基金的退出环境不断改善，退出数量和退出金额快速增长。从退出方式看，我国私募股权投资退出主要以并购、上市、回购为主，其中并购包括协议转让和整体收购。退出回报方面，随着国内宏观经济趋紧、市场观望情绪趋浓，一、二级市场估值出现倒挂现象，私募股权投资退出回报有所下降。如何在当前退出环境下获取较高的投资回报，也成为对 GP 能力的一大考验。

（二）不同阶段的基金退出有何不同

投资阶段靠后的私募股权基金和投资阶段靠前的风险投资基金在退出策略上存在天然的差异。从退出方式上看，投资阶段靠后的私募股权基金退出的方式主要是 IPO、并购、回购等，且更多的是由企业主导，投资机构则发挥建议分析、对接中介机构等作用。而投资阶段靠前的风险投资基金退出主要是通过转让、对赌等方式，更多的是由投资机构主导，投资失败率高于私募股权基金。

就具体原因而言，私募股权基金和风险投资基金的退出方式的不同主要在于股东回购能力、融资阶段、投资金额等若干方面。

第一，股东回购能力方面，私募股权项目基本具备持续盈利的能力，股东在积累财富后具有回购能力，而风险投资基金所投资的早期创业公司的股东由于公司尚未实现盈利，因此回购能力较弱。

第二，融资阶段方面，一般来说，早期项目要经历天使、A、B、C、D 等多轮融资，而早期项目每一次新的融资都代表着一次转让退出的机会。因此，就风险投资基金所投资的早期项目而言，转让是极为重要的退出方式，但私募股权投资项目后续融资轮次相比于风险投资基金则少很多，导致转让退出的概率降低。

第三，从投资金额来看，私募股权项目投资的金额相较风险投资基金更大，难以找到转让的对手方，所以私募股权基金更多地选择

IPO、并购和回购等方式。而风险投资基金投资早期项目时，估值往往较低，投资体量从几百万元到几亿元不等，寻找交易对手的难度大大降低。

每一种退出方式所适用的法律法规、交易对手、各利益主体的诉求都不相同，每一种退出方式所要求的能力、资源也不相同。正因为如此，风险投资基金和私募股权基金退出策略的差异导致各家 GP 对管理团队的要求差异明显，在判断项目价值的逻辑和方式上、在关注的核心指标上、在思维体系和行为方法上，都存在极大的不同。比如说，风险投资机构的投后管理人员可能对 ROE（净资产收益率）、EBITDA（息税折旧摊销前利润）等指标不熟悉，私募股权机构的投后管理人员则可能对 ARPU（从每个用户所得到的收入）、LTV（生命周期价值）、MAU（网站、App 等月活跃用户数量）等指标感到陌生。

专栏 6-2 高瓴资本投资百丽国际

百丽国际是一家大型时尚及运动产业集团，1979 年由邓耀先生在香港创办，后来随着内地改革开放，逐步探索在内地发展，并在内地自设工厂，广开门店。2007 年，公司在香港完成上市，截至 2012 年，百丽市值超过 1 500 亿元，旗下鞋类业务拥有 BELLE、STACCATO 等十多个鞋履品牌，服饰业务拥有 MOUSSY 等六大服饰品牌，运动业务载体滔搏运动（控股子公司）与领先的国际运动鞋服品牌也建立了战略合作伙伴关系。

然而，由于线下鞋服行业市场整体萎缩以及百丽国际电商转型不顺利，2013 年下半年开始，百丽国际的市场占有率逐年下降，销量、利润开始下滑，旗下传统产业业绩面临较大挑战。在资本市场上，百丽国际的股价从 2013 年每股 18 港元下跌至每股 4 港元，市值缩水接近 80%。

2017 年 7 月，高瓴资本与百丽国际管理层以 531 亿港元完成私有化交易，高瓴资本成为百丽的新任控股股东。从交易价格看，注销价格每股约 6.30 港元，对应 P/E 约 19.33，EV/EBITDA 约 7.71。

在数字零售时代到来之际，百丽传统的竞争优势遭遇了新的挑战。在高瓴看来，百丽多年积累的丰富数据、一体化供应链体系、品牌影响力是其最宝贵的财富。百丽私有化交易完成后，高瓴按照既定战略，通过技术和管理赋能手段，从数字化角度挖掘百丽的核心竞争力，助力百丽实现"全流程的数字化转型"，构建形成迅速反应客户需求的供应链系统，着力打造一个多方共赢的可持续商业模式。同年，百丽集团启动战略转型，基于广泛的自营零售网络和强大的供应链管理能力，以数字化赋能产业链，进行线上线下全渠道拓展融合并实现同步增长。从公司旗下运动业务板块滔搏运动的案例中，我们便可清晰地理解高瓴这种投后管理方式给这家传统零售企业带来的变化。

滔搏运动是百丽国际旗下的运动零售板块，是近 20 家全球领先运动品牌在华的关键战略伙伴。在滔搏运动的数字化转型路径中，一项重要的设计是智慧门店方案，核心是对门店"人、货、场"的数据采集，包括对进店客流量、客户店内移动路线和属性进行数据搜集，形成"店铺热力图"和"参观动线图"，帮助门店了解进店客户的产品偏好，据以进行货品的陈列、摆放和优化，从而优化销售策略，提升单店销量。2018 年，高瓴投后赋能团队为滔搏运动的一家门店安装了智能门店系统，在观察期内，门店发现女性客户占进店人数的 50%，但收入贡献只有 33%，并且系统提示，70% 的客户从未进入门店后部的购物区。这些数据清晰地展示了女性客户的转化率偏低，且店面后部没有被有效利用。于是，店长将店面的布局加以重新调整，增加更多女性鞋服展示，陈列更多暖色系产品，并调整客户的动线和流向，提高后部购物区的可视度。一个月后，该店后部购物区月销售额增长了 80%，全店销售额增长了 17%，店面商业潜力进一步释放。

在此基础上，滔搏运动积极鼓励店员使用其自主开发的数字化工具包和社交媒体平台，释放终端的活力。店员可以根据店内的历史消费数据，优化自己的销售行为；还可以实现商品管理、店内人员管理、销售目标管理等，实时上报采购和补货需求，系统化地提高一线工作能力。同时，店员可以自主运营不同主题的社群，从线下到线上进行引流，通过社群运营，发起体育运动相关的主题讨论，分享专业运动知识和鞋服指南，提供最新的潮品资讯，组织线下活动等，建立长期的客户陪伴关系。

2018 年年底，滔搏运动在研究了 2 000 万份买鞋数据后发现：山东人和广东人最爱"剁手"买鞋；上海人最偏爱限量款球鞋；男性仍然最爱买也最舍得买运动鞋，但女性在潮流人群中的占比要超过男性，体现出对"凹造型"的重度需求。

高瓴的投后赋能团队进一步优化门店模型，通过挖掘店铺运营基础数据，了解不同季节、不同时期、不同周边环境对销售的影响，通过分析线上零售数据和用户数据，实现了门店的动态调整，提升了每家店的运营潜力。对此高瓴总结，数据是生产资料，有流程才能运营，有算法才能提升；数据、算法和流程，应形成相互促进的正向循环，从而对业务产生价值。

在上述科技和数字化手段的帮助下，百丽国际旗下运动鞋服零售商滔搏运动营收成为行业第一，具备了分拆上市的条件，其运动产业链已形成集中度较高的市场格局，运动鞋服板块快速增长。2019 年 10 月 10 日，滔搏运动正式在港交所挂牌上市，上市首日股价上涨 8.82%（公开市场数据），市值超 570 亿港元。这一数字已超过两年前百丽国际私有化交易的总金额。

专栏 6-3　君联资本投资康龙化成

康龙化成（股票代码：300759.SZ/3759.HK）是国际领先的全流程一体化医药研发服务平台，业务遍及全球，致力于协助客户加速药物创新。自 2004 年成立以来，康龙化成一直致力于人才培养和设施建设，打造了一套贯穿合成与药物化学、生物、药物代谢及药物代谢动力学、药理、药物安全评价、放射化学和放射标记代谢、临床药理、临床分析科学、临床 CRO 及 SMO、原料药和制剂工艺开发及其生产服务等各个领域的研发服务体系。

对康龙化成的投资是君联资本从 IT 领域扩展到其他行业领域、由一家聚焦于单一领域的投资基金向综合性投资基金转变的第一步。2006 年，君联资本沿着外包和专业服务方向，通过系统性研究和行业扫描锁定了康龙化成这一投资标的。2007 年，君联资本出资 200 万美元，成为康龙化成 A 轮融资的领投人。投资后，公司进入快速投入期，运营费用猛增，但一直到 2013 年年末，公司都未产生净利润。

在这段公司发展的困难时期，君联资本始终对康龙化成的发展前景保持信心，和公司团队共同渡过难关。在 2008 年至 2011 年期间，君联资本参与了公司 B1/2/3 轮及 C 轮融资；2015 年，公司启动红筹回归计划，君联资本作为主导投资人出资 6.78 亿元，帮助公司完成了红筹构架的拆除；2016 年，君联资本通过新基金继续追加投资，坚定地支持管理层谋求独立上市并长期做大公司的愿景。

2019 年 1 月 28 日，康龙化成在深交所挂牌上市，在仅 10 个月后的 2019 年 11 月 28 日，康龙化成再次登陆港交所，成为 CRO 行业继药明康德之后又一家 A＋H 股的上市公司。上市后公司业绩保持高速增长，康龙化成在 A 股市场股价两年多时间累计涨幅超 21 倍；在港股市场，其股价自上市以来累计涨幅超 394％。截至 2021 年 4 月 22 日，康龙化成市值超过 1 200 亿元人民币。

对行业的判断

2006 年，国内的 CRO 行业还处于萌芽阶段。从市场空间和行业发展看，君联资本看到了全球 CRO 向中国转移的大趋势，认为这一行业市场空间较大，行业表现出高成长和高利润水平的整体特征，判断可能出现几个较大价值的企业。从企业来看，康龙化成彼时占据行业前五的位置，其基础能力（前端销售能力和后端化学服务交付能力）已经得到了初步验证，业务初具规模并表现出良好的盈利潜力。结合行业大势和康龙化成的整体状况，君联资本判断该公司有可能成为继药明康德之后中国最具实力的 CRO 公司。

对人的判断

在投资前，项目团队翻来覆去地琢磨行业内其他标的企业的领头人，不断比较分析。据君联资本的投资团队回忆，"当时恨不得去家访，试图去了解企业家到底是一个什么样的人，他对这件事有多大的激情，遇到困难他可能会有哪些做法……"

为了尽快加深了解，君联资本的项目团队陪同康龙化成的企业家一起拜访客户、开会，观察和判断其能否扮演好企业带头人的角色。在前期对人的充分了解的基础上，项目团队认为："企业家有激情、有斗志，对公司发展有长远的追求，对行业格局及大趋势有洞察力，心胸开阔，有人格魅力。"企业家拥有 11 年美国药物化学界的工作经验，对新药研究的化学服务业务理解深刻，对市场大势感受力强，且具有丰富的业界人脉资源和出色的化学专业水平，有资源、有能力通过引进业界人才和自身人脉开拓客户。

基于对"人"的看重，君联资本最终选择了康龙化成。投资后，尽管公司业务经历了较长的爬坡阶段，但在企业家的带领下，团队的学习能力和成长性远超投资人的预期。管理层在战略布局上的超前意识，让公司在后续发展中占得先机。同时，创始人的心胸、视野和毅力，也使投资人坚定了信心。

投后管理及增值服务

在投资决策时，君联资本认为：CRO是一种长跑业务，客户在选择CRO长期战略合作伙伴时，"稳定的交付能力"和"规模"会成为两个关键因子。君联资本判断，"稳健的成长"是康龙化成抵御外部竞争、抓住CRO行业向中国转移机遇的关键，绝不能拔苗助长。基于此，君联资本在后续的投后管理和增值服务方面更加有耐心地陪伴公司，成为康龙化成长期的事业伙伴。

2007年，君联资本在投资后不久，投资团队就来到公司提供增值服务，在对中层干部进行访谈后，就发现的问题形成了7 000余字的管理改进建议。后续，君联资本就公司的班子建设、文化建设、干部素质和能力提升又进行了多次深入交流。此后，君联资本积极帮助被投资企业招聘高管，帮助公司引入CFO李承宗，进一步提升了整个核心团队的工作能力。

公司治理中，君联资本是管理层和其他投资人之间的平衡器，一直支持股比不高的管理层有效掌控公司。2015年，从公司长远发展考虑，君联资本建议公司做出红筹回归的战略选择。为此，君联投资团队与企业家进行了多次面对面的沟通，基于企业家和管理层对君联资本的充分信任，公司最终同意回到A股上市，并且让君联资本主导组织交易。君联资本投资团队此前在金域医学的红筹回归重组上积累过相关经验，因此尽管交易非常复杂，但是并没有走弯路。在此过程中，还优化了管理团队的激励机制，激发了大家二次创业的热情。在公司筹备 IPO 的过程中，君联资本还向公司推荐了负责 A 股上市的财务总监和中介机构。最终，康龙化成顺利完成红筹回归，成功登陆 A 股，为公司未来的发展奠定了良好的基础，也为君联资本新基金的投资创造了巨大回报。

第七章

私募股权基金的投后管理和退出

随着市场的发展，越来越多的 LP 意识到投后管理的重要性，但私募股权基金特有的"双重私募"属性，导致投后管理过程较为复杂和烦琐，"退出难"是近几年私募股权投资界的热词。在当前退出难的大环境下，基金延期成为了普遍现象。伴随着基金延期，以 S 基金为代表的新兴退出渠道也逐渐发展。本章第一节首先介绍基金投后管理，包括投后管理的意义、模式、内容等，结合机构投资者的实践经验，讨论机构 LP 如何做好基金投后管理；第二节站在基金全生命周期的角度具体分析基金估值和业绩评价；第三节介绍了基金项目的退出和基金生命周期的终止，对正常清算、基金延期、S 基金、"僵尸基金"等问题进行了研究分析；第四节介绍了基金的管理和退出中遇到的困难，并留下开放的讨论空间。

第一节　私募股权基金的投后管理

基金合同签订后，LP 正式进入基金投后管理阶段。我国的私募股权投资市场正在发展中，做到"投管平衡"是行业共同的努力方向。本节结合市场主流机构投资者的投资实践，探讨 LP 应当如何在投后管理中克服信息不对称，实现对基金的有效的投后管理。

一、做好投后管理的重要性

做好投后管理工作，首先要明确投后管理目标。对于 LP 来说，私募股权基金项目周期较长，投资风险难以避免，比如行业形势发生重大变化、所投项目团队核心人员流失等，只有控制和管理风险，才有可能实现较好的基金投资业绩。除以上风险外，私募股权基金的管理还存在一些常见的问题，主要包括利益冲突、GP 信息披露不够及时充分、基金收益与业绩评价体系不明、基金费用较高、私募股权基金估值质量有待提高等。"防范胜于救灾"是 LP 主动进行投后管理的主要原因。如果投完就束之高阁不再关注,那么就有可能基金到期后才发现业绩不及预期,甚至可能发生亏损,维权难度可想而知。相比事后回补,尽早发现问题和防微杜渐往往更加行之有效,投后管理可以帮助 LP 及时阻止风险事件的发生,减少后续的不利影响,实现"管控风险、资产增值、及时退出、获取收益"的目标。

专栏 7-1 私募股权基金管理中的常见问题

第一,利益冲突。LP 与 GP 之间本质上是信托关系,GP 的行为应当与 LP 及基金整体利益保持一致。市场上,GP 可能同时运作多只策略或投向相同的基金,各基金很难做到相互独立,有可能出现分期募集、联合投资、相互接盘等现象,不仅会造成对投资者的不公平对待,而且基金财产独立性、投资人利益优先等基本原则也会受到挑战。此外,LP 资金来源比较复杂,市场化程度和规范化程度差距较大,LP 的诉求不尽相同,LP 之间也会存在利益冲突。

第二,信息披露不够充分及时。信息披露是 LP 开展投后管理的基础,但是不同 GP 的信息披露程度不一,同一 GP 对不同 LP 的信息披露程度也可能存在差异。如果 GP 信息披露不及时、不充分,LP 就不能较好地掌握所投基金的实际运行情况,难以对其开展有效的投后管理工作,也会使 LP 对于 GP 投资过程理解不够深刻,业绩评价和风险管理浮于表面。

第三,收益与评价体系不明。由于私募股权基金的"双重私募"特征,各基金的业绩信息属于核心数据和机密信息,基金管理人一般不向外界做全面的披露;同时,投资业绩有很多衡量指标、口径,如不明确,也容易出现各说各话的情形。全面真实的数据难以获得,由此带来基金业绩难以客观评估的问题。

第四，基金费用较高。从私募股权基金实际运营情况来看，管理费用、基金运营费用在基金中占比较高，对于LP最终的投资收益率影响很大。据统计，一只基金中大约只有85%的资金真正用于项目投资，其余的主要用于支付各类合伙费用。提款过程中，LP要根据提款模式的不同审核GP的提款通知，防范虚报款项等现象。

第五，估值质量有待提高。私募股权基金投资缺乏流动性，除了已退出项目和已上市项目，非上市项目估值通常都有比较大的不确定性，难以准确判断。估值方法主要包括参考最近融资价格法、市场乘数法、行业指标法、现金流折现法、成本法/净资产法等，但普遍存在参数选择缺乏统一标准、容易高估价值等问题。

除防范投资风险、规避行业存在的问题外，LP可以通过投后管理跟踪行业趋势，保持敏锐嗅觉，投前投后互相印证，及时总结经验教训，调整投资布局。由于股权投资市场的周期性较强，行业变化较快，对LP的敏感度和专业度要求较高，因此对行业趋势长期持续的跟踪和研究可以帮助LP更加贴近和熟悉市场，当投资机会出现时，可以更好地识别、抓住有价值的机会。

对于GP来说，重视基金的运营管理一定程度上可以反哺募资环节。私募股权投资是一个以信任为基础的行业，签订投资合同是LP对GP的第一次信任，"蜜月期"后的投后管理环节才是真正考验LP与GP是否能建立起长期信任关系的试金石。相比募资时期，在投后管理阶段，GP应当更加珍惜自己的信誉，更加注重经营与LP的关系。随着私募股权投资行业更多基金管理人的涌入，行业竞争也在不断加剧。在激烈的竞争中，真诚的态度加上强大的基金管理能力才能帮助GP在竞争中建立自身的优势，获得LP的持续支持，成为"常青树"。

二、LP 投后管理的模式

目前市场上的机构投资者进行投后管理主要有投资经理负责制、投后团队负责制、外包三种模式，这与 GP 对投资项目的管理方式类似。

（一）投资经理负责制

前台投资经理的责任贯穿始终，既负责投前的尽职调查、投中的交易，也负责投后的持续管理和价值提升。该模式的优点是，投资经理充分了解所投项目，能够有针对性地持续跟进，同时因为项目与投资经理的绩效直接挂钩，对其投后工作也有一定的激励作用；反馈链条比较短，具有一定的成本优势。其缺点也比较明显。首先，因为具有直接挂钩的绩效激励，所以可能导致投资经理报喜不报忧、拖延掩盖问题；其次，随着管理项目数量增长，投资经理精力有限，投后工作可能停留在基础的回访和财报收集上，难以提供更深入的建议和管理提升支持；最后，如果投资经理离职，则由于新任人员接手需要时间熟悉情况，从而会影响业务的连续性。

（二）投后团队负责制

近年来，一些投资机构开始成立独立的投后管理团队，投资经理投完之后把基金的管理交给内部投后人员。投后人员的主要工作包括资源对接、定期收集基金数据以及时刻关注基金团队内部管理问题、制定投后管理计划等。该模式的优点在于投后团队可以持续专注地解决投后管理中的各类问题，同时独立的投后团队也可以不断提升自身的专业性以及服务的系统性，提高投后管理的质量。其主要的缺点在于投后管理团队未参与投资过程，对 GP 并不了解，可能在投后管理中矫枉过正。同时，容易出现投后团队与投前团队业绩归因难以评估、责任划分不清等问题。

（三）外包

近年来部分投资机构逐渐探索出一种新的外部专业化模式，即将投后管理的全部或部分工作交给外部咨询公司或专业团队，或者自己成立独立的管理咨询公司来承接投后管理的工作，将原来的内部合作模式转变为企业间的咨询项目合作模式，在绩效考核、费用核算等方面更方便与投资组合分割。这种模式一定程度上解决了前两种模式存在的问题，但可能会产生一定的费用。

LP在选择投后管理模式时，要考虑机构类型和机制、团队精力和规模等多种因素，平衡各种模式的责权利，使投后管理过程与模式相匹配。

三、投后管理的主要内容

私募股权基金的投后管理工作繁重，有些工作发生频率较高，比如日常监督、跟踪信息、参加合伙人会议等常规性管理；也有部分工作发生频率较低，甚至可能在整个基金生命周期都不发生，比如关键人士事件、基金延期等，但一旦发生，可能就意味着LP需要投入较大精力应对处理。从主要内容来看，LP的投后管理主要包括以下四个方面的内容。

（一）运营监测和风险管理

运营监测和风险管理是基金投后管理中最主要的组成部分。在一只私募股权基金的生命周期中，有些投后管理事项贯穿于私募股权基金的全生命周期，比如基金估值和业绩评价。完善的业绩评价体系有利于LP及时掌握基金的动态。

有些投后管理事项根据基金所处的生命周期阶段的不同有不同的侧重点。在基金投资期，LP要关注基金投资进度、投资策略执行情况、缴款义务履行情况、是否发生关键人士事件等。在基金退出期，需要重点关注基金退出情况、回款情况，基金是否需要延期等。在基金清算期，需要确定清算人，依法合规完成清算手续，保障 LP 的权利等。在基金的全生命周期，LP 都有权利参加合伙人会议或咨询委员会（又称顾问委员会）审议基金事务。基金不同阶段投后管理事项见表 7-1。

表 7-1　基金不同阶段投后管理事项

阶段	主要投后管理事项
投资期	1. 缴款； 2. 咨询委员会审议利益冲突、投资期延长事项； 3. 关注投资策略的执行情况； 4. 关键人士事件； 5. 跟踪了解 GP 投资的项目，筛选跟投机会； 6. 其他 LP 的履约出资能力； 7. 业绩评价； 8. 合伙人会议约定的审议事项； 9. 参加基金年会
退出期	1. 督促 GP 在约定期限内完成基金退出； 2. 业绩评价； 3. 基金延期； 4. 审议合伙人会议和咨询委员会约定的事项； 5. 参加基金年会
清算期	1. 根据合同确定清算人； 2. 关注基金清算、回款、分配进展； 3. LP 权利的保障； 4. 业绩评价

资料来源：根据市场通行惯例整理汇总。

（二）流动性管理

私募股权基金一般有 3～4 年的投资期，通常情况下，GP 会在基金生命周期中逐步向 LP 发出提款通知，而不是一次性实缴到位。出资催缴和收益分配均由 GP 决定，现金流难以预测。以积极的方式管理未实缴的现金，提高投资基金的整体收益是 LP 希望达到的理想状态。但由于基金现金流难以预测，因此积极主动的现金管理可能造成基金的流动性风险，即当 GP 发出缴款通知时，LP 有一定概率无法保证充足的流动性。因此，LP 在投资基金后，也需要对自身的资金进行流动性管理。

（三）互动交流

在投后管理中，与 GP 团队、基金的其他 LP 定期或不定期地进行交流，掌握基金动态也是投后管理的一部分，GP 的互动性也应当成为基金业绩评估的重要内容。通过与 GP 充分沟通、分享投资心得、获得项目推荐，可以降低信息不对称造成的负面影响，进一步提升投资能力，挖掘市场投资机会。

（四）对 GP 的赋能

投资的最终目的是多方共赢，所以在与 GP 的合作中，除了约束和监督外，LP 可以充分利用自己的资源与 GP 一起使资金得到更有效的利用，在募、投、管、退各阶段帮助基金增值。

1. 募资

帮助 GP 优化资金来源，提高项目需求与资金需求的匹配度。相比GP，LP 会接触到更多的投资人资源，因此在募集资金的过程中，LP 除本身可以作为项目稳定的资金来源外，还可以根据项目的投资策略、偏好以及 GP 的特点向其推荐合适的投资人，起到牵线搭桥的作用。更重要的是，LP 本身也有出资，在一定程度上起到了背书的作用，提升了新投资人的信任程度，更利于交易的撮合。在市场上，如果一家 GP 能拿到优质 LP 的投资，后续顺利募资的可能性就将大大提高。

2. 投资

基于对行业的探索、研究和人脉资源的积累，LP 能接触到包括已投项目、待投企业和中介机构在内的很多信息。LP 可以据以向 GP 推荐优秀的投资项目。LP 对不同 GP 的投资策略和风格十分了解，在推荐相匹配的优秀项目时可以大大减少项目的筛选成本，提高投资成功率。同时，LP 会接触大量 GP，也可以向多个 GP 推荐同一个项目，促成 GP 之间的合作。

3. 管理

LP对受资企业的战略布局、对行业政策的研究等信息支持，同样也可以帮助GP从不同的角度去思考、解决相关问题。一些优质的机构LP掌握着大量行业信息，对私募股权市场比较了解，有机会参与行业趋势、行业监管标准的讨论中，对整个行业风向的把握更具顶层感知力，更有利于帮助GP及时调整发展方向。

4. 退出

LP可以提出退出建议，协助对接市场资源。一方面，LP可以根据自己对行业、地域、阶段的了解，帮助GP进行项目退出计划的优化与更新，也可以在适当的时间向GP施压，加快基金退出速度。一些有经验的LP还可以给予GP除延期外的其他退出方案建议。另一方面，部分LP在业内拥有一定的券商、会计师事务所、律师事务所等中介资源，在项目退出时，可以帮忙协调联系并推荐给GP，尤其是对于成立时间不久的基金管理人而言，业务资源的对接和支持将会起到重要的作用。

四、落实私募股权基金的投后管理

私募股权基金的投后管理烦琐复杂，但也有一定的规律可循。从国内外经验和当前监管要求来看，一些投后管理中的问题可以通过在合同谈判时设置相关条款提前规避。同时，投后管理需要LP充分发挥主观能动性，持续跟踪评价，开展行业研究，打造有利于LP的行业生态，同时借助信息科技手段，提升管理效率。

第一，投资时制定充分维护LP利益的基金合同尤为重要。私募股权基金具有非标属性，每只基金的合同都不相同。合同谈判具有很强的博弈属性，GP可以运用管理多期基金的优势，争取更有利于自身的条款。对于LP而言，如果约定的权利不足，在风险事件发生后就可能无法有效制约 GP，使自身利益受损；但如果基金运营中事事都需 LP 同意，就会提高 LP 行使权利的管理成本、降低基金的运作效率。

在实践中我们发现，出资规模大、出资持续性较好的 LP 更容易在谈判中处于优势地位。以社保基金为例，监管部门设置了在单只市场化私募股权基金中 40％的出资比例上限。在实际操作中，为了降低投资集中度、分散投资风险，实际上社保基金在单只基金中的出资比例多控制在 20％～30％。即便如此，社保基金在多数情况下仍为基金的最大出资人，规模优势明显。因此，相比其他 LP，投资团队能够在合同谈判中发挥品牌优势和资金优势，规范合同条款，促进行业健康发展。近年来，投资团队进一步精细化投后管理，充分利用多年的谈判经验，在基金费用、利益冲突解决机制、加强投资限制等方面设置了谈判基准，既符合行业惯例，也能较好地保障 LP 的利益。

第二，建立持续跟踪、评价和调整机制。及时发现投资团队、投资策略、投资业绩等方面的变化，适时启动关键人士条款、GP 有过错和无过错终止等机制。这些机制设计可以最大限度地保证 LP 在面对一些变化时，能够有适当的措施及时应对，保护自身利益。

第三，建立股权投资基金系统，打造数字中台，通过数据分析支持投资决策。通过建立管理信息系统，在保证 GP 及时、准确报送数据的基础上，减少对数据的整理、审核等重复性工作，提高投后管理效率。另外，针对与投后业务息息相关的环节，优化、细化相关流程与方案，如进行项目退出预测、关注退出进展、进行风险把控等，促进项目按期执行，使投资收益能够准确反映在报表中。历史数据也可为日后复盘和回测提供最直接和翔实的一手信息，通过数字化运营管理促进研究分析和经验积累。

第四，持续开展行业研究。随着国家产业政策调整和 GP 投资多元化，通过行业研究，一方面，LP 可以更好地了解和掌控私募股权基金的投资策略和行业选择；另一方面，未来市场有逐步加大跟投力度的趋势，这要求 LP 投资团队对项目进行判断，而判断的重要依据就是结合国家宏观形势对项目所在行业开展的研究。做好行业研究对开展具体跟投项目，有较好的指导意义。

第五，建立健康行业生态，形成投后管理合力。资金规模雄厚的长期 LP 可以发挥引领行业的作用，通过加强 LP 间投后管理交流，建立健康行业生态与 LP 行业的协同，充分利用好第三方中介机构的力量，形成投后管理合力，减少信息不对称造成的管理运营问题，切实将风险敞口置于控制范围内，提升投资收益的确定性。

我国私募股权投资行业信息不对称严重，投后管理中事务性工作琐碎繁多，GP 更具信息优势。LP 应从长期视角出发，认真对待每一次投后管理中与 GP 的博弈。在私募股权基金投后管理实践中，社保基金私募股权投资团队高度重视投管退平衡。一些头部 GP 管理的基金并没有耳熟能详的明星项目，甚至有个别项目表现不及预期，但通过对基金的有效管理，基金整体收益情况仍然较好，充分说明了实现投管退平衡的重要性。

专栏 7 - 2　机构投资者的投后管理经验

随着在 2010 年前后设立的基金陆续进入清算期，LP 的投后管理工作遇到了不少实操问题，很多都需要 GP 和 LP 一起共同探讨。对 LP 而言，这也是不断学习和积累投资经验的过程。

根据市场上主流 LP 的实践经验，为做好投后管理工作，我们总结了"五性一交叉"的原则。

一是持续性原则。投后管理工作是一项连续性、一贯性的工作。投资业务发生后，投后管理人员就要将其纳入投后管理工作，严格按照规定，定期或不定期地实地检查，直至该投资项目退出或结束。

二是全面性原则。投后管理工作必须全面跟踪被投资企业，包括直接关系到投资安全的关联方的经营管理、财务状况、抵（质）押情况等，以及可能会对投资安全产生影响的国家宏观政策、被投资企业所处行业的情况、市场竞争情况、上下游企业情况等。

三是谨慎性原则。投后管理工作必须高度重视任何可能对投资造成不利影响的风险因素，及时采取有效措施化解或最大限度地降低风险，具体落实在项目估值和风险把控上。

四是及时性原则。投后管理人员要按规定及时开展各项投后检查、管理工作，发现问题要及时进行预警提示、发起风险预警等。

五是真实性原则。在投后管理过程中，必须做到"检查必记录，记录必真实"，使投后管理工作真正落到实处并有据可查。GP 提供的材料和数据需符合监管要求，严守真实性原则。

六是交叉复核原则。投后管理工作中，在对被投资方进行检查时，必须双人（或以上）同往，共同检查，交叉复核，相互监督。同时，GP 对企业、LP 对 GP 多角度进行复核检验；投资团队内部中后台交叉复核，同岗位 AB 角双人负责。

第二节　私募股权基金估值与业绩评价

基金估值和业绩评价是基金投后管理的重要组成部分。如前所述，业绩是评价基金的唯一可量化标准。对 GP 来说，业绩很重要：做好投资，并且超越市场，最终经由业绩证明自己的能力，优秀的业绩也意味着未来更顺畅的募资和更大的市场影响力。从 LP 的角度看，随着行业的发展，市场主流机构 LP 在投后管理中逐渐成熟，意识到基金业绩不能单看账面回报，还要重视实际回款的速度和金额，逐渐形成了从全生命周期判断基金业绩的评价视角。

一、私募股权基金估值

估值指对投资标的公允价值的计量。私募股权基金对被投资企业的估值是业绩评价、风险管理的基础，也是 GP 的核心能力之一。作为资产管理机构，GP 应当在募投管退各个环节关注基金和底层项目估值的变化，贯穿始终。提升被投资企业的价值，最终实现发现价值、创造价值的目的，是私募股权基金的宗旨所在。同时，估值也是买方机构定价的过程，科学理性的估值也有利于提升资本市场博弈的有效性，维护市场秩序，促进行业健康发展。

私募股权基金投资缺乏流动性，除了已退出项目和已上市项目，非上市项目的公允估值通常都有比较大的不确定性，难以准确判断。监管层面，自 2007 年新企业会计准则正式执行以来，证券业协会下设立了行业估值核算小组，2013 年基金业协会成立，估值小组划归基金业协会下设的托管与运营专业委员会管理，但针对私募股权领域的估值规范一直处于空白状态。前些年，私募股权基金投资非上市股权仍缺乏统一的估值标准，导致私募基金管理人在估值实践中使用各种不同的操作方式，估值水平良莠不齐。直至 2018 年 3 月，基金业协会发布《PE 估值指引》，首次将对公允价值的探索从公开市场延伸至非上市股权领域。

根据《PE 估值指引》，非上市公司股权的估值原则是"无论该股权是否准备于近期出售，基金管理人都应假定估值日发生了出售该股权的交易，并以此假定交易的价格为基础计量该股权的公允价值"，基金管理人作为估值的第一责任人，应当对估值方法和估值参数等承担最终责任，并定期检验，防范可能出现的重大偏差。

从估值方法看，《PE 估值指引》提出了私募基金在对非上市股权进行估值时通常采用的五种估值方法，即参考最近融资价格法、市场乘数法、行业指标法、现金流折现法和净资产法。其中，参考最近融资价格法、市场乘数法、行业指标法属于市场法，现金流折现法属于收益法，净资产法属于成本法。基金管理人应当充分考虑市场参与者在选择估值方法时考虑的各种因素，并结合自己的判断，采用多种分属不同估值技术的方法对非上市股权进行估值。

目前，《PE估值指引》虽然在估值原则、估值方法等方面进行了明确，但在实际操作中，基金估值仍然可能存在一些问题，比如：（1）近期交易不真实。部分项目的最近交易是由老股东认购或者实际控制人驱动（业绩对赌或回购安排）的，存在一定的泡沫，采用最近融资价格法容易造成高估。（2）市场乘数法、行业指标法等市场法有较大的概率被高估。即使是已上市项目，上市初期也通常存在高估，或者没有考虑限售期的流动性折价以及实际减持时的价格冲击成本。（3）市场乘数法不够科学。市场乘数法大量采用P/E倍数估值法、P/B倍数估值法、P/S倍数估值法等相对估值法，不考虑标的公司的业务差异、杠杆水平及成长性，随意性较强。（4）不注重现金流情况。较少使用国际惯用的现金流折现法，或者即使使用现金流折现法，在折现率选取、现金流预测、增长速度预测等方面也较为随意，并无坚实的行业和公司尽职调查结果支撑。（5）净资产法难以准确反映项目动态情况。很多项目采用成本法估值，特别是表现不佳的项目，存在系统性高估。

在实践中，LP可以从两个角度关注基金估值。第一个角度是从项目增值方面，关注基金管理人是否采用公允价值对其投资进行后续计量，方法包括：（1）在《PE估值指引》的框架下，建立自己的估值标准，统一各家GP的估值框架，要求GP及时、详细地披露每个项目的估值方法、依据、基础数据、权利条款（可能对实际估值有影响）等信息。（2）多只私募股权基金投资同一项目的情形下，可以交叉验证。（3）同一私募股权基金的历史估值报告可以用于持续检视 GP 估值的审慎性和公允性。（4）关注基金是否聘请了知名会计师事务所对基金进行年审，是否出具了无保留意见的审计报告。通过以上四个维度，督促 GP 做好估值，并使私募股权基金估值尽可能实现公允、审慎。

第二个角度是从基金价值方面，关注 LP 拥有的净资产公允价值到底是多少。基金的审计报告中可能没有体现由于项目增值需给予普通合伙人的业绩报酬，从而高估 LP 可获得的净资产，因此，基金管理人还应当根据基金的分配条款估算基金业绩报酬负债，最终得出归属 LP 的净资产价值。相关的数据在 LP 资本账户报告（Capital Account Statement）中会有体现。资本账户报告主要反映 LP 在持有基金权益期间的资本变动等情况，大致包括以下内容：期初余额、总承诺出资金额、未出资金额、出资金额、资本账户余额、费用、收入、IRR 等，其中资本账户余额就是考虑了普通合伙人业绩分成后的净资产。

二、私募股权基金业绩评估指标

衡量私募股权基金投资回报的常用指标有 IRR、TVPI、DPI、实缴/承诺资本比等，这些指标各有特色，不同指标反映的信息情况各不相同。

（一）内部收益率（IRR）

IRR 是目前业界普遍采用的业绩评估指标，指在一定时期内，使各笔现金流的折合净现值为零的收益率，其典型特征在于考虑了资本的时间价值（time value）。

$$\sum_{t=0}^{T} \frac{CF_t}{(1 + IRR)^t} = 0$$

式中，T 为总投资期；CF_t 为 t 期的净现金流。

IRR 还可分为 GIRR（Gross IRR，毛内部收益率）和 NIRR（Net

IRR，净内部收益率）。GIRR 仅计算私募投资基金投资组合的内部收益率，而在计算 NIRR 时则会剔除基金费用、管理费、基金超额收益分成等与基金相关的现金流。

IRR 的典型特征是考虑了时间价值，可以衡量不规则现金流的投资收益，评估 LP 资金的使用效率，使得比较不同私募股权投资成为可能。但 IRR 也存在一定局限性，具体包括：（1）在基金成立初期 IRR 存在较大误导性。在 IRR 的计算中，一个重要参数是存续时间，存续时间越短 IRR 越容易被放大。（2）在基金成立初期，通常只提供 GIRR，而不是扣除各种费用后的 NIRR。由于基金投资的企业成长需要时间，早期的项目增值可能还无法抵消基金管理费和其他开支，导致 GIRR 与 NIRR 差异较大。（3）私募股权投资并不符合 IRR 再投资的前提条件。IRR 的重要假设是初期产生的现金流入会立即再投资于类似项目，且这一投资能够产生等同于 IRR 的收益率，这一点对于私募股权投资而言是很难实现的。

专栏 7-3　究竟用哪个 IRR

实务运作中，IRR 是业界普遍采用的指标，可分为 GIRR 和 NIRR 两类，分别用剔除费用和 GP 业绩分成前后的现金流计算得出。

教科书里 IRR 的计算主要依据现金流发生的时间和金额，但是在实际操作中，每个 LP 将资金实缴到基金，基金将资金投资到项目，再考虑费用和业绩分成、LP 的不同税率，至少会产生四组现金流，对应四种不同的 IRR 指标（即 LP 的 GIRR、NIRR，基金层面的 GIRR、NIRR），令人眼花缭乱。GP 在募资的时候，凭借信息优势，可以选择最有利于自身的漂亮数据，LP 在此时一定要关注业绩的计算口径。

我们认为，对于 LP 来说，更应关注针对每个 LP 计算的 NIRR，因为该指标综合考虑了 LP 的投资收益和投资成本，在现有指标中较好地体现了 LP 的投资效率。但正如我们在前文一直强调的，作为 LP，应构建包含 IRR、回报倍数、DPI 等各类量化指标的综合评价体系。

（二）收益倍数

1. 投入资本分红率（DPI）

DPI 指基金的分配总金额和实缴资本的比值，即投资者所获得的已分配回报与已投资资本之比。其中分配总金额包括项目分红与退出收益等。实缴资本包含已投入的成本和管理费等基金分摊费用。

DPI 能够清晰地反映现金回报情况，DPI 等于 1 是损益平衡点，代表基金投资成本已经收回；大于 1 说明投资者获得了收益；小于 1 说明还没有收回所有成本；没有任何已分配回报，则 DPI 为 0。

2. 投资回报倍数（MOC）

MOC 指基金各个项目（而非基金整体）的公允价值与投资成本的比值，是一个静态指标，其优点是简单直接，其缺点是没有考虑投资期限的影响。个别 GP 经常把明星项目的 MOC 挂在嘴上、写在 PPT 的头条上，这会严重误导受众。LP 必须把时间价值考虑进去，并着重考虑整个基金组合的整体投资回报，切不可一叶障目。

3. 投入资本总回报倍数（TVPI）

TVPI 为基金总价值（包括已分配回报和剩余价值）和实缴资本的比值，表示所有实缴资本预计可以得到多少回报。在私募股权基金还没有完全退出时，基金总价值指投资组合的估值；当私募股权基金的所有投资项目已完全退出时，基金总价值指基金最后实现的收益。与投资回报倍数衡量项目层面的投资回报不同，投入资本总回报倍数指基金层面的回报倍数，考虑了基金层面的费用等因素。

4. 剩余价值与实缴资本比（RVPI）

RVPI反映了所有未变现资产的公允价值与投资者实缴资本的比值。该指标为投入资本总回报倍数和投入资本分红率的差值。随着私募股权基金存续时间增加，剩余期限逐渐缩短，未变现资产减少，RVPI随之逐渐下降。

5. 实缴/承诺资本比

实缴/承诺资本比指实缴资本和认缴资本的比值。实缴资本是指承诺向私募基金提供的资本，一般不是一次性提供完毕，而是在投资期内陆续投入。通过该指标可以看出私募股权基金的投资进展，该比例越大，基金投出的资本就越多，基金所处生命周期的阶段就越靠后，因此这个倍数可用以提示私募股权基金所处生命周期的阶段。

相比IRR，以上五种收益倍数具有的优势很明显，计算相对简单，也易于理解。但同时，倍数法也有应用局限。与IRR的优势对应，倍数往往忽略了资金的时间价值。例如，花10年时间实现3倍投资回报的项目和花2年时间实现3倍投资回报的项目具有完全不同的投资吸引力。

（三）公开市场等价物（PME）

在学术界广泛使用的一个指标是PME，但该指标在实际投资中应用还不多。公开市场等价物方法的原理是通过计算私募机构用于投资的现金流在投资于二级公开市场时能获得的收益，来衡量私募机构投资的机会成本。常用的PME指标的计算方法是用LP从私募股权基金获得的分配的现金流的折现值除以LP向私募股权基金实缴资金的折现值，折现率均为同期公开市场股票指数收益率，这样就考虑了同期投资于二级市场的机会成本。当PME>1时，说明私募股权基金投资业绩跑赢了公开市场股票；当PME<1时，说明私募股权基金投资业绩跑输了公开市场

股票。PME 指标的价值在于将一级市场和二级市场联系起来，能计算私募股权基金相对于公开市场投资的业绩表现。

公开市场等价物的作用及优势主要为，IRR 和收益倍数无法将私募股权与典型的二级市场投资进行比较。但公开市场等价物有时被诟病为不是私募股权投资与二级市场的真正的比较，因为它依据私募股权基金现金流的时间安排，对二级市场的投资是被动选择，没有进行择时；同时，一些私募股权公司可能存在高杠杆比率，公开市场等价物并未调整私募股权投资与二级市场指数之间此类风险差异或投资收益回报的税收影响。

表 7-2 总结了常用的私募股权基金业绩衡量指标及其优缺点。

表 7-2 常用的私募股权基金业绩衡量指标及其优缺点

收益率指标	计算方法	主要优点	主要缺点
投资回报倍数（MOC）	基金项目公允价值/投资成本	计算简便，容易理解，衡量 GP 投资在单个项目上的回报	未考虑每笔现金流的时间价值，存在未实现价值的估值问题，未考虑基金层面的费用问题
投入资本总回报倍数（TVPI）	（基金已实现价值＋未实现价值）/基金实缴出资	计算简便，容易理解	未考虑每笔现金流的时间价值，存在未实现价值的估值问题
投入资本分红率（DPI）	基金已分配现金/基金实缴出资	计算简便，容易理解	未考虑时间因素，回避了未实现价值的估值问题
内部收益率（IRR）	假设基金未实现价值在期末全部实现，IRR 是使得基金现金流入、流出的现值相等的折现率	考虑了时间价值，能够处理私募股权基金不规则的现金流量	未考虑回收现金的再投资收益及风险问题；考察时间较短时，IRR 指标通常偏高，有误导性；存在未实现价值的估值问题

续表

收益率指标	计算方法	主要优点	主要缺点
公开市场 等价物 （PME）	用 LP 从私募股权基金获得的分配的现金流的折现值除以 LP 向私募股权基金实缴资金的折现值，折现率均为同期公开市场股票指数收益率	实现了私募股权基金与公开市场投资的比较，尤其适用于投资成熟期	无法对不规则的现金流量进行处理，未考虑一、二级市场之间的风险差异和税收影响

同时，从基金全生命周期的角度看，"募资时嘘寒问暖，出资后爱答不理"的 GP，即使业绩再好，也不能完全获得 LP 的认可。为了避免形成这种围绕产品销售开展的短期博弈关系，LP 在对 GP 进行评估时，也可以加入非量化指标。

近年来，随着基金管理和退出压力加大，DPI 指标的关注度逐步提升。作为 LP，应对 GP 设置科学合理的评价指标，对基金募投管退整个生命周期进行综合评价，定性定量相结合但有所侧重，做到科学、全面地评估。作为 GP，也应该意识到，业绩评估指标的计算只是数学公式，适当粉饰基金业绩虽然无可厚非，但最终被投资企业的成长性和经营业绩才是决定私募股权投资回报水平的根本因素。

三、关于私募股权基金业绩评价基准的讨论

现代金融中，业绩评价基准已经成为影响市场的重要因素。对于基金而言，业绩评估的最终目的是进行行业业绩排名，直观感受基金运营的状态在行业中所处的地位。同时，基金管理费或者绩效分成也可能与业绩评价基准相挂钩，业绩评价基准的设置决定着资产管理机构的收入。

不同于二级市场公募基金，私募股权基金的业绩评价基准难以制定。合适的业绩评价基准要能够准确地反映基金投资目标和投资策略，最好

还能根据市场情况动态调整，从而相对准确地评估资产管理机构的管理能力。但在私募股权投资领域，这样的业绩评价基准不太好找。首先，私募股权投资领域数据不公开、不透明，私募股权投资市场难以建立和二级市场类似的大盘指数、风格指数等业绩评价基准。其次，除了数据的不可得性，私募股权投资行为带有明显的非标特征，起始投资年份、投资风格和投资标的千差万别，类别繁多，很难采用全行业或某一领域业绩相对排名等设置业绩评价基准的方法。再次，即使拿到了业绩数据，各家机构数据口径、计算方法可能并不统一，数据有可能不具有可比性。

那么，LP 以何为基准评价基金业绩呢？目前市场上大多数做法是以绝对指标作为考核基准，比如合同中约定的门槛收益率，多为年化 8%，达到门槛收益率之后 GP 就有可能分得业绩分成。这样设置评价基准的好处在于，投资时 GP 已经明确知道自己的奋斗目标，并会不断朝着这个目标努力，缺点是不能随行就市，一旦约定，在基金的整个生命周期中不会轻易更改，无法根据市场情况灵活调整。如果经济突然变好，则 GP 可能会过于轻松地达到基准；如果经济出现下行，则 GP 可能集体达不到基准。从具体实践看，机构投资者也会设立适合于机构自身资产配置目标的投资基准，有的是绝对数值，有的是浮动标准或者说是相对收益，比如某一市场指数加上非流动性溢价，以此克服绝对数值不够灵活的缺陷。

海外机构也在努力建立统一的标准对私募股权基金的业绩进行衡量和比较。我们简单介绍业界的两种尝试：一种是全球投资业绩标准（global investment performance standards，GIPS）；另一种是由行业内机构所提供的投资业绩比较标准。

（一）全球投资业绩标准

随着全球化水平的提升，各国金融市场中的投资业务也不断走向国际化，但参与金融全球化的各个国家存在较大的差异。各个国家金融发展的程度并不相同，在金融活动中的确认、计量、记录等方面的原则也存在差异，这使得投资业绩的计算和业绩信息报告难以标准化。因此，潜在的客户和资产管理人对一套完善的、全球公认的投资业绩评价和介绍标准的需求越来越强烈。为此，特许金融分析师协会（Chartered Financial Analyst Institute，简称 CFA 协会）牵头建立了详细的全球投资业绩标准，要求投资经理人遵守业绩报告标准，这有助于投资者得到较为完整、公平的投资业绩信息。

全球投资业绩标准实际是一套为有效陈述投资业绩而设立的道德标准，这套标准旨在确保投资机构的业绩能较为公正、全面地陈述和披露，让不同机构、基金之间的数据具备一定的可比性。如果一个投资机构宣称遵守全球投资业绩标准，则这个机构需要编制符合一定格式和披露要求的业绩报告。比如，全球投资业绩标准在计量、计算、报告内容等方面制定了统一的标准。在计量方面，全球投资业绩标准对收益指标中是否扣除管理费、基金合伙费用、业绩分成等费用项目进行了标准化规定。在计算方面，全球投资业绩标准规定公司必须计算自起始日起的年化内部收益率（SI-IRR），尽可能解决业绩计算期间不统一的问题。在报告内容方面，全球投资业绩标准要求在每个报告期，公司必须呈报截至报告日的实缴资本、已投资资本的总额、基金分配金额等数据以及 TVPI、DPI、IRR 等业绩指标数据。经过不断的发展，该标准已经逐渐成为被较多国家接受的绩效呈现标准。

（二）由行业内机构所提供的投资业绩比较标准

金融行业内的一些机构通过定期向市场上私募股权基金管理人发放问卷，获得私募股权投资的表现数据，经整理并获得许可后公开发布。目前，在业内受到比较广泛认可的相关机构是康桥汇世。另外，一些新兴的金融数据服务商也越来越得到大家的认可，比如私募股权数据服务公司 Preqin、CB Insights、Pitchbook 等。

康桥汇世创建于 1973 年，它率先提出了以高权益为导向和广泛多元化的战略。其主要业务是为全世界机构及高净值投资者在国内外投资提供创新的、定制的投资组合管理服务，涉及资产配置、基金投资等领域。自 20 世纪 90 年代起，康桥汇世开始国际私募股权业务，建立了康桥汇世私募业绩标准。

在业绩报告方面的指标计算中，康桥汇世强调其获取数据的来源主要是 GP 向 LP 报告的季报和年报，这与其他数据服务公司从公开数据获取信息有较大的不同。康桥汇世私募业绩标准与 CFA 协会建立的全球投资业绩标准具有相似之处，主要包括的指标有 SI-IRR、DPI、RVPI。但康桥汇世创新性地提出了改进后的公开市场等价物的概念，旨在通过与公开市场进行比较来考量私募机构的投资业绩，着重强调了公开市场等价物的作用。从具体的计算方法来看，与 PME 是一个比值不同，康桥汇世改进后的 PME 先算出美国创业投资基金、美国私募股权投资基金、发展中国家私募股权基金等类别基金的投资业绩，再根据上述私募股权基金现金流的进出时间、金额，模拟算出相同的时间相同金额的资本投资于股票市场时的收益率，两者的差值可以直观地反映私募股权基金和二级市场投资之间的投资业绩差异。

从国内实践看，我国私募股权投资行业还处于早期阶段，数据完善程度尚有提高空间，客观的私募机构业绩评价体系有所缺失，暂未建立起适用于行业的投资基准。一些咨询公司，比如清科咨询一直有所尝试，但适用于全行业的投资基准的设立不是一蹴而就的。我们投资团队也在积极探索如何科学设立对私募股权基金的投资评价基准。

四、从全生命周期看基金业绩

私募股权基金的业绩指标往往会出现 J 曲线形态，特别是在基金存续的早期阶段，基金以投资项目为主，需要支付开办费、管理费等各类费用，现金处于净流出，不能给投资者带来现金回流，这一阶段通常被称作"眼泪的山谷"（valley of tears）。J 曲线形成的原因主要如下：一是在私募股权基金投资期，资本是分期投入的；二是投资初期费用会拉低投资回报；三是投资初期大多数项目没有后续轮融资或暂时没有退出机会。

研究私募股权基金投资组合，从基金业绩指标来看，我们发现，虽然一些基金呈现出了 J 曲线形态，但形态各不相同。有的基金投资项目后很快有了资金回流，J 曲线会较为平坦。GP 在投资期的决策可以影响 J 曲线的平坦程度。比如，GP 可以先建立项目储备，或者用过桥贷款的方式先占上投资额度，以此缩短资本投入与后续估值上升或现金回流的时间。近年来，头部项目的融资频率越来越高，私募股权基金的被投资企业在短时间内出现业绩上升、估值提高的情况也屡见不鲜，这都使得基金有了提升账面估值、抓住退出机会的可能，也使得 J 曲线更加平坦。

J 曲线并不能完全解释所有基金的生命周期。在投资实践中，从 TVPI 和 IRR 角度，我们发现基金的 TVPI 和 IRR 呈现出一定的先增后减的趋势。从第 6 年开始下降，TVPI 在第 8～10 年下降到峰值的 85%～95%，IRR 指标可能下降到峰值的 60%～80%。图 7-1 是某基金的 NIRR 数据曲线，其 NIRR 于成立后的第 6 年达到峰值，随后逐渐下降，到基金存续期的第 10 年，约为峰值的 75%。

这在行业中也是一种普遍现象。在基金生命周期的不同阶段，其业绩的数字表现也不同。一般而言，在投资期初期（比如第 1～2 年），基金的业绩数据不会有特别显著的提升，基本处于成本线附近，但不排除有部分基金会获得短期高回报（主要体现在 IRR 上）。但随着时间的拉长，收益数据会回至正常水平。在第 4～5 年，基金业绩数据开始攀升，并达到较高水平，这期间主要的推动因素是项目估值带来的增值（这往往也是 GP 开始募集新一期基金的时间）。但这些增值大多是账面增值，

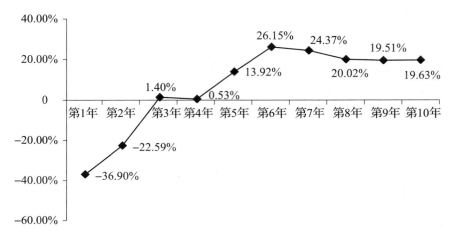

图 7 - 1　某基金 NIRR 数据曲线

由于缺乏流动性，因而不能等同于变现价值。在业绩的最终实现期，通常是退出期后期甚至是延期阶段，基金业绩一般会有所回落，这主要源于前期估值中的非流动性折扣计提不足，或者完全变现时部分基金资产的价值会有所折损。

第三节　私募股权基金的终止

私募股权基金采取封闭式运营的模式，因此它有着明确界定的存续期。正常状态下，基金所有项目退出后，存续期结束，进入清算阶段，清算完成后 GP 和 LP 对基金均不再承担任何法律义务。但实际情况中，人民币基金期限普遍偏短，到期后往往难以按合同的约定清算，需要延长经营期限。

一、项目的退出

正如 KKR 集团创始人 Henry Kravis 所言："当我收购一家企业时，不要祝贺我，等我卖出这家企业时，再来祝贺我。"实现理想的退出与回报，是私募股权投资的最终目的。

项目的退出是私募股权基金最终实现退出的基础。第六章已提到，私募股权基金常见的退出方式包括 IPO（含借壳）、并购与转让、回购、新三板挂牌、清算等。不同的退出方式在回报倍数、操作难度等方面各有不同。总体而言，IPO 退出收益回报最高，是最受私募股权基金青睐的渠道；清算退出一般发生在企业发展严重不及预期时，收益甚少，一般是作为最后迫不得已的选项存在。前文都已经有过详细介绍，在此不再重复。

通过 IPO 退出的项目一般可以获得高收益，IPO 固然是最为理想的退出方式，但私募股权基金的退出不能"唯 IPO 论"。实践中我们发现，基金通过不同途径退出的收益率相差悬殊，从过往的基金退出案例来看，退出收益率高的基金并不将 IPO 作为退出的唯一途径，而是善于综合运用各种退出手段，制定合适的退出策略，尽可能快速地以最高收益率收回投资额并获得回报。

此外，中介机构是私募股权投资退出不可或缺的参与方。从海外发达市场的经验来看，中介机构汇集了私募股权投资各方面的专业人才，为 GP、LP 以及中小企业提供投资、融资、会计、法律、科技、咨询等方面的服务，健全的中介机构体系有利于提高项目退出的效率。

目前我国股权投资的退出涉及的中介机构包括保荐机构、承销商、财务顾问、会计师事务所、律师事务所、资产评估机构等。保荐机构和承销商主要在上市退出中帮助发行人发行股票并募集资金；在并购退出及股权转让中，财务顾问对接项目和资金，作为融资中介提供专业服务；

会计师事务所主要负责提供审计服务，依照法律对国家各级政府及金融机构或企事业组织的重大项目和财务收支进行独立的监督活动；律师事务所在私募股权投资各阶段提供法律合规指导；资产评估机构主要负责对不动产、动产、无形资产、资产损失等权益进行评定和估算。

不同退出渠道涉及的中介机构有所差异。具体来看，目前主要的退出渠道有上市退出、并购退出（重大重组、股权转让）和清算退出（自愿清算、破产清算）三大类。

（一）上市退出中中介机构的职能

上市申报、发行过程涉及的中介机构包括保荐机构、承销商（一般由保荐机构担任）、会计师事务所、律师事务所和资产评估机构等。在上市过程中，保荐机构作为总协调人，统筹安排整个上市流程，具体负责协助发行人推进股份制改造、牵头进行尽职调查、辅导培训、监管沟通、申报、答复反馈问询和协调组织上会等任务，同时也参与主导、协调承销环节的工作；承销商负责股票询价及定价；会计师事务所主要负责出具报告期内的审计报告并承担相应的财务核查工作，同时担任验资机构并出具验资报告；律师事务所主要负责出具法律意见书、律师工作报告并承担相应的法律核查工作；资产评估机构主要负责资产清查，在发行人股份制改造过程中评估资产作价并出具评估报告等。

在香港上市涉及的中介机构和在内地上市大致相同，差异有两点：一是在香港上市需同时聘请内地和香港律师事务所；二是在香港上市需要安排多国（地）路演。实务中，中介机构可能扮演多个角色，保荐人往往同时担任联席全球协调人和承销商。

（二）并购退出及股权转让

如果私募股权基金因被投资企业被上市公司并购而退出，则一般涉及上市公司的重大资产重组。财务顾问、律师事务所、会计师事务所、资产评估机构在交易过程中的作用日益增强。这些专业的中介机构凭借专业知识参与重组过程，通过与重组双方的沟通，充分掌握重组信息，推动重组交易顺利完成。财务顾问的作用是为上市公司并购重组提供交易估值、方案设计、出具专业意见等服务，并牵头其他中介机构共同协助上市公司完成整体方案的监管报批、实施，以及后续配套融资的承销；在一些特定情况下，如涉及关联交易的重大重组，还需聘请独立的财务顾问出具意见。会计师事务所负责对重大资产重组交易涉及的标的资产的财务状况进行客观、公正的审计，并出具审计报告。律师事务所主要对交易主体、步骤、程序等是否符合相关法律法规进行严格审查，并通过详尽的书面资料发表结论性的法律意见，避免重大重组中出现非法操作。资产评估机构负责出具资产评估报告，对标的资产的估值给出依据。

在不涉及国有资产转让的情况下，GP打算在一级市场上向第三方转让基金持有的被投资企业股权时，可以选择是否聘请中介机构。比如，财务顾问的主要作用是担任融资中介，高效对接项目和资金，协助制定交易方案并推进方案实施。但如果GP能独立找到合适的股权受让方，那么转让非上市公司的股权也可以不借助中介机构的力量。

（三）清算退出

清算可分为自愿清算和破产清算。自愿清算过程中，中介机构作用有限。自愿清算指企业在资产大于债务的情况下，选择按照一定的程序来进行清算解散。我国立法仅规定清算人由股东组成，未对清算组成员的资格做出规定，且自愿清算很少涉及诉讼，因此中介机构的作用相对有限。通常由会计师事务所协助清算组出具审计报告，律师事务所协助处理相关法务问题。

破产清算涉及司法和诉讼问题，中介机构承担重要职责，主要涉及会计师事务所、律师事务所和资产评估机构。会计师事务所负责分析破产原因并向债权人通报，盘点财产编制清单，核定债券数额，了解破产企业资金去向等。律师事务所负责破产企业的产权界定和债权的审查代理，代理破产企业进行诉讼等。资产评估机构对财产进行评估，为清算组处理财产提供底价。

二、私募股权基金清算

清算期是私募股权基金生命周期的最后一个环节。需要说明的是，与因企业经营不达预期而进入破产清算不同，基金的清算是基金完成项目退出后，基金进入生命周期的一个发展阶段，开始清算并不意味着基金状态出现异常。当基金进入清算期时，根据合同的约定，一般由全体合伙人或普通合伙人担任清算人，管理基金未变现资产，并处理基金或有的债务及税务问题。

根据基金合同的约定，私募股权基金正常清算时，需要经过解散、清算和终止三个步骤。

第一，解散。根据合同的约定，触发基金解散的条款较多，比如期限到期、关键人士事件、合伙人会议同意基金终止等。但基金的合伙关系尚未结束，基金需要进一步清算、终止。

第二，清算。解散事件发生后，GP 或者基金的清算委员会将开始清算基金全部剩余资产。通常情况下，基金清算所得需要支付清算费用、缴纳所欠税款、清偿合伙企业债务等，此后剩余的可分配资金按照基金合同约定的分配顺序进行分配。一般基金合同中会约定 GP 回拨条款，即如果 GP 所得超过了其应得的超额收益，则应该返还给基金，重新分配给其他 LP。

第三，终止。基金所有在管资产清算完成后，即可终止、注销合伙企业，从而在法律上终止合伙关系。GP 需要到最初获得营业执照的司法机构提出注销申请，并取得批复文件，基金到此终止，GP 和 LP 的合作关系在法律上正式结束。

我国法律法规对清算期长度无强制规定，有一定的灵活性。在基金清算时，GP 会采用一切方法实现基金退出。进入清算期后，非现金分配可能成为私募股权基金对无法变现的资产进行处置的重要方式。非现金分配虽然是迅速处理基金未变现资产的有效方式，但实际上是将退出的压力从GP转移到了LP。GP进行非现金分配时，LP可要求GP协助变现资产，再进行现金分配。同时，非现金分配也面临一些操作问题，比如对非现金资产的定价问题，处置非现金资产需要一定的经验和专业技能；将被投资企业股权分配给每个LP，在LP人数众多的情况下，可能遭到被投资企业反对，也可能导致被投资企业股东人数超过法定上限，因此在实际操作中，LP一般要求GP进行现金分配。

专栏 7 - 4 私募股权基金退出实践

从退出方式看，机构投资者投资的私募股权基金底层项目退出的方式主要是上市退出、并购或转让退出、回购退出等。从项目层面看，作为LP，原则上项目的退出应按照合同约定交由GP实施。总体而言，上市退出项目的等待时间较长，退出收益可能较高，这类项目往往是基金收益的主要贡献者。并购或转让退出，从退出效率看更高，但退出收益不如上市退出。回购退出，往往发生在项目发展不及预期时，但也受到企业家回购能力和回购意愿的影响。清算退出是当投资失败时，基金较为常见的退出渠道之一。

以图7-2所示的一只基金为例，该基金投资期3年，退出期5年，在第6年时100%收回本金，截至存续期的第10年，回报倍数达到3倍以上，显示出明显的J曲线效应。

该基金关注医疗健康、TMT、先进制造等领域的成长期投资机会，共投资了12个项目，其中5个项目通过上市退出，4个项目通过并购或转让退出，3个项目通过回购退出，无清算项目。5个上市退出项目，从投资到完全退出，最短5年，最长近10年，均实现了5倍以上的回报，最高回报倍数达12倍，贡献了基金最终收益的绝

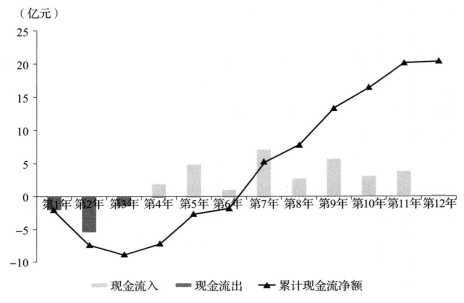

（亿元）

现金流入　　　现金流出　　　累计现金流净额

图7-2　某基金现金流分布图

大部分。并购或转让退出的项目，退出时间不超过5年，回报倍数为2～3倍。回购退出的项目，受回购方回购能力和回购意愿影响，最短4年，最长9年，回报倍数不超过2倍，甚至低于投资成本，对基金收益贡献度较小（见表7-3）。

表7-3　某基金退出方式、时间及收益情况

项目数量	退出方式	退出时间	回报倍数	收益贡献度 （项目收益/总收益）
5	上市	5～10年	5～12	70%以上
4	并购或转让	5年以内	2～3	20%左右
3	回购	4～9年	2以下	5%以下

三、延期的基金与焦虑的 LP

"基金期限"是基金合同里的重要条款之一。基金期限又可分为工商期限和实际期限，其中，工商期限为基金注册时设立的期限，实际期限则一般以基金的工商注册日或首次交割日为起始日，基金的实际期限起始日一般不早于工商注册日。不论是基金实际期限到期，还是工商期限到期，若基金还有未处置完的资产，那么不论是从基金利益最大化角度考虑需要扩展基金期限，还是 GP 单方面推动基金延期，都需要全体合伙人共同决策并配合办理基金延期手续，还要得到工商部门、监管部门或行业自律组织（如基金业协会）的认可。因此，延期是 LP 和 GP 需要共同面对的问题。但许多 GP 和 LP 都对人民币基金的期限缺乏深刻认识，引导 GP 和 LP 正确认识私募股权基金产品的期限问题，也是打造私募股权生态体系不能忽视的重要方面。

2010 年前后设立的人民币基金的期限普遍偏短，大多只有 7～8 年，这从侧面反映出当时的 GP 和 LP 都低估了人民币基金的退出难度，也没有预料到后续会面临基金期限已到却还有一定数量的项目未实现退出的局面，使延期成为普遍现象。大多数基金的合同中对基金期限有明确约定，经一定的表决程序（如咨询委员会同意、合伙人会议同意），可以延长 1～2 年。若还不够，则需要通过修改协议再进一步延期。私募股权投资行业是一个"从现金到现金"的行业，看似没有尽头的延期让人民币基金的 LP 陷入了焦虑，何时 DPI 能到 1、何时能实现全部退出成为 LP 的心头之痛，甚至对 GP 的能力和合作的诚意提出了质疑，继续合作更是无从谈起。

深入分析思考基金普遍延期的原因有助于缓解 LP 的焦虑。我们分析认为，基金延期主要有以下主客观原因：

第一，与发达国家相比，我国私募股权基金市场缺少拥有长期资金的机构投资者，无法满足私募股权基金退出所投项目所要求的时间期限。我国私募股权基金投资者主要包括社保基金、保险资金、政府引导基金、市场化母基金、高校教育基金、国有企业、民营企业和个人投资者，除全国社保基金和保险资金外，其他机构或个人很难成为私募股权基金的长期投资者。一方面，政府引导基金、市场化母基金作为机构 LP 的重要组成部分，其期限一般在 10 年左右，远低于美元母基金 12～15 年的期限，这决定了其只能投资期限在 7～8 年的子基金；另一方面，国有企业、民营机构和个人投资者希望尽快看到收益，大多不愿意投资 10 年以上的基金。因此，LP 的投资期限传导到基金层面，倒逼基金在募资时缩短期限设定。

第二，资本市场环境变化较大，项目退出难，S 基金刚刚起步，接盘资金量少。资本市场环境不容乐观，IPO 渠道受阻，上市后减持也存在难度。（1）我国一级市场投资退出极度依赖二级市场。2008 年至今，二级市场经历了数次 IPO 暂停。同时，受减持规定影响，即使上市成功也无法快速变现，二级市场形成了巨大的项目退出"堰塞湖"。（2）二级市场估值水平、资金流动性、市场规模等都不足以承接一级市场的巨大存量资产。自 2017 年以来，一、二级市场估值倒挂的现象仍在持续，导致基金投资的项目在一段时间内不能实现有效退出。（3）非上市退出渠道也面临困难。我国股权转让估值、财务、法律等配套服务不如国外成熟；至于回购，因阶段性市场资金紧张，股东和管理层回购的意愿和能力都有一定的不确定性。（4）私募股权基金二级市场不发达，LP 难以通过转让基金份额实现退出。我国私募股权基金退出难问题逐步显现，S基金近年开始发展，但规模普遍较小，团队缺乏经验。不成熟、不活跃的 S 基金市场目前还不能为市场提供充足的接盘资金。

第三，GP 团队自身原因。部分 GP 对自身能力、经验认识有限，对退出困难预期不足。主要表现在：（1）部分 GP 在募资阶段对市场的预期过于乐观，从而对政策环境的变化始料不及，导致对后期发生的退出困难准备不足。（2）大部分人民币 GP 没有全周期管理人民币基金的经验，仅依靠美元基金的退出经验评估人民币基金退出时的复杂性，往往造成基金退出困难。（3）熟悉 A 股市场上市和交易的人才储备不足，以致在上市退出环节相对被动。

一般情况下，基金延期实际是 GP 根据项目退出进展和基金整体要求做出的主动管理，不是简单的被动操作，更不是故意拖延。在初始期限较短的情况下，延期实际上是将这类资产的期限调整回正常状态。从利益一致性角度看，GP 更愿意尽快退出。按基金的分配顺序，一般只有在 LP 收回全部本金并实现门槛收益率（一般为复利 8%）后，GP 才能获得收益分成。因此，GP 与 LP 一样希望尽快将资产变现，以获得收益分成和市场声誉，也为下一次融资打下良好基础。

我们的研究分析以及与 GP 的交流表明，虽然延期会拉低所投基金的 IRR，影响基金的年化收益率，但延期并不意味着基金管理的失败。总体来看，对于私募股权基金，合理的期限是十分必要的，10 年以上的较长期限更符合这类资产的实际情况。随着 2019 年科创板的推出和 2020 年注册制的全面实施，中国私募股权市场迎来了退出的春天。在中国多层次资本市场建设逐步深化，全面实行股票发行注册制的大背景下，退出的常态化将加速资金的流动和投资生态闭环的建立，从而可能再次大力推动中国私募股权投资市场的发展。鉴于 LP 持续强调 DPI 的压力，GP 开始在退出方面投入更多的时间和精力。GP 需要以终为始、以退定投，制定退出策略并严格执行，培养自身的项目退出能力。随着资本市场改革的深化、退出的日益常态化及其可预测性的增强，私募股权基金的资金流转得以加速，潜在的高投资回报和改善的流动性会使得将私募股权基金作为非标资产进行配置的吸引力大大增强。

专栏 7－5　机构投资者应对基金延期

在市场发展不完善的情况下，市场化私募股权基金期限大多不足 10 年。从实际情况看，一些基金出现了难以在期限内全部收回本金的情况，需要延期。由于主观、客观多种因素，人民币基金与美元基金相比，期限普遍偏短，目前一些人民币基金需要经过合伙人会议同意，突破协议再延期几年，实际上是将这类资产的期限调整回正常状态。

面对接连延期的基金，机构投资者应该如何应对呢？以社保基金的投资实践为例，对于延期基金，在符合《合伙企业法》及相关法律法规的基础上，投资团队秉承实事求是的原则，统一严格要求，逐家分析情况，开展实地调查研究。总体而言，在基金的延长期内，投资团队与 GP 保持密切沟通，要求 GP 对在管项目制定切实可行的退出安排，督促管理人认真分析每一个部分退出项目或者在管项目，结合项目的实际经营情况分类研究退出计划和备选退出方案，原则上由 GP 主导，LP 积极配合，在合理期限内，在实现较高收益的前提下尽快退出。在此过程中，全国社保基金设定延期底线，决不允许无限期延期。

四、其他基金退出渠道

以往，面对强势的 GP，LP 没有太大的选择余地，只能选择配合延期或者弃权。近年来，基金延期现象普遍出现，LP 和 GP 都在不断探讨基金退出问题，一些 LP 开始主动选择自己份额的退出渠道，而更多 GP 也愿意寻找除 IPO、并购、回购之外的退出渠道。借鉴发达国家的经验，总的来说，如何处置基金，与 LP 对 GP 的信任程度，以及基金业绩有很大关系。如果基金到期时状态比较稳定，GP 和 LP 之间保持着较好的利益一致性和信任程度，则基金可以采取延期、聘请第三方清算机构、份额转让、挂牌交易等方式退出。而如果基金情况恶化，LP 和 GP 之间已经丧失了基本的信任，则可以采取基金重组，甚至除名 GP 等方式。

（1）基金份额转让。现有基金 LP 直接寻找买家接手全部或部分基金份额，买方可能是另一个 LP，也可能是 S 基金。这种交易可以为原来的基金的 LP 提供流动性，但可能需要基于公允价值按一定折扣计算最终成交价格，定价是实际操作中较为困难的问题。

以上方式对于有国资背景的 LP 而言在实际中可操作性较差。主要原因是：第一，一些有国资背景的 LP 持有的基金份额比例较高，在市场上寻找到同样量级的资金作为受让方有一定难度。第二，有国资背景的 LP 在转让基金份额时可能涉及如何合理定价的问题。根据《企业国有资产交易监督管理办法》的规定，国有及国有控股企业、国有实际控制企业转让有限合伙型基金份额并未在法律法规中被明确排除在国有资产交易行为外，因此，转让基金份额是否需要像一般国有企业产权交易一样履行审批、评估、进场挂牌等程序还有待进一步明确。

（2）聘请第三方清算机构。在管项目进入第三方清算信托机构，LP 作为信托的受益人，委托信托机构处置资产。第三方清算信托机构的收费率通常低于 GP。但是在我国，这种第三方清算信托机构还未发展起来。

（3）基金重组。基金重组是一种私募股权二级市场交易模式，常见于美元基金。具体方式为：原 GP 设立一只新基金接手老基金的全部或者部分未退出资产，进而完成老基金 LP 的退出。老基金 LP 可在基金重组时选择退出，将所持份额转让给第三方买家实现现金退出，也可选择将其在老基金中的份额转入新组建的接盘基金中。由于两只基金都由同一 GP 管理，这种方式涉及关联交易。

（4）要求更换 GP。在部分极端情况下，LP 可依据投资协议实施强制措施，更换老 GP，任命新 GP 处理未变现资产。但这种方案也很少被采用，撤销 GP 的管理权往往伴随着高昂的代价，还可能会让形势更加恶化、基金更加不稳。同时，LP 需要聘请新的 GP，新 GP 接手被投资项目需要时间，可能会进一步延缓基金的退出。

五、新兴的退出机制——S 基金

S 基金正逐渐成为一种受到各方高度关注的退出方式。一般情况下，当投资者参股一只私募股权基金后，在基金完全实现清算退出之前，投资者可以根据自身财务状况、对现金流需求的变化等原因，将所持有的基金份额或其底层资产转让给其他有意向购买的投资者。这一转让及购买行为被统称为私募股权二级市场转让。

在一些私募股权投资发展较为成熟的市场，如美国和欧洲，私募股权二级市场的存在使得私募投资机构交易手中的私募股权成为可能，大大提高了私募股权基金的流动性。以私募股权母基金的鼻祖雅登投资（Adams Street Partners，目前资产管理规模达 410 亿美元）旗下的美国市场母基金为例，每只母基金计划投资于 60～75 只子基金，其中 70%～80%的投资通过一级市场认购完成，其余 20%～30%通过二级市场的份额转让完成。PSD 策略（Primary＋Secondary＋Direct Investment）已成为欧美私募股权母基金的主流策略。

（一）私募股权二级市场基金的价值

作为一种投资管理工具，为买卖双方创造价值是私募股权二级市场基金长期发展的驱动力。

对于卖方而言，二级市场为私募股权基金投资人提供了流动性，一定程度上解决了私募股权投资退出的难题，同时可对资产组合进行主动管理，处置问题基金。

对于买方而言，二级市场基金 IRR 较高、风险较低，具有独特的配置价值：

1. 缩短回报周期，提高 IRR 水平

由于私募股权基金前期阶段创设成本、管理费等各项费用占投入资本比重较大，且所投项目估值上升需要一定时间，因此前期基金价值先下降，IRR 为负，正回报通常出现在基金成立后几年，IRR 分布呈 J 曲线形态。二级基金在私募股权基金投资完成后才进入，从而避开了需大量投入资金的前期，能够修正 J 曲线效应。此外，LP 为了获得流动性，往往会以折扣价格出售基金份额，而此时已投项目可能已经有了资本增值。因此，二级基金的回报周期可能更短，回报倍数、IRR 水平可能更高。

2. 降低盲池风险，提高收益的确定性

盲池（blind pool）指的是私募股权基金募资时，底层资产尚未确定，基金投资人对基金未来投资的底层资产存在盲区。私募股权基金期限往往为 5～10 年，回报率与投资标的行业发展、基金投后管理能力、退出时市场环境等因素都有极大关系，初始投资时难以预测基金回报率。二级基金则在私募股权基金投资完成、基金运营较为成熟的阶段进入，此时投资组合质量、基金运营情况以及财务数据指标能够有效地帮助预测基金效益，从而降低盲池风险，提高基金收益的确定性。

3. 实现差异化投资，分散组合风险

私募股权基金期限较长，投资期一般为 3～5 年，一定情况下，某些年份可能出现热门投资产业主体，产生难以分散的行业风险。例如，从案例数和金额看，近几年生物医药、TMT 等都是投资较为集中的领域。二级基金可以通过投资不同年份、不同主题的基金份额分散组合风险。

（二）我国私募股权二级市场基金情况

在国内，私募股权二级市场刚刚起步，体量仍然较小，交易并不活跃。

1. 我国私募股权二级市场面临一定的发展机遇

一是 2013 年前设立的私募股权基金即将到达退出节点。国内私募股权基金期限一般为 7~8 年，2013 年及更早设立的私募股权基金已基本完成投资，即将达到退出节点，面临退出。二是 IPO 退出难以匹配私募股权基金的退出需求。作为我国私募股权投资最重要的退出渠道，IPO 退出的规模和国内私募股权基金的募集规模严重不匹配，退出难是行业普遍面临的挑战。三是政府引导基金有加快退出、实现引导目的的需要。政府引导基金的主要目的是扶持、引导、促进产业结构优化升级，而非获得高额财务回报，因此政府引导基金在一定存续期后即可退出，在完成政策目的后也可提前退出，从而将资金再次利用，提高周转率，进一步放大其产业引导功能。

2. 我国私募股权二级市场存在实际困难

（1）LP 结构分散，交易难以规模化。

海外私募股权基金的 LP 以专业的机构投资者为主，这些机构投资者也是私募股权二级市场的主要参与者。而当前中国私募股权市场 LP 构成较为分散，2019 年中国股权投资市场 LP 类型分布中，企业投资者占比近 60%，主要包括民营企业、上市公司。这两类主体的专业化程度较低，不具备专业的估值和尽职调查能力，拥有的私募股权基金份额较小且分散，难以实现大规模交易或集中设计交易结构，参与私募股权二级市场交易的难度较大。

（2）信息不对称严重，难以对交易标的准确估值。

一是交易结构复杂，估值困难。私募股权投资市场本是个信息不对称市场，私募股权二级交易涉及基金二手份额以及基金底层资产，对其进行估值不仅需考虑资产质量，而且涉及相应的交易结构、隐含的权利义务，因此全面合理估值难度较大。如底层资产层面，除了企业自身发展情况外，还需考虑基金投资时签署的对赌、回购等各类条款执行的可能性；再如基金层面，除了基金运营情况、投资收益情况外，还需考虑不同 LP 不同的权利义务；等等。而 GP 和 LP 往往以补充协议的形式对相关事项进行约定，因此获得此类信息对 GP 的配合程度提出了较高要求。

二是逆向选择严重。私募股权二级市场主要是用以解决私募股权基金的流动性问题，其也为因标的资产品质不及预期而提前出售提供了可能。由于信息不对称，二级市场逆向选择较为普遍：如果标的前景较好，投资回报较高，那么原有投资方大概率不会出售，即使确实出于流动性需求需要转让，GP 也会主动撮合其他 LP 接手、内部消化，不太可能流到外部市场。而若是品质不及预期的标的资产，则接手后需采取区别于传统投资的管理策略才有可能盈利，类似处理不良资产，这对管理者的能力、资源提出了较高的要求。

三是配套环境不完善，对中介机构的专业要求较高。当前，国内私募股权基金行业信息披露、数据标准、估值方法等均未统一，业内也并没有全面、统一、准确的数据库，估值缺乏可靠依据。同时，二级市场交易复杂性较高，不仅要打开投资组合、穿透底层资产，而且要熟悉GP、LP 以及整个市场的情况，对各类中介机构提出了更高的专业要求。

（3）一级市场估值溢价，二级市场交易难度较大。

国内市场中的私募股权基金以成长基金和创业基金为主，底层项目的风险较高。当前一级市场估值存在一定溢价，IPO 后破发、一级市场和二级市场估值倒挂等现象频现，导致私募股权二级市场交易双方难以定价，投资安全边际不足，成交难度较大。

专栏 7 - 6　GP 主导的 S 基金交易案例

2020 年，IDG 资本顺利完成了一笔 S 基金重组交易，买方为国际知名母基金管理机构 HarbourVest 主导的财团。在这笔交易中，IDG 资本将一只人民币基金中尚未退出的资产组合打包转为美元基金，这个资产包的规模超过 6 亿美元，涉及的项目超过 10 个。买方 HarbourVest 主导的外资财团通过合格境外有限合伙人（QFLP）的结构实施交易。所谓 QFLP，是指境外机构投资者在通过资格审批和外汇资金监管程序后，将境外资本兑换为人民币资金，投资于国内的私募股权和创业投资市场。本次交易结构之复杂和交易金额之巨大，都决定了此次交易对中国 S 基金市场具有非凡的意义。

这笔交易于 2019 年 9 月启动，由 IDG 资本主导。在退出方案确定后，IDG 资本开始与潜在 LP 接触。通过对境内和境外 S 基金市场的深入调研，IDG 资本发现人民币私募股权二级市场还处在早期阶段，无论市场规模、买家数量还是市场竞争性与有效性都与传统美元二级市场有很大的差距，且人民币二手市场还不足以在短期内消化较大体量的二手交易。而美元私募股权二级市场经过长时间的发展已经比较成熟，市场竞争性很强，能比较有效地实现资产定价，且目前美元二级市场上资金充足，对优质资产和交易有强烈的兴趣，比较容易在竞价过程中最大化资产包的价值。IDG 资本最终决定主要的交易以美元 S 基金为主。由于这是国内首次以 QFLP 的结构实施交易，因此交易结构的新颖和复杂性也使得交易过程一波三折。IDG 资本就交易架构的合规问题进行了积极探索，并与买方持续深入沟通，最终共同敲定了这一创新性的交易结构。

除了交易架构的确定外，市场还非常关注竞价环节。为了确保资产包交易的独立性以及价格的最优性，经过筛选，IDG 资本决定引入在 S 基金领域经验丰富的投行拉扎德（Lazard）作为本次交易独立的第三方顾问，负责协调本次资产包的竞价环节，同时保证流程的合规性和公允性。作为私募股权二级市场咨询顾问的领先者，拉扎德在 2017—2019 年全球私募股权二级市场中所占份额约为 25%，近年来协助实施了涉及美国、欧洲及亚洲的多项二手份额交易及 GP 主导的基金重组。优质中介机构的加入一定程度上提振了买方的信心，也给本次交易的透明性和公允性带来了保证。

2020 年 2 月，拉扎德正式启动了两轮价格验证流程，并在首轮邀请了 30～35 家二手交易机构参与本次交易。经过多轮投标、报价，拉扎德和 IDG 资本共同协助潜在领投方进行了详细的尽职调查。2020 年 7 月，潜在领投方提交了有约束力的报价。

在尽职调查的过程中，随着新冠肺炎疫情在全球范围内的蔓延和中美摩擦的进一步升级，跨境贸易和投资受到了较大的影响，全球和中国经济均面临着较大的下行风险，买方对资产包项目未来的发展和增长表示了不同程度的担忧。为了增强买方信心，IDG 资本对资产包项目进行了详尽的疫情影响分析，并安排买方与主要项目公司管理层进行了深入的交流，以使买方对项目公司及其未来发展前景有更全面的了解。IDG 投资团队也将自己对相关行业及项目本身的预测进行了详细分享，提供了大量的信息。基于所获得的项目信息，买方以其自有资源在市场上做了大量独立的第三方访谈及交叉验证的工作，对资产包项目建立财务模型进行了详细的分析，以对各个项目的公允价值做出独立判断，最终在综合考虑资产包预期收益及项目退出时间表等各方面因素后得出了其关于资产包价值的独立判断。经过多方不懈的努力，历时近一年，交易得以成功推进，为现有人民币基金 LP 创造了可观的收益。

本次交易规模大，交易方式复杂、新颖，通过基金重组以 QFLP 的结构实施交易，颇具创新性。这次交易的完成还有一层意义：说明 S 基金在中国正在发挥越来越大的作用，方式愈发灵活，中国的营商环境优化不是空头支票，各项举措都落在了实处，也说明中国扩大对外开放的力度在不断加大，政策环境越来越有利于国际合作。

六、期限困境与僵尸基金

由于基金业绩不佳、投资团队发生重大变化、基金后续发展计划不明确等原因，LP 和 GP 之间可能会产生严重的信任问题，从而导致 GP 无法筹集后续私募股权基金。在这种情况下，当前在管基金可能沦为僵尸基金（zombie fund），LP 和 GP 之间由此产生更为严重的利益冲突。

僵尸基金往往有如下特征：第一，期限大幅超过原定期限，甚至超过 10 年。第二，基金回报远不及预期，大幅低于门槛收益率，甚至出现亏损。在这种状态下，GP 糟糕的历史业绩使得 GP 缺乏能力或者计划募集新基金。第三，GP 团队发生重大变化。由于 GP 难以持续获得管理费或者绩效分成，因此团队成员各谋生路，到基金期限届满之时，所剩的创始团队成员寥寥无几。

对于优质基金，LP 往往不用花费太多精力，对于业绩表现略低于预期的基金，LP 也可以采取不投下一期基金等方式终止合作。但对于僵尸基金，LP 要倾注大量心血，其投后管理的复杂程度远高于其他基金。LP 首先要了解 GP 到底出现了什么状况？基金为何"僵尸化"，是否还有复活的可能？底层项目状况如何？同时，LP 还要在权衡利弊后就以下问题做出判断：如何退出僵尸基金？是否需要重组基金、更换 GP？是否可以通过出售基金份额退出？如何设置条款保障自身的利益？最后，还要靠长时间、高质量的投后管理，才能实现对僵尸基金的有效管理和退出。

在投前，LP 可以通过认真甄别提前规避僵尸基金的风险。僵尸基金最核心的问题是利益一致性被破坏，GP 无法从恶化的基金中获得收益。从这个角度讲，想要规避僵尸基金，一是可以投一些募资能力较强、已经管理了多只基金的 GP，这样在当一只基金状态不好时，GP 还有其他收入来源而不至于僵尸化。二是提高 GP 在基金中的投入，尤其是提高 GP 出资额占 GP 团队本身的财富的比例。让 GP 多出钱是提高 LP 和 GP

利益一致性最简单的办法，这样即使基金情况恶化，GP 也有动力继续处理剩余在管项目。三是尽可能在基金合同中争取有利于 LP 的条款，保证 LP 有足够的权利，在基金恶化时可以罢免 GP 或启动清算程序。

从投后管理的角度看，要防止基金僵尸化，投后管理中的知情权最为重要，有利于 LP 在局面无法挽回前清楚地了解事情的全貌，尽早采取出售基金份额、实施基金重组等退出手段。在日常投后管理中，要时刻关注基金剩余资产的价值，警惕是否出现了业绩回报较低，GP 丧失信心的情况。还要关注 GP 的待投金额，比如是否成功募集了后续基金，新基金募集失败，管理费收入大幅度减少，可能就是沦为僵尸基金的前兆。表 7-4 从投前和投后两方面总结了如何防止基金僵尸化。

表 7-4　防止基金僵尸化

投前	投后
1. 选择有长期业绩的 GP； 2. 提高 GP 在基金中的认缴出资比例； 3. 明确约定相关合同条款，保障 LP 的权利	1. 持续实施投后管理，谨慎评估风险； 2. 实施基金重组或出售份额； 3. 思考并落实其他退出方式

一旦僵尸基金出现，LP 能采取的方法就相对有限了。如果 LP 人数比较少，同时投资的都是非控股型项目，则 LP 可以组成具备清算能力的清算委员会，利用 LP 自身的投资和退出能力，处理基金剩余资产，最终实现退出目的。其他的复活基金的方式，核心是重构基金 LP 与 GP 之间的利益一致性，比如重置 GP 收益提成、罢免或替换现有 GP 等。还可以引入外部机构通过二级市场 S 基金收购 LP 的份额，进行基金重组以延续基金。LP 还可以进行委托清算或者卖掉部分资产。但以上手段也存在一些困难。比如重置激励措施，在基金本金已经亏损的情况下，LP 可能愿意重置收益提成，以激励 GP 寻找有利的退出方式，但 GP 可能会觉得以后 LP 都不得不这样做，反而更加愿意冒险。更换 GP 或者在二级

市场寻找 S 基金接手 LP 的份额，在基金已经僵尸化的情况下，实际也很难执行，或难以获得好的价格。

第四节　私募股权基金投后管理和退出面临的难点

一、LP 投后管理的痛点

当前，私募股权基金投资正在由高速度增长向高质量发展转变。LP 在进行投后管理实践时，仍然面临不少挑战。

首先，行业中经常出现"好的 GP 管不了，一般的 GP 不愿管"的现象。国内有数万只私募股权基金，只有最顶尖的那部分 GP 才是可以创造高价值的基金管理人，头部效应明显。然而往往头部基金募资都十分迅速，GP 强势，单个 LP 所能获取的份额有限，对 GP 投资运营的管理能力相对较弱，算不上真正意义上的管理。优秀的 GP 也并不需要 LP 的资源倾斜以及投后管理。即使基金业绩表现一般或出现了较大风险，其对 LP 整体投资组合的收益的影响也不大，而 LP 若实施投后管理则要牵扯较大的精力，因此 LP 缺少对基金进行投后管理的意愿。

其次，市场上仍然存在"重投轻管"的现象。主观上，一些 LP 仍然没有认识到投后管理的重要性，投后管理的意识和能力都较为薄弱，投资重头轻尾，投后管理流于形式。部分 LP 将工作重点放在投资业务扩张上，对已投放资金的安全缺乏应有的重视。客观上，人民币基金市场上缺乏长钱，能在基金中掌握话语权的 LP 并不多，小 LP 大多"管不了"，存在搭便车的思想，寄希望于基金中大 LP 在投后管理中顺带维护自身利益。还有一些特殊性质的 LP，比如地方引导基金，看重返投等政策目标的实现，投后管理的目标与财务投资人并不在一个频道。

再次，投后管理工作缺乏标准流程和考核指标。具体而言，主要存在如下问题：私募股权投资的投后管理工作难以量化；LP 与 GP 职责边界不清；投后管理工作不知管什么，也不知如何管。总之，投后管理制度流程不规范，内部的相互制约无法形成。我们认为，投后管理要统一目标，加强协调，通过切实有效的可行手段抓紧抓实。

最后，国内投后管理人才有较大缺口。基于国内人民币私募股权基金行业的发展阶段，较多的 LP 团队还是着重于投前尽职调查，希望可以一举选出最好的基金与 GP，之后放任其自己发展。但现实情况是，投后管理是一项复杂的系统工程，具有长期性、专业性和不确定性等特点。投后管理对专业人才的知识储备、投资实践能力要求较高。与投后管理相应的激励机制和动力不足，导致投资机构普遍缺乏必要的机构与人员配置。社保基金作为国内最大的人民币 LP，其股权基金投资团队认真贯彻落实投管退平衡的理念，借助管理信息手段，每年都制定详细的私募股权基金投后管理计划，着手尝试对处于投资期、退出期、延长期的私募股权基金开展分类管理、一司一策，积累了比较丰富的投后管理经验，也锻炼了人才队伍。

在全球经济下行叠加新冠肺炎疫情影响的大背景下，投后管理工作遇到了新的挑战，如部分 LP 无法持续出资、项目持续分化、金融民商类案件增多等，对投后管理工作提出了进一步要求。目前国内主流的投后管理模式还是投资经理负责与基金管理人稳定地沟通从而持续跟踪基金运营状况，但随着行业的发展与管理的项目数量的增长，这种模式渐渐无法适应对投后管理工作的要求，未来的投后管理模式还有较大的提升空间。

二、私募股权投资退出面临的困境

目前，中国私募股权投资退出面临的困境主要体现在如下几个方面：

（一）多层次资本市场不够完善

当前，我国多层次资本市场体系已初步形成，股权市场体系主要由沪深主板、创业板、科创板、新三板、区域性股权市场等组成，市场层次日益丰富，市场覆盖面进一步扩大，为不同规模、不同行业、处于不同发展阶段的企业提供融资渠道，有效支持了众多中小企业借助资本市场发展壮大，推动了创新创业活动和战略性新兴产业发展，较好地满足了服务国民经济供给侧结构性改革的需要。然而，当前多层次资本市场体系仍有诸多不足，一定程度上限制了私募股权投资机构的退出。

第一，多层次资本市场各板块间未能形成有效协同。对比美国多层次资本市场，其由纽约证券交易所、NASDAQ 两个全国性场内市场，OTCBB、OTC 等场外市场组成。纽约证券交易所和 NASDAQ 各自由三个板块组成，分别实行明显的差异化上市标准，以吸引不同类型不同阶段的企业。其内部分层形成的多层次资本市场，不仅为投融资双方提供了多元化的选择，而且有利于形成有序竞争、相互促进的局面（见图 7-3）。而国内资本市场，在 2019 年 6 月设立科创板之前，上海证券交易所内部仅有主板市场，没有进一步分层。深圳证券交易所分为主板、创业板两个板块（2021 年 4 月 6 日，主板与原中小板正式合并）。创业板和新三板均旨在服务创新创业企业，但两者在资本市场中地位并不相同，创业板是深圳证券交易所内部的一个板块，而新三板则是完全独立的市场，两者之间很难形成充分竞争（见图 7-4）。

科创板设立后，与创业板在功能上存在一定交叉重叠，二者在吸引上市资源方面一定程度上形成了竞争。2020 年 4 月 27 日，中央深改委审议通过了《创业板改革并试点注册制总体实施方案》，要求按照错位发展、适度竞争的原则，统筹推进创业板改革和科创板发展，并借鉴了科创版注册制的核心制度安排。2020 年 6 月 12 日，中国证监会发布了《创业板

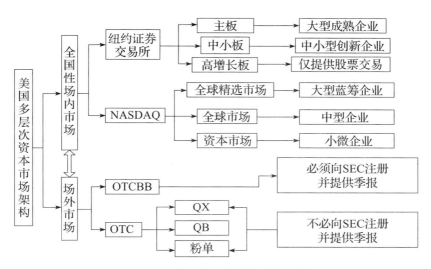

图 7－3　美国多层次资本市场架构

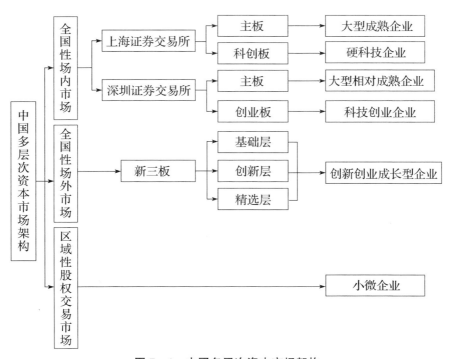

图 7－4　中国多层次资本市场架构

首次公开发行股票注册管理办法（试行）》、《创业板上市公司证券发行注册管理办法（试行）》、《创业板上市公司持续监管办法（试行）》和《证券发行上市保荐业务管理办法》等创业板改革并试点注册制相关制度规则。总体来看，国内资本市场不同板块间竞争仍不充分，上市门槛、交易制度、融资安排等相关制度仍有进一步优化创新的空间。

第二，场内市场制度不够合理。一方面，一直以来，我国股票发行以核准制为主，核准制下，审核机构在很大程度上决定谁能公开发行、以什么价格公开发行，核心仍然是政府对股票发行决定权进行行政干预，造成市场的定价功能模糊。2020 年 3 月 1 日，新《证券法》正式实施，核准制向注册制转变，但具体发行制度、操作指引仍有待细化落地。另一方面，我国股票发行门槛高。对比我国主板、中小板（2021 年 4 月 6 日与主板合并）、创业板、科创板等市场的发行条件，除科创板外，其他的板块上市发行条件差异不大，标准单一，门槛偏高；同时，部分交易机制不够合理，如 A 股实际发行中 23 倍市盈率的"隐性红线"以及新股上市首日 44％的涨停板限制等。

第三，场外市场发展不够充分。我国场外市场挂牌企业多为初创企业，规模较小，信用风险较高，信息披露制度不规范。在做市商交易机制缺失的背景下，投资者参与程度普遍不高，股权流动性比较差，交易价格的形成具有一定的非市场性。流动性是证券的应有属性，没有流动性，股权价值不能被充分发现，市场融资功能也就难以发挥。

第四，板块间缺乏转板对接和退出机制。美国多层次资本市场各个板块间建立起了有效的衔接机制和退出机制。纽约证券交易所和 NAS-DAQ 各自内部不同板块之间可以利用快速通道进行转板；纽约证券交易所、NASDAQ 之间也可以相互转板（如 2012 年德州仪器从纽约证券交易所转板至 NASDAQ 全球精选市场，2013 年甲骨文从 NASDAQ 转板至纽约证券交易所等）；场内市场与场外市场也相互联通，若上市公司面临经营困难，无法满足上市要求，则可退市到 OTCBB 或 OTC 市场，而场外市场交易的股票符合一定条件时，也可申请转移到 NASDAQ。

相比之下，我国资本市场各个板块虽然有一定联通，如新三板承接了 A 股退市功能，但整体来看，沪深交易所内部、沪深交易所与新三板市场之间、新三板和区域性股权交易市场之间都缺乏有效的转板对接机制。2020 年 6 月 3 日，中国证监会发布《中国证监会关于全国中小企业股份转让系统挂牌公司转板上市的指导意见》，明确了转板上市的程序，但具体实施效果仍有待检验。此外，与股票发行核准制下上市资源稀缺相对应，我国上市企业退出数量较少。据统计，纽约证券交易所和 NASDAQ 的平均退市率分别约 6% 和 8%。2001—2019 年，我国沪深两市累计共退市 126 只股票，其中，因吸收合并或私有化退市的有 45 只，B 股 17 只，仅有 64 只股票被强制退市，占 A 股全部上市公司的比重仅为 1.7%，历年平均退市率均不到 1%。

当前多层次资本市场存在的问题，不仅使企业无法做到"可上可下，可进可退"，而且不利于资本市场优化资源配置、促进优胜劣汰，一方面影响私募股权投资机构投资项目的退出渠道的多元化，另一方面也扭曲了市场的价值发现功能，某些由于制度因素而产生的套利投机行为削弱了私募股权投资机构对所投资企业长期价值成长性的关注。

（二）私募股权投资行业法律制度尚不完善

当前，我国还没有一部完整统一的规范私募股权投资的法律法规，这势必会造成私募股权资本退出时相关主体的利益缺乏法律的规范与保障。目前，我国有关私募股权基金退出的法律法规有《证券投资基金法》《公司法》《企业破产法》《私募投资基金监督管理暂行办法》等。

最近几年，私募股权投资新的退出方式不断出现，但相应的法律法规和行业规范却没有跟上私募股权投资退出方式发展的脚步，一些问题依然存在。特别是，在破产清算退出方面，我国《企业破产法》关于申请破产的条件的规定是：企业法人不能清偿到期债务，并且资产不足以清偿全部债务或明显缺乏清偿能力。这一标准明显高于国际通行的"不能清偿到期债务"。关于破产申请主体，《企业破产法》规定只有债务人、债权人和清算责任人才享有申请破产的权利，股东无权申请。私募股权投资机构通过破产清算退出困难重重。

（三）私募股权投资机构对退出的重视程度有待提高

国内私募股权基金诞生于 2009 年至 2013 年，行业整体仍处于初级阶段，市场上 3 万多只基金大部分尚未经历一个完整的"募投管退"发展周期。过去几年，股权投资项目管理和退出的压力并不明显，股权投资机构的重心往往偏向项目投资，对基金管理和退出的重视程度不足，退出渠道主要依赖项目 IPO 上市退出，多元化退出的操作经验不够丰富。

一是投资决策上，未能充分实施"以退定投"策略，提前对项目退出进行规划并选择合适的退出时点和退出方式以争取最大化项目收益，进而促进资金回流、保障投资节奏。二是团队设置上，很多私募股权投资机构采用投资团队负责制，并未设置专职投后管理团队或退出团队。随着股权投资机构的发展、投资项目的增加，向被投资项目提供增值服务、项目退出路径选择与设计及相关中介机构协调等方面的事务越来越多，投资团队凭一己之力往往难以统筹兼顾，影响了退出效率。三是风险控制上，私募股权投资粗放式快速发展阶段，私募股权投资机构投后跟踪管理机制并不完善，信息系统建设薄弱，作为小股东，未能及时回访了解被投资企业的发展情况和重大影响事项，影响了对被投资项目的提前预判，影响了后续项目退出的节奏。

（四）私募股权投资行业中介机构体系不健全

在私募股权资本退出机制中，发达的中介机构必不可少。中介机构的服务范围包括私募股权投资退出价格的确定、退出方案的设计、退出时机的选择、退出影响因素的分析、收购兼并的结构设计、资产评估、产权运作、咨询与顾问、资金安排、相关的审计与法律服务等。

从中国的实际情况看，中国私募股权投资行业的中介机构与发达国家私募股权投资行业相比还有很大的差距，主要体现在以下诸方面：一是私募股权投资市场中介机构体系不完善，中介机构服务的市场化程度低，中小企业评级机构、企业融资担保公司、科技项目评估机构、知识产权评估机构、咨询顾问公司等中介机构有待进一步发展。二是有些中介机构运作不规范、信用评价体系不健全、信用缺失问题突出、造假行为泛滥，不能满足私募股权基金行业发展所需。三是中介机构专业人员不足，从业人员良莠不齐，一些从业人员专业水平差、职业道德观念淡薄、法律意识不强，增加了私募股权投资机构借助中介机构实施退出的顾虑。四是目前中国还没有一套科学的评价指标体系对私募股权投资机构进行评价，行业数据较为缺乏，各家机构投资估值标准并不一致，私募股权投资机构的经营能力、中小企业的价值还无法准确评价，这些都会对私募股权投资的退出造成不良影响。

第八章

中国私募股权基金行业发展展望

近年来，全球低增长、低通胀和低利率现象引发了普遍关注，低利率深刻影响着经典投资理论在实践中的应用。作为重要的新兴投资工具，私募股权基金在大类资产配置体系中的地位越来越重要，以私募股权基金为代表的另类资产能够显著提高大类资产之间的分散化程度，通过优化配置有效改善总组合的风险收益比。

私募股权基金作为直接融资的重要力量，近年来快速发展。2020年，尽管受到新冠肺炎疫情、国际贸易摩擦等外部环境的影响，截至年末在基金业协会登记的国内私募股权基金管理人达到约 1.5 万家，备案基金达 3.98 万只，管理基金规模为 11.56 万亿元。我国私募股权基金行业发展到今天，体制机制已基本形成，体量规模也已成气候。

着眼于中国私募股权基金行业的未来，本章对中国私募股权基金行业的发展进行了展望。第一节主要从私募股权基金参与主体方面展望未来行业生态系统情况。第二节主要展望中国私募股权基金投资模式与机遇。第三节主要展望中国私募股权基金内部治理机制，助力行业转型。第四节主要展望中国私募股权基金外部支撑环境，市场不断做大做强将成为大势所趋。

第一节　私募股权基金生态系统

私募股权基金是一个复杂的生态系统，涉及 GP、LP、被投资企业、专业服务机构、监管部门、资本市场等多个利益相关方。只有这个生态系统培育好了，大家才会对市场有信心，增进资源配置效率、增强财富管理能力、提高直接融资比重等功能才能有效发挥。

近年来我国资本市场改革和发展明显加速，设立了科创板并推动注册制成功落地，创业板、新三板等一批重大改革举措相继推出，对外开放持续深化，直接融资呈现加快发展的积极态势。资本市场的快速发展吸引此前积累多年的优秀创业企业大量上市，接下来，培育更多的创业企业，尤其是健全社会主义市场经济条件下的新型举国体制，打好关键核心技术攻坚战，进一步促进产业结构转型升级成为当前的重要课题。未来只有打通中国自己的私募股权产业链，形成有效闭环，让私募股权生态系统枝繁叶茂、蓬勃发展，才能为实体经济注入创新的活力因子，才能给资本市场源源不断地提供优质上市公司，才能促进实体经济转型升级。

一、国内母基金行业市场广阔

尽管新冠肺炎疫情导致全球经济放缓，但据 Preqin 统计，截至 2020 年 6 月，全球私募股权与创业投资的资产管理规模较 2019 年年底增长了 6.1％，达到 4.74 万亿美元。虽然行业增速低于过去十年 9.9％的平均水平，但 Preqin 认为放缓只是暂时的。在接受 Preqin 2020 年年底调查的受访者中，有 44％预计未来 12 个月会将更多资金投入私募股权，46％计划维持现有投资水平。

母基金是通过对私募股权基金进行投资，从而对其所投资的项目公司进行间接投资的"基金的基金"。私募股权投资母基金起源于 20 世纪 70 年代的美国，最初是股权基金公司为方便销售旗下基金和其他关联基金而设立的一种基金捆绑销售方式，本质上是基金产品的资产组合。过去 20 多年间，美国母基金行业发展迅猛，行业规模从 20 世纪 90 年代初期的十亿美元的量级迅速攀升到目前的万亿美元的规模，母基金成为私募股权基金重要的资金来源之一。

随着我国私募股权投资行业的发展，产生了一大批数量众多、产业多元、风格各异的基金管理人，为母基金提供了丰富的配置选择。政府引导基金在运作方式上也具备母基金的特征，在广义上看也可将其纳入母基金的范畴之中。根据母基金研究中心发布的《2019 年中国母基金全景报告》，截至 2019 年年底，中国共有母基金 309 只，其中市场化母基金 72 只，总管理规模 5 398 亿元，政府引导基金 237 只，总管理规模 19 126 亿元。政府引导基金规模约占母基金行业的 78%，占据行业绝对主导地位，成为中国母基金市场发展的一大特色。

2018 年 3 月，基金业协会增设"私募资产配置基金管理人"机构类型和"私募资产配置"基金类型，正式将母基金纳入国家金融监管体系。总体上，相比海外母基金行业，我国母基金行业还处于发展初期，大多数母基金还未走过一个完整的生命周期。

中国市场化母基金的资金源头包括养老基金、地方政府、金融机构（银行、保险）、大型产业集团、高净值个人（家族办公室）等，其中金融机构（尤其是保险的长期资金）、大型的产业集团、养老基金、捐赠基金因为其资金的长期性等，更合适成为市场化母基金的资金来源。而地方政府的资金因为有各种限制和招商引资要求，所以更适合去做项目孵化器和投入地方产业基础设施建设，高净值个人因为其资金规模较小、避险能力较差，所以通过专业的金融机构（银行或保险）进入成为市场化母基金的 LP 更为合适。

中国经过 40 多年的改革发展，资金源头已比较充足，资本市场也日趋完善，但是资金有效进入私募股权产业链并最终进入实体经济、资本市场的链条还需要进一步打通。政府应该引导长期资金进入私募股权 LP 市场，积极培育一批专业的市场化母基金，扶持中早期创投机构，从而为早期创新创业项目的大量涌现创造条件，为中国的产业创新提供新鲜血液，也为中国的资本市场提供源源不断的优质上市公司和后备力量。

二、长线资金占比逐步提升

中国私募股权产业链主要由五个重要节点组成，包括资金、LP（含

市场化母基金）、管理机构（GP）、创业企业和资本市场。目前产业链中
的第一、二个环节存在缺乏长期资金的问题（见图 8-1）。

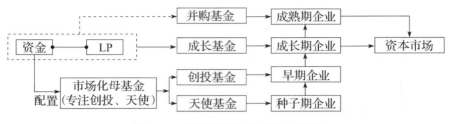

图 8-1　私募股权产业链资金模型

根据美国私募市场经验，养老基金、捐赠基金等长期资金是私募基
金机构投资者的主力军。根据美国证券交易委员会发布的 2019 第二季度
私募基金统计报告，我们发现从投资者构成来看，美国私募基金第一大
投资者是公共养老基金，为 4 540 亿美元，占比为 21%；其他主要投资
者包括捐赠基金、主权财富基金、私人养老金计划、保险公司等。美国
个体投资者的资金比例为 6%，普通的富裕家庭往往通过母基金投资私
募基金。

因此，在当前时点，我们应该实施更宽松的养老基金、保险资金投
资政策，为国内私募股权市场引入活水。可借鉴美国的经验，进一步放
松养老基金、保险资金投资私募股权市场的限制，同时结合我国国情，
有条件地允许商业银行在"资管新规"监管框架下创设理财产品投资私
募股权基金。引导保险资金、教育捐赠基金、养老基金、家族办公室、
企业年金、职业年金等长期资金投资于私募股权基金及母基金，推广市
场知名机构投资者的成熟投资经验；促进政府引导基金向市场化运作母
基金转型，大力发展市场化母基金。2019 年，我国陆续出台了《外商投
资法》、减少外商投资准入负面清单条目、新设 6 个自贸试验区等一系列
政策。而对于私募股权投资市场而言，随着国家层面外资促进政策的落
地，以广州和珠海为代表的多个城市实施了最新的 QFLP（合格境外有

限合伙人）试点政策，其中，广州市 QFLP 政策明确对符合条件的外商投资股权投资类企业在投资、落户、住房等方面给予优惠和便利。随着金融业开放步伐加快，中国金融市场体系逐渐完善，人民币资产吸引力日益增强，外资机构对参与中国金融市场有了更多期待。

在此背景下，引入国外优质长期机构投资者通过 QFLP 等创新形式参与人民币基金成为现实。此举有助于优化我国私募股权基金投资者结构，使私募股权基金能够更好地发挥优化配置金融资源，增强股权基金服务实体经济的能力，实现中国私募股权投资行业长期、健康可持续发展。与此同时，国内机构也可学习借鉴外资机构的经验，在经营效率、风险管理、公司治理等方面取得更大进步。因此应加大引入外资以 QFLP 等创新形式参与人民币基金的力度，缓解目前募资难的困境。

三、培育壮大专注早期基金的市场化母基金

目前产业链中的第三个环节私募股权基金管理机构（GP）当前的发展出现了比较明显的两极化现象。头部机构（GP）因为其单只基金规模大（100 亿元人民币以上），为提高投资效率，往往投向成熟阶段的创业企业，甚至直接进入二级市场。近年来头部 GP 吸引了一级市场上超过 80％的 LP 资金，而众多的中小型创投机构，为了进行差异化竞争，往往选择专注于少数细分行业并且投资于创业企业的中早期阶段，这样的创投机构发起的基金规模一般较小（大多数在 10 亿元以下，甚至仅 5 亿元）。

如上所述的中小型创投机构大多数需要专注于细分赛道投资和培育中早期项目，比较难以获得市场的关注，知名度不高，募资困难，这也直接导致了市场上众多中早期创业企业难以得到创投机构的资金支持，并严重影响了这些企业的未来发展，最终也致使创投机构（GP）没有足够的项目来源，资本市场没有源源不断的后备力量。

导致创投机构（GP）募资困难的一个重要原因是我国创投市场缺乏

足够多的看得懂中早期创投机构（GP）的专业化LP（市场化母基金）。

欧美机构LP经历了长时间的发展，与中国本土LP相比，显得更为专业化，专业化的LP在创投机构（GP）的选择上更有经验、更系统化和科学化，因此欧美的资金方（包括养老基金、主权财富基金、大学捐赠基金等）倾向于把资金投向市场化母基金，通过其专业的资产配置能力分散配置到市场上优质的创投机构（GP），而不是自己直接面对GP，尤其是数目众多的中早期创投机构（GP）。

在中国市场，资金方面对中早期创投机构时，因为缺乏对行业的认知，无法理解中早期创投机构对其所专注的细分行业的投资逻辑，最终无法做出准确的投资判断。专业化的LP需要有较强资产配置能力，能在众多中早期创投机构中进行合理的配置和资产管理。因此，面对中早期创投机构的LP需要拥有足够专业的行业理解能力和资产配置能力。

四、私募股权投资专业服务体系不断完善

LP选择优秀的GP、基金投资运营、GP投资项目等过程中，都存在严重的信息不对称，需要专业化的服务机构提供诸如项目评估、法律与财务咨询等方面的服务。我国目前社会专业服务体系已较为发达，但具体到私募股权投资市场还存在较大的不足，基金收益与业绩评价体系不明，导致资金对进入该领域存在一定顾虑。随着私募股权二级市场的兴起，私募股权二级市场相关的配套服务机构预计也将不断完善，专业的能够为基金份额提供估值、尽职调查及交易结构设计服务的财务顾问机构和法律事务机构等将不断涌现。

私募股权基金业绩评价的核心是收益和风险两个维度。由于私募股权基金具有分期缴款、投资的非上市公司没有明确范围且缺乏活跃的公允报价、存续期限很长等特征，因此对其开展业绩评价有与二级市场投资明显不同的特点，主要应把握以下原则：

第一，在评价基金收益率时，综合使用 TVPI、DPI、IRR、PME 等指标，尽量将一只私募股权基金与规模类似、投资策略相近、投资期限大致相同的多只私募股权基金进行比较，还可考察同一 GP 管理不同基金的业绩稳定性。不同基金的缴款安排、管理费率和收益分成机制不同，可能会对 LP 的 NIRR 产生较大影响，这时应当综合考察 GP 的投资管理能力（以毛回报倍数和 GIRR 衡量）和费用等因素。

第二，深入分析私募股权基金的收益来源，包括但不限于：（1）收益主要来自哪些行业、什么投资阶段或投资策略（适用于跨阶段和多策略基金），借以判断 GP 的投资能力或比较优势，了解其是否抓住了特定行业和重点公司的投资机会；（2）被投资企业业绩增长和估值增长对收益的贡献分别为多少，借以评估 GP 的投资风格是偏成长还是偏交易、是否能够提供增值服务等；（3）项目通常以哪种方式退出，借以评估 GP 的退出能力，具体包括对退出节奏的把握、对各个资本市场的熟悉程度、谈判技巧等。

第三，私募股权基金的风险度量是个难题，难以像二级市场股票那样以波动率等指标衡量其风险。对于以成长期投资为主的狭义私募股权基金来说，可供观察的替代指标包括基金的项目组合中盈亏项目占比、不同回报倍数和收益率的项目占比，据以判断私募股权基金总体回报是来自少数明星项目，还是较为均衡，从而评估基金风险。

专业服务体系的完善对于缓解信息不对称、吸引长期资本进入具有重要意义。第一，完善服务于私募股权基金的相关机构，如私募股权基金咨询服务机构、信息咨询服务机构、知识产权评估机构、科技项目评估机构等。第二，建立健全规章制度，规范各参与主体的行为，建立健全专业组织的资质审定及从业人员资格考核制度，对违法从业者进行相应的处罚，以维护和促进行业健康发展。第三，支持专业机构加强联系与合作，沟通业务信息，组成服务网络，形成一个门类齐全、业务全面的私募股权基金投资运作支撑平台。同时，为确保专业服务机构真正按照"诚实、信用"的原则为私募股权投资提供高质量的服务，还需建立起相应的社会监督制度。

五、发挥信息科技的作用

完善的信用体系是私募股权基金得以长期发展的重要保障，而提升信息化水平，充分利用信息科技手段是建立信用体系的重要基础。在业内，基金管理人的品牌和信誉是投资人选择基金管理人的最重要的标准之一。而目前国内私募股权基金行业信息披露、数据标准、披露口径等均未统一，业内也尚没有全面、统一、准确的数据库，投资人在选择基金管理人时缺乏可靠依据进行比较。

在完善私募股权投资专业服务体系方面，一方面，要引导社会机构专注于私募股权投资信息服务，收集汇总行业各类数据，定期发布相关报告，形成科学规范、相对公平的评价体系，建立一套完备的信用评价指标，以股权投资基金的募投决策、内部治理、组织架构、绩效考核、人才管理、风险控制、长周期投研能力、投后管理能力等作为参数和维度给出综合评价，为长期资金提供足够坚实的大数据支持，进而规范行业运作、扶优限劣，传导标杆示范作用；另一方面，GP、LP、监管机构等主体应提升信息化水平，通过科技手段收集和处理包括GP、基金、企业等在内的各方面的数据、信息，挖掘数据背后所隐藏的信息，比如可基于大数据记录运行信息，完善私募股权基金信息披露标准，再如建立行业自律网络，通过披露高频数据实行自律管理，或通过设立第三方平台、构建评级系统等手段缓解信息不对称问题。

六、建立有限合伙人协会

随着我国LP市场不断发展和变革，机构LP投资运营的信息化程度有所提高；教育捐赠基金、家族办公室等新型LP开始萌芽，保险机构、银行出资更加规范，LP结构逐渐完善；LP投资策略逐渐多元化，多资产配置成为竞相探索之路。在这一发展背景下，加强LP之间的交流，提高行业认知度，推广大型机构投资者的资产配置理念，借以吸引更多的投资者从配置视角配置股权基金，既有助于促进行业健康有序发展，也有助于完善LP市场。

成熟的私募股权投资行业都需要一个健全的自律协会来制约和规范行业行为。从海外发达市场的经验来看，行业协会一方面可发挥制定行业标准等作用，另一方面也可代表会员机构与监管部门等相关利益主体进行谈判博弈，为行业争取更多优惠政策。私募股权基金法律规范很大程度上是有限合伙人和普通合伙人在合同自治基础上协商达成的，除了个别法域外强行规范的地方并不多，在许多双边和多边规范的基础上形成了私募股权基金的最佳实践和市场惯例，构成了业界共同遵守和普遍适用的行为规范。

为了更好地提高私募股权基金的统一性，提高有限合伙人和普通合伙人在私募股权基金层面的利益一致性，有必要在我国建立有限合伙人协会，制定行业最佳实践规则和市场惯例，促进基金管理人优化基金治理架构和运行机制。因此，应该考虑适时建立有限合伙人协会，充分发挥行业协会的作用，不断促进我国私募股权基金行业健康发展。

第二节　私募股权投资模式与ESG投资

经济学家熊彼特认为经济长周期是由科技创新带来的产业革命驱动的，而技术创新和应用逐步形成每轮长周期的主导产业，对经济增长起着引领作用，成为新一轮繁荣的基石。2015年后，人工智能、大数据、云计算、区块链、物联网等新一代信息技术被普遍认为会带来新一轮的繁荣。而 2019 年中美摩擦从贸易领域扩展到科技领域、金融领域，本质上也是美国期望通过对中国的全方位遏制，在新一轮长周期中牢牢坐稳全球经济科技霸主的位置。在全球布局科技新周期与中国经济转型叠加的背景下，投资者通过私募股权投资产品的配置，有望分享中国在科技创新、消费升级和产业变革过程中蕴藏的巨大红利。

一、缩短 LP 与底层资产的距离

当代私募股权行业的运营，是建立在一种明确区分 LP 与 GP 各自角色的模式的基础上的。这种模式不仅有利于进行专业化运营，而且可确保 LP 对基金承担有限责任。但在过去一段时间，机构投资者也开始直接投资，并以直接投资和共同投资策略作为对一级市场项目的补充。

共同投资指与私募股权基金共同投资该 GP 挖掘的项目。私募股权基金在特定情况下，需要寻找合作伙伴以共同投资的形式完成对一些项目的投资。由于个别项目相对于私募基金的规模来说较大，因此 GP 需要寻找资金方共同投资，资金方股比较低；有些项目资金方出资可能超过私募基金，资金方可以获得一些更为优惠的投资条件。目前美国私募基金共同投资市场中出现了一类"中年"项目，GP 在募集新的一期基金时，为了提高现有基金的流动性、提高相关业绩指标，会转让现有流动性较好的项目的部分股权。也因为如此，机构投资者可专门全面查看所投资基金的投资组合的情况，主动和 GP 联系其是否愿意转让部分股权。有时当一家新的 GP 向机构投资者募资时，为了检验该 GP 的投资流程以及该基金的投资策略是否具备可执行性，机构投资者会要求与 GP 先共同投资一个项目。

LP 可以采用两种主要方法将资金投入传统封闭式基金之外的私募股权基金：直接投资和以被动参与者身份或积极参与者身份进行共同投资。

在 LP 看来，共同投资对其具有较大的吸引力，比如可通过降低管理费率带来较高的净收益率、具有平滑 J 曲线的能力、可以强化与 GP 的关系、有利于增强对投资的控制力等。

随着私募股权行业的不断发展，我们预计机构投资者会更加积极地直接参与到投资选择和管理中。尽管传统私募股权基金可能仍将保持其在另类资产投资领域中的主导地位，但 LP 与 GP 共同投资及直接投资仍可能发挥越来越大的作用。随着 LP 在另类资产投资方面越来越有经验和信心，并开始提高团队成员的投资能力，大型 LP 与底层资产的距离将会拉近。

二、私募股权二级市场兴起

一般情况下，当 LP 投资一只私募基金后，在基金完全实现清算退出之前，投资者可以根据自身财务状况、对现金流的需求的变化等，将所持有的基金份额或其底层资产转让给其他有意向购买的投资者。这一转让及购买行为被统称为私募股权二级市场转让。私募股权二级市场是一级市场投资活动的衍生物。在近年来私募股权基金行业整体迅速发展的大背景下，一方面是基金逐步进入退出期、清算期，LP 有回收现金流的压力和诉求；另一方面则是二级市场相对于基础市场交易规模仍然很有限，因此这个市场的增长是可预期的。S 基金正逐渐成为一种受到各方高度关注的退出方式。

随着行业发展到成熟期，我国的私募股权二级基金预计将迎来发展机遇。全行业人民币基金募集高峰期为 2010—2013 年，以 7～10 年的存续期计，预计在 2020—2023 年迎来首次到期高峰。在目前的退出环境下，存在大量私募股权基金已到期但仍有项目未完成退出的情况，将产生新的投资机遇。

三、大力推广 ESG 投资

ESG 是 environmental（环境）、social（社会）、governance（治理）的简称，指将环境、社会、治理因素纳入投资和商业决策，可分为 ESG 投资和 ESG 实践。ESG 有助于超越单一财务底线，实现利益相关者共赢和社会可持续发展。

ESG 实践的主体为企业，指在企业经营管理中践行 ESG 原则。ESG 已经成为国际主流的践行企业社会责任的方式。近年来，主张企业应超越股东至上原则和单一利润目标，对利益相关者负责的利益相关者理念，也越来越受到主流商业人士认可。

随着欧美社会对社会议题、环境问题的关注度的提升，责任投资兴起，ESG 投资发端于 20 世纪 70 年代，于 21 世纪初逐渐形成完整的 ESG 概念。近年来，ESG 投资在全球快速兴起，众多机构都已将 ESG 因素纳入研究及投资决策体系中，ESG 投资逐渐成为一种主流的投资理念。由于 ESG 投资理念与养老金（退休金）的投资目标高度契合，因此二者的结合正变得越来越紧密。如《欧洲职业退休规定指令》（IORP）着力推动 ESG 投资在养老金投资中应用，明确要求私人养老计划需将 ESG 因子纳入治理和风险管理决策，同时需披露如何将 ESG 因子纳入投资策略。此外，加拿大、美国等都有类似的法案推动 ESG 投资理念在养老金投资领域的落地。

最近几年，伴随国际 ESG 投资理念和实践经验的传播，在中国经济高质量发展的要求下，在公众对企业治理、社会责任、环境等问题的高度关切下，中国 ESG 实践方兴未艾，越来越多的机构和投资者参与其中。尤其是随着碳中和目标提出以及中国不断完善绿色金融、上市公司 ESG 信息披露等相关基础设施建设，中国 ESG 发展进入了快车道并正在主流化。

对于国内机构投资者，要发挥主观能动性，构建自身的 ESG 投资指引，同时要引导基金管理人增强 ESG 和责任投资理念。近年来，私募股权投资市场头部效应愈发明显。头部基金管理人在资金端形成垄断，而在资产端出现了同质化趋势，有限的资本不断加注头部企业，估值逐轮提升。得益于资本的支持，头部企业利用资金补贴带来的价格优势，迅速扩大市场份额，似乎在短期内能给消费者带来福利。但随着少数公司占据市场主导地位，甚至在某些领域出现平台基础设施的特征，其对国民经济的影响越来越大，可能存在与民争利的风险，涉及广大公众利益，必须关注其外溢性和复杂性。

资产管理机构可结合数据积累和国内实际，形成一套较为严格且适用于自身的 ESG 评价标准，并尝试使用该标准引导实际投资实践，纳入 ESG 因子，搭建 ESG 投资数据库。在现有财务分析的基础上引入 ESG 因子，有助于投资机构做出更好的投资决策。机构投资者作为重要的投资机构，应积极主动地发挥出资人的积极性，参与到公司治理中。这一方面可以缓解委托代理人问题，另一方面也可以在公司治理出现问题时扮演消防员的角色，及时防止公司治理风险的蔓延。因此，推行股东积极主义可以有效践行 ESG 投资理念。

四、退出渠道进一步完善

随着注册制落地等资本市场改革的持续加速，私募股权投资机构在公开市场上的退出预计将更加顺畅。"减持新规"放宽了对创业投资机构减持所持上市被投资企业股票的限制，畅通了资本的正向循环，为私募股权投资市场提供了更加便捷、更为丰富的退出选择，私募股权投资机构通过公开市场实现退出的比例预计将持续提升。

近年来，随着全面实行股票发行注册制，直接融资入口逐步拓宽。注册制改革是资本市场改革的"牛鼻子"工程，也是提高直接融资比重的核心举措。同时，其有助于全面带动发行、上市、交易、持续监管等基础制度改革，督促各方归位尽责，使市场定价机制更加有效，真正把选择权交给市场，支持更多优质企业在资本市场融资发展。

五、投后管理能力成为核心竞争力

在全面注册制时代，预计审核平均耗时大幅缩短，5 年后 A 股上市公司总数可能达到 6 000 家，新上市公司中信息技术、医疗、新材料、新能源等行业占比超过 60%，IPO 退出将成为私募股权投资市场退出的主要方式。2008 年至 2017 年期间，私募股权投资市场分享了经济增长的成长红利和上市高溢价的制度性红利，机构数量显著增加，市场规模快速增长。随着经济结构转型和产业创新升级，私募股权投资市场从"量增阶段"逐步进入"质升阶段"，投后管理能力变得尤为重要，管理人需要建设专业的内外部投后运营团队，在交易整合、风险监控、价值创造三大环节实施精细化管理，不断丰富投后管理涵盖的内容，持续赋能被投资企业。

在专业化程度不断提升的市场环境中，具备体系化的"募投管退"能力的机构将在头部化趋势中胜出。股权投资市场的尾部机构将不断出清，头部化效应日益显著，在市场优胜劣汰的过程中，股权投资市场的生态也将逐步进化。一方面，投后管理能降低企业的试错成本，缩短完成初设目标所需要的周期，促进企业高质量发展；另一方面，投后管理带来的绩效改善能够不断校验管理人的投资策略，促使管理人调整优化投资布局。

六、私募股权基金未来投资方向更加多元

"双循环"新发展格局和资本市场的深度改革为金融行业带来一系列新机遇，也带来一系列新挑战。"双循环"新发展格局将为权益投资带来

系统性机会。可从产业和区域两个维度进行挖掘：产业方面，要更加关注科技创新与产业升级，以投资助力实现关键核心技术突破。从全球范围看，技术和产业发展主要靠两个因素驱动，一是国家安全等战略需求，二是商业和市场。近年来，我国关键核心技术突破的代表性成果如量子卫星、北斗系统等，大都属于前者。相对而言，商业和市场驱动的关键核心技术突破仍是一个短板。未来，应该在集成电路、生物医药健康、工业互联网、高端制造等科技创新与产业升级领域加大投资力度，推动实现关键核心技术突破，同时实现自身高质量发展。区域方面，要抓住国家区域协调发展带来的投资机会。构建新发展格局很重要的一个着力点，就是深入推进国家区域协调发展战略。近年来，一方面是国家先后推出京津冀协同、长江经济带、粤港澳大湾区、海南自贸港、成渝双城经济圈等重大区域协调发展战略；另一方面是国内东部地区经济增长总体企稳，中部地区发展追赶显著加快，西部地区以成渝地区为代表的区域经济增长极逐步形成，由产业转移、创新驱动、人口集聚、开放加快等一系列内生因素驱动的区域梯度发展格局逐渐显现。这些为股权基金行业带来了重大投资机遇。

七、投资机遇向新经济领域集中

科技创新、自立自强的战略定位、"双循环"相互促进的新发展格局将促使企业质量持续提升，为股权投资市场带来大量优质投资标的，预计主要集中在科技、消费、医药、高端制造等新经济领域。

在投资确定性增强、上市周期缩短、市场生态进化的大背景下，投早、投小、投科技有望成为主旋律。首先，新一轮技术革命正在重构创新版图、重塑经济结构，新经济领域的投资机会具备较强的共识性，尽早参与新经济领域的投资会成为趋势。其次，科技自立自强已经成为中国的战略支撑，政策扶持下企业质量不断提升，在早期阶段开始投资具备较高的确定性。最后，资本市场改革将有效打通一、二级市场，企业上市周期大幅缩短，促使基金管理人投早、投小、投科技。

第一，以人工智能为代表的新一代信息技术。2019年11月，中国提前开启5G商业进程，5G是新一代信息技术的通信基础设施，将推动人工智能、大数据、云计算、物联网等技术进入高速发展阶段，相关技术应用将深入行业、逐步落地。"十四五"规划提出要强化国家战略科技力量，发展战略性新兴产业，加快壮大新一代信息技术等产业，推动互联网、大数据、人工智能等同各产业深度融合。随着科技创新取得新突破，并逐步成为我国经济发展的重要引擎，国家在科技领域的相关投资将继续保持高增长，该领域依然是未来私募股权基金市场投资的主要方向。

第二，碳达峰、碳中和。习近平主席在第七十五届联合国大会一般性辩论上宣布，中国将提高国家自主贡献力度，采取更加有力的政策和措施，二氧化碳排放力争于2030年前达到峰值，努力争取2060年前实现碳中和。"碳达峰、碳中和"目标的实现需要全新的低碳发展转型战略，它将倒逼中国的能源转型，逐步摆脱对化石燃料、燃煤电厂的依赖，达到突破能源使用现状、颠覆已有技术、打破传统工业生态的目的，实现社会经济体系、能源体系、技术体系的巨大转变。这将给股权投资带来大量投资机会。在能源结构上，大力提升风电、光伏发电规模，有序发展海上风电，安全稳妥地推进沿海核电建设，提高非化石能源比例。在能源使用效率上，提高特高压输电通道利用率，加大电网基础设施智能化改造和智能微电网建设，提高电力系统互补互济和智能调解能力。

第三，智能制造。智能制造是当前乃至未来世界各国国力竞争的核心领域。智能制造指基于新一代信息通信技术与先进制造技术的深度融合，贯穿于设计、生产、管理、服务等制造活动的各个环节，具有自感知、自学习、自决策、自执行、自适应等功能的新型生产方式。国家发改委等13部门发布的《关于加快推动制造服务业高质量发展的意见》提出，利用 5G、大数据、云计算、人工智能、区块链等新一代信息技术，大力发展智能制造，实现供需精准高效匹配，促进制造业发展模式和企业形态根本性变革。

第四，大消费。2015 年我国消费增长首次超过投资、出口，成为拉动 GDP 增长的新引擎。在今后相当长一个时期内，拉动内需、促进消费仍将是维持经济增长的重点战略。未来国内大消费领域的投资机会继续呈现多元化趋势，消费升级具有两个特点：一是衣食住行的消费品类更加丰富、更加细化；二是从有形向无形转化，用户对物品使用价值的诉求让位于精神诉求。消费升级过程中，传统的生存型、物质型消费将逐步让位于发展型、服务型等新型消费。

第五，医疗健康。中国社会老龄化进程明显加速，带来大量未满足的医疗健康需求和长期投资机会。据第七次全国人口普查数据，60 周岁及以上人口已达 2.64 亿人，占 18.7%，较 2010 年第六次全国人口普查上升了 5.44 个百分点。国内优质医疗资源稀缺，供需关系紧张，人口老龄化催生了对"健康管理、医疗医药、康复智能、养老养生"的巨大的市场需求，大健康概念应运而生。健康医疗产业从传统的单一救治模式向"防-治-养"一体化模式发展。目前中国的大健康产业仍处于初创期，在产业细分以及结构合理化方面需要进一步提升和完善。从产业细分领域看，中国医疗行业和医药行业占比合计接近 60%，而美国这两个行业占比合计仅为 33% 左右，中国养老产业、健康管理服务等领域占比偏小，未来发展空间巨大。

第三节　私募股权基金的内部治理

基金是一种集合投资的工具。私募股权投资作为一种专业化投资活动，从资金端看是代客理财，从资产端看是风险投资，构成了储蓄向投资转化的重要渠道。私募基金行业治理需要处理好投资者、私募基金管理人、托管人、被投资企业、市场中介服务机构等诸多主体的关系，约束市场主体各司其职、各尽所能，共同服务于实体经济高质量发展。因此，一个稳健的基金治理框架应该通过有效的内部治理，保护基金资产不因各方渎职或过失而遭受损失，应该努力确保投资者充分地了解其投资可能获得的收益和所涉及的风险，特别是要确保基金始终根据投资者的最佳利益运作。相应地，必须针对信息披露、核算、估值、审查及审计设置严格的要求和标准，以确保基金的风险等处于可控的合理水平。基金管理者的主要角色是代表充分知情的投资者执行投资策略，同时投资者必须能够在可靠的市场环境中选择符合其期望的风险及潜在回报水平。

一、基金治理有效机制逐步完善

从国外成熟市场看，国际领先机构非常重视治理。发展战略清晰、管理架构合理、风险控制有效是其共同特征，也是发展专业能力的基础。这些机构或者按资产类别、区域搭建专业团队，深耕细分领域的专业性，或者按募资、投资和投后管理等不同阶段搭建专业团队，追求细分功能的专业性。对于私募股权基金中存在的利益冲突、关联交易等永恒问题，一方面要强化 GP 的勤勉与信义义务，要求私募机构加强治理，必须坚持守法合规经营，全面履行忠实审慎义务；另一方面要充分发挥咨询委员会、合伙人会议的作用，防止信息不对称下 GP 过于冒险或损害基金利益的行为。

机构投资者应当积极探索参与私募股权基金公司治理的有效途径。目前，市场上的私募股权基金主要以有限合伙型治理架构为管理基础，投资决策权更多地掌握在创始团队手中，LP 在基金公司治理中发挥的影响相对有限。不同于监管机构，市场准入、现场检查、非现场监管、窗口指导等传统监管手段并不完全适用于私募股权基金 LP，LP 有效参与基金公司治理的方式需要进一步探讨。LP 可考虑利用自身在基金中的地位和威望，对基金管理人就不符合 LP 投资理念的事项进行道义劝告，虽不具备强制性，但长期坚持或许可达到参与基金公司治理的目的，由此增强基金管理人 ESG 和责任投资的理念，影响其投资方向。

二、健全激励约束机制

私募股权投资与一般投资最大的区别是以人力资本为核心，其能否获得良好的业绩，在于这些人力资本是否得到了充分运用，即管理团队和投资组合管理者的积极性是否被充分调动起来。与此同时，由于私募股权投资过程中存在极大的不确定性和高度的信息不对称，如果没有合适的机制加以约束，那么再优秀的管理团队也难以获得预期收益，因此需要设计合理的激励约束机制。

在激励机制上，应通过机制设计减少代理人的懒惰行为和不适当的冒险行为。针对代理人的懒惰行为的激励措施，主要是向管理人提供基金的业绩分成，管理费之外的业绩分成将刺激管理人积极勤勉地管理运作基金、创造超额回报。我们也看到目前很多管理人设立规模庞大的基金。募集规模过大可能使基金团队从"价值挖掘"模式转变为"管理费模式"，GP 努力做优业绩的动力可能会被削弱。因此，对于规模较大的基金需要防范激励机制失效，对此可进一步细化机制，如约定若在一定期限未达到某些业绩指标，则管理费将暂缓支付，待后续满足条件后再行支付。针对代理人不适当的冒险行为，LP 应要求 GP 在基金中跟投一定比例，并且 GP 跟投应以自有资金为主，使 GP 和 LP 在利益关系上形成较强的正相关，在一定程度上形成利益共同体，从而在一定程度上迫使管理人在做投资决策时尽到勤勉忠实的义务。

在约束机制上，可参照美国《统一有限合伙法》对 GP 的信义义务进行明确界定：忠实义务，要求 GP 忠于 LP 和基金的利益，并对其实施竞业禁止；注意义务，要求 GP 在执行合伙事务时尽到和执行自身事务时同样程度的注意。通过对 GP 信义义务的明确规定，可在一定程度上达到保护 LP 利益及基金财产的目的。

三、加强私募股权基金信息披露

信息披露是解决私募基金投资信息不对称问题的主要手段，也是 LP 保护自身利益的重要途径，其核心是促使 GP 向投资者披露基金及其投资标的的相关情况，以实现投资者对 GP 执行合伙事务的有效监督。

在私募股权基金信息披露方面，我国私募股权市场发展相对滞后，私募股权基金信息披露的指导性标准尚不完备。通常情况下，在融资之前，GP 会主动对基金的战略、自身的历史业绩等进行披露；而在融资完成之后，GP 则根据其和 LP 所签订基金合同的要求进行信息披露。未来基金管理人应根据监管要求、自律规范以及内部运营需要，逐步建立健全内部控制、信息披露、利益冲突、风险管理等方面的规章制度，逐步规范基金募集方式，提高信息披露频次，丰富信息披露内容，提高基金运作透明度。关于基金的信息披露事项，LP 应尽可能事先明确，约束 GP 充分披露投资信息，包括但不限于项目立项、尽职调查和决策报告（以及其他决策信息）、投后管理报告、估值、退出计划与进展等，以全方位掌握 GP 的投资逻辑、执行情况、投后管理和退出计划。信息披露方式一般为书面告知，也可采取参加 GP 的会议、参与被投资项目的尽职调查和进行投后管理等形式。这是 LP 开展投后管理、监督 GP 勤勉尽职的有效手段。总而言之，信息披露的内容和标准可以协商，但需投资前协商好并写入投资协议中。

四、持续提供权益资本

私募股权投资在融资体系中的作用主要体现在提供权益资本与破解中小企业融资难困局两方面，私募股权投资为实体经济带来的其他方面的助力也是以这两方面为基础的。私募股权基金之所以能发挥这两方面的作用，是因为其以创新的运作机制有序组织资金实现储蓄向投资转化。现代市场经济下，企业在发展过程中都需进行外部融资。外部融资可以分为债务资本融资与权益资本融资两大类。债务资本融资要以企业拥有充足的权益资本为前提和基础。但在企业融资实践中，能为企业提供外部权益资本的融资渠道和融资工具并不多。除企业创始团队的自有权益资本和企业从公开证券市场上以 IPO 及公开增发方式获取的权益资本之外，私募股权投资是企业获取外部权益资本投资的主要渠道之一。私募股权投资拥有种子投资、天使投资、风险投资、私募股权基金、并购基金等多种形态，能够为处于生命周期各个阶段的企业提供权益资本。私募股权投资以基金管理人向资本提供者募资、向被投资企业投资的运作机制代替了企业直接向资本提供者（即投资人）融资。相比投资人直接投向企业，私募股权投资实现了分散投资和扩大潜在投资范围两个效果。即使投资者只投资于一只私募股权基金，也会因基金投向多个企业而使投资者实现分散投资的效果。同时，借助于基金管理人，投资者可投资于自身不甚熟悉的新兴行业，从而扩大潜在投资范围，获取更多投资收益。

近年来，随着我国私募股权投资行业日益发展壮大，其在向企业提供权益资本方面发挥的作用也越来越大。根据基金业协会的统计，截至2019 年年末，私募股权基金在投规模达 6.42 万亿元。与之对照，2019年年末非金融企业境内股票余额为 7.36 万亿元。2019 年当年，私募股权基金投资规模约为 1.28 万亿元，已经远超同期非金融企业境内股票融资额（3 479 亿元）。可以看出，近年来私募股权投资在向企业提供权益资本融资方面所发挥的作用已不容忽视。

中小微企业普遍面临融资难问题，这主要与其融资需求特征有很大的关系。中小微企业融资需求上存在信息不对称、经营不确定性较高、科技型中小微企业无形资产占比高、融资需求呈现阶段性特征等特点，不利于其通过银行或资本市场直接获得融资支持。对比银行、资本市场以及创业投资基金的融资要求可以发现，中小企业的特点和创业投资基金的偏好更为契合。

五、助力供给侧改革

高科技企业的发展是经济新常态下我国实现供给侧结构性改革、优化实体经济结构的重要突破口。而几乎所有的高科技企业在发展早期都存在较大的风险，如果无法获得资本的支持，那么其将很难顺利实现从创新设想到商业化的转化。私募股权基金在解决中小企业融资难问题方面具有突出优势。私募股权基金管理人为获得业绩分成，对被投资企业的成长性要求很高，在投资结果上表现为基金管理人将资金主要投向更具成长性的采用新技术、新商业模式的企业。从宏观层面看，私募股权投资达到一定规模和深度，就足以推动新经济成长并淘汰旧经济，以"创新性破坏"推动实体经济转型升级。

助力企业创新创业，深入实施供给侧改革，重点在互联网、高端装备制造、环保、生物科技、新材料等战略性新兴产业领域关注投资机遇。私募股权基金对外投资实体企业项目，直接为创新主体注入现金流，积极为科技型企业、小微企业、战略性新兴产业等提供资金支持，为支持实体企业开展"双创"工作提供有力保障，弥补发展的各类短板。私募股权基金对企业进行投资一方面分担创业者的风险，另一方面规范企业的成长，给企业提供帮助，给企业纠偏，在这样一个逻辑框架下生产要素与创新要素充分融合，较好地支持企业创新发展、弥补自身短板。

六、完善企业治理结构

私募股权投资给被投资企业带来的不仅仅是宝贵的权益资本，还包括先进的管理理念、治理模式与经验。较之于投资公开上市企业股票的证券投资基金而言，私募股权基金往往在被投资企业中持股规模更大，退出机制更复杂。出于自身利益考虑，私募股权基金倾向于和企业保持长期合作关系，帮助企业完善治理结构、提升业绩，实现长期资本增值。私募股权基金参与被投资企业的治理，大多体现为向被投资企业提供投后增值服务，赋能企业经营管理。

在我国，私募股权投资带来的制衡机制改善效应尤为明显，可促使被投资企业实现规范化运作。我国民营企业多数为家族企业，往往存在创始人资产与公司资产混同、财务及税务不规范、内部控制缺失等问题。国有独资企业多数存在董事会及股东会制度不健全乃至缺失、内部人控制现象突出、经营效率不高等问题。因此，我国私募股权基金对被投资企业的重要帮助之一便是建立现代公司经营及治理制度：对于民营企业而言是规范财务及内控制度，对于国有企业而言是建立董事会及股东会制度。

私募股权基金可通过改变被投资企业的治理结构影响企业策略的制定。私募股权参与公司治理的理论基础是信息不对称及委托代理理论。由于经营权和所有权的分离，治理层代表股东制定公司战略、确定公司经营计划、监督管理者行为等以实现股东财富最大化。治理层成员的构成是建立有效的董事会、监事会的重要因素。缺乏有效的监督可能导致董事会的内部消息被管理者转化为信息方面的提前优势，可能导致管理者与治理层成员合伙损害或侵占股东的合法财富，而外部董事、监事的引入则有助于增强治理层的独立性、提高监督效率。

私募股权基金参与企业内部治理，建立激励约束机制。私募股权基金会在维护企业股东权益的前提下，实施基于业绩的薪酬体系、较大份额的管理层和员工持股及期权激励计划等。私募股权基金也会通过财务杠杆激发管理层的潜力，以高杠杆债务融资带来目标公司低股权比率，使管理层可以购买股权中的相当份额。同时，目标企业高负债比率带来的偿债压力迫使管理层通过各种途径改善经营、提高业绩。以上激励机制会促使管理者减少对自由现金流的不合理利用，提升制度一致性，有利于目标企业健康发展。

七、优化市场结构

多层次资本市场是资本市场各要素有机组合形成的，既包括多层次的交易市场、同一市场内的不同层次，也包括多样化的投资者、中介机构与监管体系，它们共同构成了一个有机平衡的金融生态体系。全面推进多层次资本市场体系建设，是我国资本市场改革创新的重要内容。我国的多层次资本市场体系由沪深主板、创业板、科创板、新三板、区域性股权交易市场、柜台市场等组成。

随着多层次资本市场的不断健全和完善，特别是随着创业板、新三板、科创板的推出，我国私募股权基金行业快速发展。私募股权基金已经发展成为多层次资本市场的一支重要力量。同时，资本市场发展也为私募股权投资退出畅通了渠道，助力私募股权基金盘活存量。可以说，私募股权基金与资本市场发展相辅相成、互相促进。

私募股权投资拥有长期性、风险偏好高等特点，能够为资本市场孵化优质企业，提高上市公司质量，并通过支持创新发展助力资本市场产业结构优化升级。具体来看：一方面，私募股权投资是发现潜在优质企业的"探矿者"，是促进科技创新的先导力量。私募股权投资资本具有长期性、风险偏好高等特点，通过创业投资家独具的慧眼，市场化的资本筹集和项目筛选机制，以及与创业企业共享收益、共担风险的风险收益对称机制，成为支持创新创业的有效方式。另一方面，私募股权投资是新经济企业成长壮大的"加速器"，通过各类投后管理服务为企业提供战略资源。创业投资基金不仅专注于发现价值，而且更多地关注企业内在价值的提升，在对企业投资后，往往会利用其积累的行业经验和市场资源，助力企业加速成长，并通过企业上市实现退出，从而有利于为资本市场源源不断地输送新鲜血液、提升市场活力。

第四节　私募股权基金的外部支撑

有效建立私募股权基金治理机制并发挥其作用，除了要完善生态系统、理顺内部治理关系外，外部环境提供足够的支撑也至关重要。目前我国私募股权基金在外部环境构建方面已具备一定的发展基础，但也存在一些亟待解决的问题。这些外部环境包括政府的支持、法律的完善、多层次资本市场的构建、合格投资者的培育、股权基金管理人才的涌现等。

一、明确私募股权基金法律适用范围

应明确私募基金的受托管理本质和其非公开募集、组合投资和风险自担等基本属性，将股权投资基金、创业投资基金列入条例调整的范围，在更高法规层级上提高行业准入门槛，丰富监管手段，弥补目前法规层级低、处罚力度受限等短板；明确私募机构的业务属性，按照金融业务属性完善相关顶层设计和监管制度，让法律、监管、自律各归其位，从体制和源头上治理行业乱象。细化《证券投资基金法》中不同类型基金的管理人、托管人职责，明确公司型、合伙型私募基金的治理机制，厘清公司型、合伙型私募基金中基金投资者、被投资企业、基金管理人和基金托管人四方当事人的权责关系，切实保护投资者的合法权益。

加快出台《私募投资基金管理暂行条例》，抓紧修订《私募投资基金监督管理暂行办法》，条件成熟时修改《证券投资基金法》，将私募股权基金纳入适用范围，或者在《证券法》修订中明确证券的实质性定义，将基金份额列举在内。私募股权基金法律适用范围更加明确将有助于较好地解决私募股权基金监管处罚力度不够、监管规则适用不清等问题。

这样做有利于在法律层级上实现法律的全面覆盖和私募股权基金的统一监管：在适用上，以全国范围内的私募股权基金为约束对象，不论其采取何种组织形式，不论其属于创业投资还是其他投资类型，也不论其是外资还是中资；在内容上，对私募股权基金的法律界定、设立标准、投资者权益保护、相关法律责任等做出明确规定，使私募股权基金真正有法可依，引导行业不断提升专业化运作水平和合规经营意识。

二、以备案制适度监管厘清监管与自律的边界

监管的目标是减少外部性、保护公众利益、降低交易成本、提高市场效率。私募股权投资的资金端主要面向养老基金、捐赠基金、高净值个人、企业或政府机构等合格投资者非公开募集；资产端一般投资企业的非上市股权，通常不涉及公众利益。这样的"双重私募"的独特性质，使得私募股权基金的外部性相较于公募基金更弱。

因此在监管时要把握好监管与自律的功能定位，明确监管要求是对私募基金的最低标准，是必须遵守的刚性底线，不能以自律规则替代。自律规则是对私募股权基金的较高标准，行业协会应该制定行业最佳行为指引，鼓励私募股权基金遵守更高的标准，大力弘扬信义责任和诚信文化，提升行业公信力和信誉度。完善私募股权基金的诚信档案，鼓励合规守信，惩戒违规失信，营造扶优限劣的环境。

借鉴美国私募股权基金的监管实践和经验，中国私募股权基金行业未来在监管上应做好以下几方面的工作：一是在强化落实私募股权基金全口径登记备案制度的基础上，采用适度监管的方式，监管上以信息披露为主，尽可能降低监管成本；二是扎实有效地实施私募股权基金合格投资者制度，对合格投资者资格进行详细界定，明确合格投资者必须具备的能力，定期对合格投资者标准进行评估修订，确保私募股权基金向合格投资者非公开募集；三是以加强基金管理人义务为监管重点，主要对基金管理人的关联交易、股权的清晰稳定性、集团化程度等做出限制，将监管视野扩大到基金的信息披露、资金托管环节，加强对系统性风险的防范和对投资者利益的保护。

三、构建统一的私募股权基金基础性税收政策体系

私募股权基金运作过程中，涉及的环节众多，因此税制的设计要考虑到该特点，既要促进私募股权基金的规范发展，防止重复征税，使税收负担合理化，也要注意防止出现税收漏洞；既要鼓励金融创新，又要避免出现避税问题。私募股权基金组织形式包括公司制、有限合伙制和契约制，投资者包括机构投资者和个人投资者。私募股权基金本质上为投资组合持有工具，税收应为一致的，但目前政策尚未明确规定，导致各地差异较大、负担较重。

目前在实践中，公司制或有限合伙制私募股权基金与普通的公司或合伙企业难以区分，有限合伙制私募股权基金对应的是与其性质不符的较高的税率，适用低税率被作为税收优惠，且仅创业投资基金能享受，公司制私募股权基金则存在重复征税的问题。未来私募股权基金应以税收中性为前提，一是明确私募股权基金的税收政策，不以基金的组织形式来区别纳税，而应统一税收政策，解决公司制私募股权基金存在的重复纳税的问题；二是改革普通合伙人和有限合伙人的纳税税率，个人投

资者（有限合伙人）不参与日常经营管理，从私募股权基金中获得的收益为投资收益而非劳动所得，适用20％的所得税税率，而不应参照个体工商户生产经营所得项目（5％～35％的五级超额累进税率）征收个人所得税；三是进一步做好《合伙企业法》《企业所得税法》《个人所得税法》及实施条例之间的衔接，提高政策的可操作性；四是推动完善基金行业税制调整，激励长期投资增值，约束短期投机炒作，优化市场投资行为。

四、建设完善多层次资本市场

私募股权基金是多层次资本市场的重要组成部分，而多层次资本市场的发展对私募股权基金投资项目公允估值，投资与退出形成闭环，实现投资-退出-再投资、规范企业经营具有重要作用。当前，中国正迈在高质量发展之路上，"双循环"是必由之路。在"双循环"中，国内企业获得了更广泛的融资渠道和更多样的投资机会，海外各大证券市场都在努力成为中国优质企业的上市地点。各个交易所都在积极争抢中国的上市公司资源，国内资本市场的竞争也是空前激烈。在这个背景下，国内金融业配置资金的效率至关重要，政策和监管必须以促进和提高金融业配置资金的效率和能力为重要目标。如果我们的资本市场不能做到高效、透明、规范，就不能把优质企业留在国内资本市场。今后改革要有高起点，纠正要素市场上的种种不合理的制约和扭曲，才可能在国内国际"双循环"中高效配置资源。

通过加快多层次资本市场法律制度建设，立足于构建统一监管的全国性场内外交易市场，完善包括全国性证券交易所主板、创业板、科创板、新三板和区域性股权交易市场在内的多层次资本市场体系，从而实现场内交易和场外交易一体推进、共同发展。

对于资本市场，以贯彻落实新《证券法》为契机，加快完善资本市场基础制度，坚定推进市场化改革，大力推进注册制改革，尊重市场规律，更好地保护和提升投资者活跃度，形成投融资均衡发展、市场交易高效透明、各类投资者积极参与、投资退出形成有效闭环的市场生态。推动多层次资本市场中各板块实现差异化定位，促进各板块间形成有效竞争。在不同市场层次间建立转板机制，促进各层次资本市场发展成熟。进一步探讨优化扩大反向挂钩政策，加大政策扶持力度，畅通退出通道。统筹研究上市公司退市制度改革，完善上市公司退出机制。进一步加大监管执法力度，对财务造假等恶性违法违规行为保持"零容忍"，严肃市场纪律，净化市场环境。通过资本市场的改革，实现私募股权投资中投资-退出-再投资的有效闭环，促进经济的高质量发展。加快构建更加成熟、更加定型的基础制度体系，持续提升资本市场治理能力。

对于产权市场，在基金层面，加快推进S基金发展，建设产权交易信息平台，建立私募基金登记平台及交易市场，基于信息登记平台，对有流转需求的股权基金等设计流转和交易机制，实现信息共享，充分发挥信息资源集中和信息发布网络化的优势，吸引各类资本参与基金份额市场。在项目层面，产权交易市场可提供大量产权项目资源，能够降低寻找投资目标的成本，是遴选投资项目的重要渠道；同时私募股权基金也能够较快找到交易对手，通过股权收购转让退出，增强股权流动性，解决流动性问题。

五、出台股权基金发展扶持政策

在投资引导制度方面，美国曾就向投资于高科技行业的私募股权基金提供财政支持出台了一系列政策，包括《史蒂文森-怀特勒创新法》《国家竞争技术转移法》《联邦技术转移法》，但未就对投资于传统行业的私募股权基金进行扶持出台相关规定。我国目前的政策法规尚未对传统行业与高科技行业的私募股权投资行为加以区别，应按照市场为主、政策扶持为辅的原则，合理引导私募股权基金投资优质行业。在投资引导政策方面，应根据私募股权基金的不同类型鼓励其投向不同的行业，并给予相应的财政、税收等支持。例如，鼓励创新型私募股权基金更多地投向高科技行业，以推动国家创新型企业和行业的发展；鼓励产业型私募股权基金投资于企业的成熟期，推动行业整合，使投资形式呈现多样化，全方位地促进我国经济发展。此外，还可针对个人或企业通过股权投资基金进行长期投资给予税收优惠措施。

六、加大投资者保护力度

对合格投资者资格进行详细界定，加强投资者教育，要求合格投资者必须具备承担风险的能力，包括承担投资失败的风险、承担因信息不对称而产生的风险。加强"卖者尽责、买者自负"文化建设，多渠道多层次开展私募股权基金投资者教育，强化风险警示，倡导理性投资，培育成熟理性的投资者。推动全社会更加理性客观地认识私募股权基金的本质、作用与风险，营造良好的外部生态，增强发展环境的包容性。

进一步提升我国私募股权基金监管政策在投资者保护方面的力度，将监管的重心向投资者保护倾斜。督导私募股权基金落实投资者适当性管理制度，坚决执行合格投资者制度，防止将风险传递给普通投资者。拓宽基金财产托管范围，杜绝私募股权基金盗用、侵占、挪用客户资产的行为。强化托管机构职责，加强对托管机构的监督检查。从私募股权基金产品推介对象、推介方式、风险评估、风险揭示等方面，强化私募股权基金的责任，禁止公开或变相公开营销、虚假宣传、承诺保本或收益。改变私募股权基金无须向合格投资者披露信息的观念，明确最低限度的信息披露要求，以保障投资者的知情权。强化私募股权基金对投资者的信义义务和信托责任，禁止利用优势地位损害投资者的合法权益。

参考文献

［1］ Bain & Company. Asia-Pacific Private Equity Report2020. （2020-03-11）［2020-05-06］. https：//www. bain. com/insights/asia-pacific-private-equity-report-2020/.

［2］ BCG. The Rise of Alternative Assets and Long-Term Investing. （2020-03-22）［2020-06-17］. https：//www. bcg. com/en-tr/the-rise-of-alter-native-assets-and-long-term-investing-strategic-asset-allocation-for-large-insti-tutional-investors.

［3］ McKinsey. Global Private Markets Annual Review. （2020-12-09）［2021-01-17］. https：//www. mckinsey. com/industries/financial-services/our-insights/global-banking-annual-review.

［4］ Sorensen M Wang N & Yang J. Valuing Private Equity. Review of Financial Studies，2014，27(7)：1977-2021.

［5］ Rothwell R. Venture Finance，Small Firms and Public Policy in the UK. Research Policy，1985，14(5)：253-265.

［6］ Michael S. Job Market Signaling. Quarterly Journal of Economics，1973(3)：355-374.

［7］Rubinstein A. Equilibrium in Supergames with the Overtaking Criterion. Journal of Economic Theory，1979，21（1）：1-9.

［8］Radner R. Monitoring Cooperative Agreements in a Repeated Principal-Agent Relationship. Levine's Working Paper Archive，1998.

［9］Fama E F. Agency Problems and the Theory of the Firm. Journal of Political Economy，1980，88（2）：288-307.

［10］Gompers P A，Lerner J. An analysis of Compensation in the U. S. Venture Capital Partnership. Journal of Financial Economics，1999，51（1）：3-44.

［11］Claudia Zeisberger，Michael Prahl，Bowen White. Mastering Private Equity：Transformation via Venture Capital，Minority Investments and Buyouts. Financial Markets and Portfolio Management，2020，34（2）.

［12］王丽红. 我国私募股权基金（PE）投资行为研究. 北京：中国农业大学，2018.

［13］孙喜伟. 私募股权投资基金基础知识. 北京：北京大学出版社，2017.

［14］胡力勇. 私募股权投资基金运作机制及其改进研究. 合肥：安徽财经大学，2019.

［15］李一琛. 私募股权基金投资对创业板上市中小企业绩效影响研究. 咸阳：西北农林科技大学，2019.

［16］杨媛. 我国私募股权基金投资工具的立法规制研究. 北京：中国政法大学，2020.

［17］张黎晴. 华禹并购基金"上市公司＋PE"模式的应用案例研究. 湘潭：湘潭大学，2020.

［18］马靖茹. "PE＋上市公司"并购基金的价值创造分析：基于锦圣基金的案例研究. 北京：北京交通大学，2020.

［19］中国证券投资基金业协会．中国私募投资基金行业发展报告2020．北京：中国财政经济出版社，2020．

［20］清科研究中心．2020 年中国股权投资行业年度报告：二十周年特别版．（2020-10-13）［2020-10-28］．https：//free. pedata. cn/1440998437316754. html.

［21］清科研究中心．2020 年中国股权投资市场回顾与展望．（2021-02-03）［2021-02-10］．https：//www. sohu. com/a/448781322 _ 505889.

［22］清科研究中心．2020 年全球另类投资机构发展战略与公司治理研究．（2020-09-05）［2020-09-18］．https：//report. pedata. cn/1600060678374260. html.

［23］斯托厄尔．投资银行、对冲基金和私募股权投资．北京：机械工业出版社，2013．

［24］中国证券投资基金业协会．股权投资基金．北京：中国金融出版社，2017．

［25］张璇，王宵雪．完善我国私募股权基金退出机制的对策研究．金融经济（理论版），2010(16)．

［26］罗新蓉．私募股权投资基金退出机制问题研究．乌鲁木齐：新疆大学，2019．

［27］杜雨洁．私募股权投资基金委托代理关系的研究．财经界（学术版），2018(2)．

［28］何宜强．中小企业融资渠道与风险防范分析．企业家信息，2008(9)．

［29］何小锋，胡渊．金融机构投资私募股权"基金的基金"：基于案例的研究．改革与战略，2008(12)．

［30］龙小燕，郑阿杰．中国式母基金的发展现状、问题与对策建议．财会研究，2021(2)．

[31] 马小虎.VIE 架构的诞生.互联网周刊，2020(17).

[32] 吕芙蓉.中概股回归的动因及路径选择：以晶澳太阳能为例.兰州：兰州大学，2020.

[33] 隋平.私募股权投资基金法律实务.北京：法律出版社，2010.

[34] 欧阳良宜.私募股权投资管理.北京：北京大学出版社，2013.

[35] 洪崇理.资产管理：因子投资的系统性解析.北京：中国发展出版社，2017.

[36] 戴相龙.戴相龙社保基金投资文集.北京：中国金融出版社，2013.

[37] 熊军.养老基金投资管理.北京：经济科学出版社，2014.

[38] 叶有明.股权投资基金运作：PE 价值创造的流程.上海：复旦大学出版社，2009.

[39] 投资界网站.中国创投简史.北京：人民邮电出版社，2017.

[40] 中国证券投资基金业协会.中国私募投资基金行业发展报告2019.北京：中国财政经济出版社，2019.

[41] 中国证券投资基金业协会.中国私募投资基金行业发展报告2020.北京：中国财政经济出版社，2020.

[42] 清科研究中心.2019 年中国股权投资市场回顾与展望.(2020-02-11)[2020-03-05]. https://report. pedata. cn/1581428191675285. html.

[43] 李靖，王琳博.中国私募股权资本退出：方式、困境及出路[J].海南金融，2016(12).

[44] 杜雨洁.如何完善私募股权投资基金退出机制.人民论坛，2017(22).

[45] 刘芳.我国私募股权投资基金发展中存在的问题及对策.中国

市场，2019(21)．

[46] 李娟娟．私募股权投资退出机制存在问题及对策研究．中国管理信息化，2020，23(5)．

[47] 张瑞君，王璐璐．中美私募股权基金退出机制比较研究．财务与会计，2017(10)．

[48] 钱康宁，陆媛媛．PE 市场变革进行时：中国私募股权基金的现状，问题及发展建议．银行家，2015(3)．

[49] 国务院发展研究中心"高质量发展的目标要求和战略重点"课题组．完善多层次资本市场融资功能服务经济高质量发展．发展研究，2019，391(3)．

[50] 辜胜阻，庄芹芹，曹誉波．构建服务实体经济多层次资本市场的路径选择．管理世界，2016(4)．

[51] 田辉，陈道富．制约多层次资本市场融资功能的因素与政策建议．经济纵横，2019(3)．

[52] 王小鹏，许晓初，许亦红．刍议我国区域性股权市场融资能力的提升．金融理论与实践，2019，478(5)．

[53] 清科研究中心．2019 年中国私募股权投资年度统计报告．（2020-03-05）［2020-05-17］．https://research.pedaily.cn/report/free/202003052264.shtml.

后 记

2019 年，中国金融四十人论坛（CF40）立项"划转部分国有资本充实社保基金"课题，全国社保基金理事会股权实业投资团队在分管领导陈文辉同志带领下参与课题研究，与 CF40 建立了良好的合作关系。CF40 秘书长王海明先生，既有专业人士的素养，又有很强的组织能力。在业务交流中，他积极鼓励我们投资团队在十多年业务经验的基础上，把金融学理论与投资实践相结合，深入研究私募股权投资的规律，为促进中国私募股权投资行业健康发展做出贡献。

2020 年 1 月，在 CF40 的支持下，"关于推动私募股权投资高质量发展的专题研究"课题组正式成立。课题组成员还包括股权投资和资产配置团队的王淏、宋论升、黄育赟、马良、郑玮、陈蕴卓、李芮、陈渠亮、梁爽、施逸，我担任课题负责人。在为期一年的课题研究期间，11 名成员各自分工写作，集体讨论修改，努力克服新冠肺炎疫情的不利影响，利用业余时间召开会议上百小时，对课题目标、研究方法、行业特点、国际比较、前沿问题等进行了集中研究，系统地梳理了私募股权投资的行业特点、发展规律，运用金融学、投资学的方法深入开展分析，努力为行业高质量发展建言献策。

在课题研究中，我们向中国证券投资基金业协会、IDG 资本、君联资本、海富投资、金浦投资征求了意见和建议，并与高瓴资本、中信资本、清科集团等业内同行进行了深入交流。在课题立项、中期评审和终审环节，CF40 的专家学者对课题报告给出了专业、精辟的评审意见和建议，课题组认真学习专家的指导意见，对课题研究报告进行了修改完善，于 2021 年 1 月顺利通过了课题评审。在此，我谨代表课题组，向肖钢、高西庆、陈文辉、廖岷、高善文、段国圣、刘健钧、高天红、纪敏等专家学者致以真诚的谢意！

按照惯例，CF40 的课题研究成果一般都会公开出版。秘书处的廉薇老师联系了中国人民大学出版社财会出版分社李文重社长和魏文、张颖老师，各位老师给我们提出了很多好的建议和指导。

在大家的热情支持和鼓励下，2021 年春夏之际，我们从课题研究组转为了本书编写组，具体分工如下：绪论刘寒星、陈渠亮；第一章，陈渠亮、刘寒星、马良；第二章，李芮；第三章，陈蕴卓、陈渠亮；第四章，宋论升、李芮、梁爽；第五章，马良、梁爽；第六章，施逸、梁爽、王淏；第七章，梁爽、施逸、王淏、陈蕴卓、宋论升；第八章，黄育赟、王淏、宋论升、马良；刘寒星、杨开来统一修改审订了全部书稿。本书尝试定位于中国私募股权投资的小百科工具书，目标读者是对私募股权投资领域感兴趣的财经人士、有意从事私募股权投资的高校学生。

本书编写组设定的目标是博而不繁、详而有要。现在回想，实现这一目标殊为不易。一方面，国内外金融学界关于私募股权投资的研究成果不多，可以借鉴的研究路径、理论模型也很少；另一方面，双重私募性质决定了私募股权投资的数据、信息比较难以获取，支撑研究的基础材料不够丰富，很容易盲人摸象，陷入幸存者偏差。本书编写组 11 名成员正视困难，聚焦问题，重振士气，再接再厉，在原有课题研究成果的基础上，发挥集体智慧，互相砥砺激发，根据市场变化更新数据资料，重新审视确定本书框架结构，利用业余时间分工协作，形成了呈现在读者面前的这本小册子。

除我以外，本书编写组成员均为"80后""90后"的青年才俊，平均年龄三十岁出头。作为在新世纪成长起来的优秀世代，他们知识结构完备，综合素质全面。在他们身上，既无"躺平"亦无"内卷"，勤奋、进取、阳光、团结是他们共同的标签。无论在课题研究中，还是在本书编撰中，和他们共同度过的时光都是令人终生难忘的！当然，年轻人虽有干劲，还要磨炼；虽有实践，还需积淀。我坚信，长江后浪胜前浪，事业方能更辉煌。

作为课题研究组和本书编写组的负责人，我最后审订了全部书稿，因此，对书中的错漏之处负全责。欢迎读者不吝指教，帮助我们提高对私募股权投资的认识和研究水平，共同促进中国私募股权投资行业实现高质量、可持续发展。

刘寒星

2021 年 8 月于西城丰汇园

图书在版编目（CIP）数据

中国私募股权投资 / 刘寒星等著. －－北京：中国
人民大学出版社，2021.9
ISBN 978-7-300-29786-6

Ⅰ.①中… Ⅱ.①刘… Ⅲ.①股权－投资基金－研究
－中国 Ⅳ.①F832.51

中国版本图书馆 CIP 数据核字（2021）第 168852 号

中国私募股权投资

刘寒星　等　著

Zhongguo Simu Guquan Touzi

出版发行	中国人民大学出版社		
社　　址	北京中关村大街 31 号	**邮政编码**	100080
电　　话	010－62511242（总编室）		010－62511770（质管部）
	010－82501766（邮购部）		010－62514148（门市部）
	010－62515195（发行公司）		010－62515275（盗版举报）
网　　址	http://www.crup.com.cn		
经　　销	新华书店		
印　　刷	北京宏伟双华印刷有限公司		
规　　格	170 mm×230 mm　16 开本	**版　　次**	2021 年 9 月第 1 版
印　　张	21.5 插页 4	**印　　次**	2021 年 9 月第 1 次印刷
字　　数	266 000	**定　　价**	79.00 元